宇野理論の現在と論点

【マルクス経済学の展開】

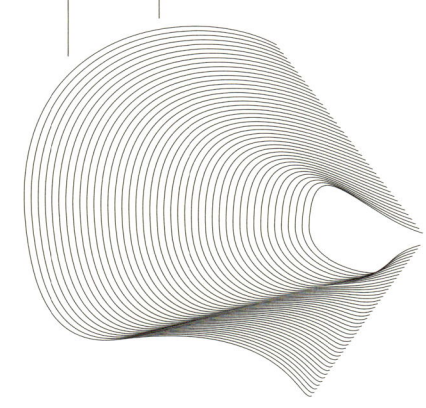

櫻井 毅
Sakurai Tsuyoshi

山口重克
Yamaguchi Sigekatsu

柴垣和夫
Shibagaki Kazuo

伊藤 誠
Itō Makoto

【編著】

社会評論社

宇野理論の現在と論点——マルクス経済学の展開　目次

Ⅱ　方法論の展開

はじめに

二〇〇七年は、宇野弘蔵が亡くなって三〇年の年であった。同年春、私ども四人は宇野没後三〇年を記念しての研究集会を企画し、それは同年一二月一日、「宇野理論を現代にどう活かすか」というテーマで、武蔵大学において開催された。その模様は『季刊 経済理論』第四五巻一号に、横川信治によって紹介されている。集会には一六〇名の研究者がつどい、学術討論の常として，主題に何らかの結論が得られたわけではないが、活発な討論それ自体が参加者の大多数に感銘を与えた。多くの人々が、このテーマの追求を、その日一日の集会で終わりとすることに心残りを感じた。そこで私たちは、集会の会場を設営してくれた武蔵大学の友人による実務上の協力を得て、集会出席者の大部分とその後の新規参加希望者のメーリングリストを組織し、ニュースレター「宇野理論を現代にどう活かすか」を発行することとした。またそれを「宇野弘蔵没後三〇年研究集会」のホームページ（http://www.gssm.musashi.ac.jp/uno/）に掲載することとした。ニュースレターは二〇〇七年一二月から現在までに一二号が発行されたが、かなりの論文やエッセイが投稿され、また本書にも収録した貴重な資料（宇野を囲んでの段階論をめぐる研究会の記録）が掲載された。ニュースレターはメーリングリストへの登録者（申込先E-mail：Uno-30@mml.gssm.musashi.ac.jp）に配布され、現在も発行を継続中である。

以上が本書の出版を計画するまでの経過である。本書の編集に当たっては研究集会当日の報告者や発言者を中心に執筆を依頼し、海外留学等で執筆が困難であったごく少数を除くほとんどすべての方々から寄稿を得た。各章のタイトルと内容はすべて執筆者の責任で決められ、書かれたものであって、編集者の役割はそれを適当に配列したに留まる。もっとも、本書で初めて宇野理論に接する方々のために、あらかじめ宇野弘蔵の履歴と人物像並びに「宇野理論」といわれるものの内容について、概略を示しておくことが便利であろう。

＊　＊

宇野弘蔵は、一八九七年一一月一二日岡山県倉敷市で生まれた。旧制高梁《たかはし》中学校から第六高等学校を経て、一九二一年に東京帝国大学経済学部を卒業し、大原社会問題研究所に入った。二二年から二四年にかけてヨーロッパ、主としてドイツに留学、帰国後東北帝国大学法文学部助教授に就任、経済学第三講座（経済政策）を担当した。在職中の三八年二月労農派教授グループ事件（人民戦線事件）に連座し、治安維持法違反で起訴されて休職、裁判の結果は一審・二審とも無罪であったが、復職は困難で四一年東北帝大を辞し、上京して日本貿易研究所に勤務、四四年には三菱経済研究所に移った。第二次世界大戦後の四七年東京大学に新設された社会科学研究所の教授に就任、大学院社会科学研究科の理論経済学・経済史学専門課程を兼担するとともに、四九～五二年には同研究所の所長を務めた。五八年の東大定年退官後は法政大学社会学部の教授として学部と大学院で教育に当たり、六八年に定年退職した。一九七七年二月二二日、肺炎のため藤沢市鵠沼の自宅で没した。

宇野の簡単な経歴は、右の通りであるが、その人物像については、すでに多くのことが語られている。まず自身の研究回顧でもある座談記録『資本論五十年』（上下、法政大学出版局、一九七〇・七三年）がある。また『宇野弘蔵著作集』（全一〇巻+別巻、岩波書店、一九七三～七四年）の各巻付録「月報」には、宇野の友人・同僚・教え子などによる三十七点の随想が掲載されている。その大半は没後にマリア夫人によって編まれた私家本『思い草』（一九七九年）に、これまた多彩な追悼文とともに収録されている。その筆者には、宇野の論敵を含む経済学者だけでなく、哲学者や文学者から社会党や共産党の元幹部まで多士済々の人々が含まれ、宇野の「人と学問」が語り尽くされていると言っても過言ではない。

＊　　＊

次に、宇野理論に初めて接する初学者のために、本書が批判的継承の対象としている「宇野理論」の原型について，その骨子を示しておこう。それは一口で言えば、「経済学の研究が、原理論と段階論と現状分析とに分化されてなされなければならない」（宇野弘蔵『経済学方法論』東京大学出版会、一九六二年、一ページ）という点にある。

まず「原理論」は、資本家・労働者・土地所有者の三大階級のみからなる純粋な資本主義社会を想定し、そこで繰り返される商品経済の一般的運動法則を完結的な論理体系の内に把握するものである。ここで「純粋な資本主義社会」が想定されるのは、一面ではマルクスが『資本論』初版への序文で、自らの研究対象（資本制的生産様式）を物理学者が自然過程を観察するさいの「過程の純粋な進行を保証する」実験室になぞらえていることや、同じくその第三巻第六編「地代」を論ずる冒頭の第三七章「緒論」で、「資本制的生産様式が（農業を含む）生産および市民社会のすべての部面を支配している」と想定していることを踏襲するものである。しかし、宇野自身によるその理由付けは独特であって、それは一七世紀以降一九世紀中葉にいたる資本主義の生成・発展が商品経済的に純化する傾向，すなわち純粋な資本主義社会に接近する傾向をもっていたこと、またそれを反映して、重商主義から自由主義への経済思想の展開のなかで発生し形成された政治経済学が，当初の特定の地域の特定の利害を政策的に主張するものから、次第に地域論や政策論が薄まって経済の一般的原理の解明へと発展してきたこと、が根拠とされている。そこに宇野理論に独特の、経済学の理論は対象だけでなく方法をも模写する、という唯物論的理解が示されていると言っていい。宇野「原理論」の全容は、著書『経済原論（上下）』（岩波書店、一九五〇、五二年）並びに『経済原論』（岩波全書、一九六四年）で示され、それぞれ前掲『著作集』の第一巻，第二巻に収録されている。

ところでマルクスの『資本論』では、対象を「純粋な資本主義社会」とし，課題をそこでの「経済的運動法則の解明」と設定しつつも、実際にはその論理的展開の狭間にその「例証」としてイギリスの現実が随所に示され、また資本主義の歴史的な発生・発展の歴史過程が描かれ、さらにはその死滅の「必然」までが展望される（『資本論』第一巻二四章）という叙述になっていた。何よりも『資本論』冒頭の、商品→貨幣→資本という展開が、論理的展開であると同時に歴史的発生史を反映していると読めるところから、宇野理論の登場以前においては、『資本論』は資本主義社会の「論理的展開と歴史的展開の弁証法的に統一」であると言う理解が通説をなしていた。宇野の「原理論」はこの通説を批判し、『資本論』から歴史的叙述を排除して「純粋資本主義」の論理的展開に純化するものでもあった。と同時に、それはその反面で、資本主義の世界史的な発生・発展・爛熟の展開を「（発展）段階論」として「原理論」から分化し、「現状分析」とあわせて経済学の三段階論を提唱する契機にもなったのである。

宇野によれば、それを可能にしたのは、マルクスは知り得なかったが宇野は知り得た資本主義の帝国主義段階の到来、つまり「不純化」した資本主義の到来であった。宇野の言う資本主義の純化傾向は、一九世紀七〇年代以降の後発国ドイツや米国の登場とともに「逆転」し、資本主義はその支配領域を拡大しつつも、後発資本主義諸国における旧中間層の分解の緩慢化と新中間層の発生に示されるような階級関係の「不純化」、ひいては資本主義としての「不純化」を拡大する。そこでは重工業を舞台に株式会社制度が普及し、資本の集中による独占組織が形成されて、資本間の自由競争が制限される傾向が生じた。

このような事態はマルクス主義に基礎をおく社会主義運動にも影響し、ドイツ社会民主党のなかで、資本主義は変わったから『資本論』ひいてはマルクス主義は修正されるべきだというベルンシュタイン等の修正派と、資本主義の変貌は現象形態に過ぎずその本質に変化はないというカウツキー等の正統派との間に、いわゆる修正主義論争が闘わされた。資本主義の変貌を理論化する試みも活発に行われ、ヒルファーディング、カウツキー、ルクセンブルグなどが活躍したが、いずれの著書も『資本論』との方法的関連を自覚しておらず、カウツキーがヒルファーディングの著書『金融資本論』を賞賛の意味で評したように、『資本論』の「補充と継続」として理解されていたといえよう。レーニン『帝国主義論』が「マルクスは資本主義の理論的および歴史的分析によって、自由競争は生産の集積を生み出し、この集積はまたその発展の特定の段階において、独占をもたらすことを論証した」と述べて、『資本論』の集積論から直截に金融資本概念を導入しているのも同様である。ただ、宇野は、レーニンにあっては帝国主義が「資本主義の最高の段階」つまり資本主義の歴史的展開における一つの「段階」として把握され、その具体的解明に当たっては、『資本論』で捨象されている国際関係や国家の政策が分析の主要な対象として理論構成されていることに注目した。そこから学んだ結果が、「原理論」とは異なった抽象度において資本主義を認識する「段階論」の構築であったと思われる。

「段階論」は、宇野が東北帝大で「経済政策論」の講義に『資本論』をどのように使えるかを思考するなかで、結果的には『資本論』をそのままでは使わない形で完成した。それは、『経済原論』より早く戦前の一九三六年に重商主義・自由主義の両段階までが『経済政策論（上）』（弘文堂）として刊行されたが、（下）で予定した帝国主義段階は、原稿は準備されていたものの前述した裁判のために出版を果たせなかった。その結果「段階論」の全容は、戦後一九五四年に刊行された一巻本の『経済政策論』（弘文堂）で始めて明らかになったのである。それは「原理論」を基準としつつ、重商主義・自由主義・帝国主義と展開する資本主義の世界史的な発生・発展・爛熟の諸段階を、それぞれの段階を典型的に代表する国における支配的資本の蓄積様式と、それが要求する経済政策の特徴によって確定しようとするものであった。それゆえその論理は、原理論が概念のいわば自己運動とも言うべき純粋な論理の展開として叙述されるのに対して、資本主義の世界史的発展に意義を有する限りでの歴史的な諸契機——つまり原理論の世界では捨象されている主導的産業（生産力の具体的内容と水準）や国際関係（国境）、経済政策（国家）などを含んだ、それぞれの段階を特徴づける歴史的論理として展開された。

具体的には、一七、八世紀のイギリス羊毛工業を包摂する商人資本を支配的資本とした重商主義段階（発生期の資本主義）、一九世紀のイギリス綿工業における産業資本を支配的資本とした自由主義段階（成長期の資本主義）、二〇世紀初頭のドイツの鉄鋼業（副次的にアメリカの鉄鋼業、イギリスの海外投資）における金融資本を支配的資本とした帝国主義段階（爛熟期の資本主義）の三つの発展段階がそれである。なお、宇野によれば、段階論は経済政策論に尽きるものではなく、「農業、工業、商業、金融、交通、植民等の政策論」によって「補足されなければならない」し、とくに「財政学的規定が与えられ」なければならないこと，そして「経済政策論と財政学との両面が相俟って」、段階論レベルでこそ経済学が政治学や法律学と協同しうる道が拓かれることが強調されていた（同前書「結語」）。

最後に「現状分析」は、原理論を基準とし、段階論を媒介規定として、世界経済並びに各国経済の現実を具体的に解明するものである。そこで宇野がとくに強調したのは、現状分析において段階論の成果を踏まえることの重要性である。先に触れたドイツの修正主義論争は、帝国主義段階に現れた新しい現実を根拠として原理論を否定する修正派と、その現実を軽視してそれを原理論の内に解消しようとする正統派との、方法的には同一次元の対立であり、正しくは段階論としての帝国主義論を媒介にして解決のできる論争であった。同様に、宇野によれば、第二次世界大戦前の日本資本主義の性格規定を巡っていわゆる講座派と労農派の間で繰り広げられた日本資本主義論争についても、共通の問題を指摘することができる。論争点の一つに、戦前の日本農業における小農制（家族経営）の下で形成されていた地主制の本質をどう見るかという問題があったが、両学派の分析の基準は突き詰めればいずれも『資本論』の原理的世界にあり、それに合致しないところから講座派は地主制を（半）封建的なものと評価し、労農派は資本主義の発展とともに小農はいずれ分解するとみて近代的と評価した。しかし、講座派は「半封建制」を理論的にも実証的にも立証し得ず、労農派の資本家的農業経営形成の予見は実現しなかった。宇野によれば、論争が平行線に終わったのは原理論の直接的適用の結果であり、このような現象は、世界史的な帝国主義段階への移行期に資本主義化を開始した日本の後進資本主義としての特殊性，具体的には高度な生産力（機械制大工業）の移植による労働力需要の過小が生み出した農村の過剰人口から生じたものであって、ここでも段階論としての帝国主義論を媒介として、始めて説明が可能になるとされたのであった。

なお，ここで特記しておかなければならないのは、宇野の段階論としての『経済政策論』の対象が第一次世界大戦までの資本主義の発展段階に限定され、第一次世界大戦後の資本主義は世界経済論としての「現状分析」の対象とされていることである。この点は、『経済政策論』の初版（一九五四年）ではなお留保付きであったが、一九七二年の改訂版で明確に言い切られている。いわく、「第一次世界大戦後の資本主義の発展は、それによって資本主義の世界史的発展の段階論的規定を与えられるものとしてではなく、社会主義に対立する資本主義として、いいかえれば世界経済論としての現状分析の対象をなすものとしなければならない」（改訂版「補記」）と。この点は二〇世紀末におけるソ連型社会主義の崩壊と絡んで、宇野理論に新しい論点を提起するものであるが、ここではこれ以上立ち入ることを避けておこう。

*　　　*

以上は、経済学の体系としての宇野理論の概要であるが、このような宇野理論の形成は、学問（科学）としてのマルクス経済学と、思想ないし政治的実践のイデオロギーとしてのマルクス主義との区別と関連についての、当時の支配的な理解に対する宇野の批判的認識に裏付けられて可能となったことを指摘しておかなければならない。

周知のようにマルクス経済学の理論の創造は、マルクス主義（科学的社会主義）による社会主義運動の実践と密接な関連があり、マルクスにしてもレーニンにしても経済学者である以上に実践運動家でありその指導者であった。宇野は、彼らが社会主義思想をもつことによってブルジョア・イデオロギーの制約から解放されたこと、また資本主義社会を変革し社会主義社会を実現しようとする実践的な問題関心が理論上の創造活動に刺激を与えたことを認めた上で、しかし、社会主義の思想や立場に立つこと自体が、直接に学問としての経済学の正しさを保障するものではないこと、学問＝科学としての経済学は、ブルジョア・イデオロギーから解放されると同時にイデオロギー一般から解放されたところで、学問自身に内在する手続きによって形成されるものであることを指摘した。そして、逆に社会主義のイデオロギーが科学の領域を侵犯することになると、ブルジョア・イデオロギーが科学的認識を妨げるのと同様の否定的効果をもたらすことをも指摘したのであった。

実際、レーニンの死後、スターリンに指導されて以後のソ連では、政治的権威による社会科学の分野での学問への政治的干渉が繰り返され、その結果旧ソ連および第二次大戦後にその影響下で社会主義国となった東欧圏では、長期にわたるマルクス経済学の停滞が続いた。文化大革命時代の中国も同様であった。その余波は国際共産主義運動を通じて資本主義諸国のマルクス経済学界にも及び、現状分析において党綱領の規定と異なる現状認識はすべて反革命的認識として攻撃の的とされた。これらの動きは「理論と実践の統一」という標語で推進されたが、それは多数決原理によって現状認識と課題についての当面の結論を共有し、実践の結果によってその当否を問うべき政治運動の論理と、論理の首尾一貫性と実証の深化によってのみ新しい真理に到達できる、従って新しい真理は必ず少数意見として登場するゆえに多数決原理が通用しない学問の論理との混同がもたらした誤りであった。宇野はこうした誤った立場からの非難にも誠実に答えるのが常であったが、その大要は『「資本論」と社会主義』（岩波書店、一九五八年）で知ることができる。収録されている多くの論考は、ソ連におけるスターリン批判よりはるか以前に執筆されていることに注目してほしい。

マルクス主義とマルクス経済学、思想と科学、理論と実践に関する宇野の主張は、宇野経済学の外枠をなす広義の宇野理論と言ってよく、この主張がかなり広く受け入れられたことが、ソ連崩壊後も日本のアカデミズムでマルクス経済学が一定の地歩を維持している背景となっていると言えよう。

＊

最後に、宇野理論登場後の宇野理論の展開について、簡単なスケッチを示しておこう。この点を論じだせばきりがないが、大きな論点は次の三つに絞られるであろう。

その一つは、マルクス『資本論』が前提とし、それを継承した宇野が方法論的にも裏付けた、原理論において「純粋な資本主義社会」を想定することの当否である。岩田弘『世界資本主義』（未来社、一九六四年）は、宇野の『恐慌論』（岩波書店、一九五三年、二〇一〇年岩波文庫に収録）の「序論」における外国貿易捨象の論理を援用しつつ、それを次のように否定した。そもそも資本主義は社会的生産に外的な商品経済による世界市場が、特定の地域の特定の産業を取り込んで成立する部分的な社会に過ぎず、それは常に非資本主義的な諸生産との関連で生成・発展・爛熟の過程を展開する世界システム（世界資本主義）である。それゆえ宇野のように、資本主義を非資本主義的諸生産から切り離して「純粋な資本主義社会」を想定するのは観念論であって、原理論は資本主義の非資本主義的要素との関連を商品経済の論理に内面化して論ずるものにほかならず、従ってそこには資本主義の発生から確立、さらには爛熟期としての帝国主義段階もが内面化されて模写されていることになる。段階論は原理論で内面化されて論じられた資本主義が、その外的関連の現実に即して叙述されるものとされる。この主張には、宇野の見解の一面を継承した面があるものの、宇野自身の首肯は得られなかったが、鈴木鴻一郎の容れるところとなり、武田隆夫等との論争を引き起こした（シンポジウム「帝国主義論と原理論をめぐって」楊井克巳・鈴木鴻一郎・武田隆夫・遠藤湘吉・大内力『経済学論集』第二九巻三号、一九六三年一〇月）。「純粋な資本主義社会」の想定をめぐっては、その後もいろいろ形を変えて議論が続いている。

その二は、宇野が「社会主義に対立する資本主義」として現状分析の対象とした、第一次世界大戦以後の資本主義の本質をどう把握するか、という問題である。その点についてマルクス経済学では、レーニンがその概念を最初に使った「国家独占資本主義」をめぐる議論として多々論じられてきたが、大内力『国家独占資本主義』（東京大学出版会、一九七〇年）は「労働力の商品化の無理」に資本主義の基本的矛盾の基礎を見出す宇野理論に依拠しつつ、その本質を、金本位制の停止による管理通貨制の下でのインフレ政策が労働者の実質賃金の人為的引き下げを可能とし、そのことによって資本主義が危機の集中的表現である恐慌の緩和あるいはその回避を実現するところに求めた。これは、いわゆるケインズ政策を宇野理論の視角から位置づけようとするものでもあった。宇野は大内の言う「管理通貨制によるインフレーション」が金融資本の政策をなすものかどうかについて留保しつつ、それを「社会主義に対抗する役目をもつ」として重視すべきことを認めたが、その後の議論は主として宇野学派の後継世代によって担われ、第二次世界大戦後における先進資本主義諸国の成長と「繁栄」の評価や、新しい福祉国家論の展開など、宇野学派の現代資本主義研究に大きな刺激を与えた。

その三は、段階論の再構成の試みである。右の点とも関連するが、宇野が「現状分析」の対象とした第一次世界大戦後の資本主義は、その後第二次世界大戦を経て、さまざまな変容を遂げながら一世紀近くの年月を経過した。しかも、宇野が「段階論」の対象から外す根拠とした社会主義は、当初のソ連一国から第二次大戦後には東欧や中国、北朝鮮、北ベトナムに及んだものの、一九八〇年代末から九〇年代初めにかけて大きく動揺した。ソ連・東欧の国権的社会主義は崩壊し、中国やベトナムも「改革・開放」による市場経済の導入が進んだ。資本主義の変容の内容も、ケインズ主義による福祉国家の追求がスタグフレーションを生み出して、八〇年代以降新自由主義にとって代わられ、それが二〇〇八年秋のリーマンショックを契機にさらなる変容過程にある。また、二一世紀に入ってIT技術革新などによる経済のグローバル化が急速に進展している。このような事態を背景に、段階論の再構成のさまざまな試みが行われている。このような試みが果たして宇野理論の発展を意味するものかどうかについてはなお議論の余地があるが、その一端は本書でも伺うことができるであろう。

＊

＊

本書は、右のような宇野とその後継者たちによるマルクス＝宇野経済学の展開の試みを継承しつつ、それぞれのテーマに即してその発展を試みる一四の論稿に、宇野を囲む段階論についての研究会の記録を加えて、二〇〇七年の研究集会とともに宇野弘蔵没後三〇年を記念しようとするものである。それぞれの論稿は「宇野理論を現代にどう活かすか」という観点で共通の意志を持ちつつも、冒頭で述べたように、タイトルと内容は各執筆者にゆだねられ、編集者はそれらを適当に配列したにとどまる。そこにはさきの研究集会での活発な討論が直接・間接に反映されていると同時に、宇野の没後に生じた資本主義世界の連続的な危機と再編、ソ連解体と冷戦構造の崩壊、それらに触発された欧米マルクス学派の再生・発展などが、「宇野理論の現在と論点」の背景をなしていることが伺えると言えよう。なお、巻末に収録した段階論をめぐる研究会記録は、宇野弘蔵監修『経済学大系』全八巻（東京大学出版会、一九六〇〜六三年）の編纂過程で、一九五八年七月に実施されたものである。故戸原四郎の遺品のなかから発見された速記録を夫人の戸原つね子氏が校訂され、東京大学社会科学研究所の『社会科學研究』第六〇巻第三・四号（二〇〇九年二月）に掲載されたものであるが、今回同研究所の許可を得て本書に収録させていただいた。

宇野が、マルクスが経験しえなかった帝国主義段階をふまえて三段階論の方法を開拓し、マルクスを活かす新たな道を提示してみせたように、宇野没後三〇年の資本主義と社会主義の歴史的変化こそ、宇野理論の新たな活かし方への挑戦的な思索を要請する基盤をなしているはずである。本書はこの挑戦のひとつの試みであるが、果たして成功しているか否か、読者の厳正な批判を俟つ次第である。

二〇一〇年五月

櫻井　毅
山口重克
柴垣和夫
伊藤　誠

（以上は、柴垣の草稿を編者四人で討論の上、同人がとりまとめたものである）

I　原理論の諸問題

第1章　価値の形態規定と実体規定
宇野派価値論の欠陥

永谷　清

価値の実体規定は、マルクス経済学の要である。二〇世紀は価値方程式と生産価格方程式との数学的整合によって、これを証明しようという、いわゆる転形問題の世界的流行によって、労働による実体規定は、たんなる仮説へおとしめられることになった。そうなった一因は、この規定にもとづいて全展開する『資本論』第一巻が、その規定の成立根拠を十分に説明できていないことにある。

『資本論』は、最初に価値を生産に必要な労働の対象化したものと規定(価値の実体規定)し、商品論、貨幣論、「貨幣の資本への転化」を展開している。しかし宇野は、価値をまず形態規定として捉え、実体規定との峻別を主張した。そして、商品、貨幣、資本を、実体規定を捨象した流通形態とし、価値の実体規定は、労働力商品によって措定される資本の生産過程において成立する価値法則において、措定されるべきであると主張した。この新しい方法は、『資本論』を、「流通論」(価値の形態規定)、「生産論」(価値の実体規定)、「分配論」(価値の現実形態論)という新しい形へ再構成することになった。

こうして価値の実体規定、あるいは価値法則、の展開と論証の場所を資本の生産過程、とくに価値形成・増殖過程へと特定化したことは、宇野の画期的功績であるといえる。だが、そこで宇野は、価値法則の論証に成功しているとはいえない。その後、宇野派の多くの研究者がその解明を試みることになった。しかし、いまだに成功しているとはいえない。価値法則こそは原理論の大黒柱であるから、原理論はまだ画竜点睛を欠く状態にあるということができる。

このことは、労働価値説あるいは価値法則の論証が、マルクスや宇野をもってしても成功できなかった難問であることを意味しているのであって、けっして問題の設定自体が誤っているということを意味しているのではない。

一 宇野派の新たな試み

一九六〇年に出た鈴木鴻一郎編『利潤論研究』(東大出版会)や『経済学原理論』(東大出版会)に参加した岩田弘、降旗節雄、大内秀明、桜井毅、などの諸氏は、いずれも価値形成過程での宇野の価値法則論証につき何らかの欠点を指摘し、新たの論証を試みようとした。共通しているのは、資本主義での価格変動の基準は生産価格でしかない事実にもとづき、資本の生産過程(生産論)での価格の基準としての価値、等労働量にもとづく等価交換、を否定する点である。資本の生産過程では、等価交換抜きで、労働の価値形成だけが展開されねばならない。価値と生産価格の関係は、価値とその表現としての価値形態(価格)の関係であり、「価値の生産価格への転化」というマルクスや宇野の考えは、等価交換という誤った前提から生じたもので、間違っている。資本の生産過程では、利潤形態が捨象され、剰余価値をもって展開されるが、それは利潤論=個別資本の競争、生産論=競争なき総資本であるからである。そして生産論と利潤論との次元の相違を、価値と価値形態の相違であると強調した。さらに、生産論では労働価値説の論証だけがおこなわれるのであり、価値法則は利潤論、あるいは恐慌を含む周期的景気循環をとおして成立するという主張にもなった。

大内秀明氏は、価値を等価交換と結びつける考えを、生産価格と「同一次元に還元」するものとして否定している(『価値論の形成』、東大出版会、三三二頁)。このような考えは、ボルトキエヴィッチ以来の方程式を使い価値と生産価格の量的一致をもって、価値法則と生産価格の証明としようという数学的方法への批判という一面はあるにしても、等価交換という意味での価値概念を否定してしまっては、マルクスや宇野が苦闘した問題の所在そのものを否定した、解決法にほかならない。氏は、生産価格=価値の表現としての価値形態という意味で異次元と考えているが、価値と価値形態が、価値の形態規定としてまさに流通形態論において同一次元に属するのであるから、実は価値と生産価格は同一次元であると主張しているのと、同じことになる。

生産論=総資本、利潤論=個別資本という図式の問題点は、資本の生産過程においても、資本は個別資本として労働者を雇用し、個別的な商品を生産し、売買し合っているのであって、一括して総資本として規定するのは、無理がある。資本の生産過程を総括する資本の再生産表式が何よりもそれを示している。資本家と労働者の関係も、個々の資本の生産と売買をとおして成立しているのであって、総資本家と総労働者が階級対立しているわけではない。総資本という考えは、なぜ資本の生産過程で利潤形態が捨象されるのか、を追及しようとしない、安易な発想にすぎない。個別資本は総資本のなかの「平均見本」という考えも同じである。

宇野の価値の実体の論証は、剰余労働のない価値形成過程において、一日の労働力商品を資本家へ売った労働者が、それで得た貨幣（賃金）で一日分の生活資料を資本家から買い戻す関係を基軸にして、資本が生産物商品を「生産に必要な労働時間を基準として互いに交換する」という形でおこなわれる。

この価値形成過程での論証に基本的に賛成した上で、価値増殖の起こる剰余価値部分については、労働時間による規制は完全にはおこなわれない（「緩くなる」、「自由度がある」）という主張も、宇野派の中に生じている。鎌倉孝夫、山口重克、伊藤誠の諸氏がそうである。

しかし価値の実体規定、あるいは価値法則とは、労働が、必要労働であれ剰余労働であれ、生産物の価値を規定する（したがって剰余労働は剰余価値の実体をなす）ことであるから、これでは価値法則の論証たりえない。資本の生産過程において、剰余価値も剰余価値率も規定できないことになる。この考えでは、利潤論での総剰余価値の利潤としての再配分を配慮して、それを資本の生産過程へ持ち込むという方法の倒錯（「剰余価値の利潤への転化」と反対の「利潤の剰余価値への転化」）がおこっている。

資本の生産過程と利潤論との次元の相違を、価値の次元と生産価格の次元、あるいは剰余価値と利潤の次元として最初に明確にしたのは、古典経済学批判によって自己の経済学体系を構築したマルクスである。古典派、とくにリカードにおいては、「自然価格」において両次元は不分明であり、利潤と剰余価値の混同が起こっていた。『資本論』では、第一巻と第二巻が価値の次元、第三巻が生産価格の次元として確立している。宇野もこのマルクスの成果を認め、第二編（生産論）と第三編（分配論）を構成している。

違いは、『資本論』では価値の次元の意味が、価値と価格の乖離、価格変動を捨象した等価交換の次元であるのにたいして、宇野『原論』では、価値と価格の乖離、価格変動が価値を措定する過程を含んだ等価交換の次元と考えられている点にある。

以上、触れたように、宇野の価値法則の論証の欠陥を克服すべくなされた宇野派のさまざまな試みは、いずれも問題がある。それどころか、現実の交換基準は生産価格でしかないこと、あるいは誤った次元の差、を強調することによって、マルクスから宇野へと継承された本来の次元の相違の意味を崩すことにさえなっている。それらの試みは私には、そこから生じてくる価値の次元の抽象根拠、価値と生産価格の関係などの本来の難題を回避した解決法にすぎない、ように見える。

これらの問題点については、私はすでに一九八一年に出版した『価値論の新地平』（有斐閣）で詳しく論じているので、詳細はここでは省く。私は反論を期待して、先輩への批判を大胆におこなったのであるが、反論がほとんど無かったのは意外であった。納得されたのであれば、それでよいが、受け入れられないにもかかわらず反論がなされていないのが実情ではないだろうか[1]。

二　宇野の価値法則論証の問題点

マルクスは、商品論での二商品の交換関係において、両使用価値の捨象、さらにそれを作る両有用労働の捨象から、価値の実体規定（抽象的人間労働）をおこなっている。そしてこれに基づき、価値形態論、価値尺度論、「貨幣の資本への転化」、価値形成増殖過程論を展開している。しかし宇野は、商品論の価値の実体規定は、「積極的証明とはいえない」（『新原論』、岩波書店、五六頁）と批判し、資本の生産過程において、労働生産過程を前提にし、価値形成過程でその論証をおこなった。この方法が、単純に『資本論』の否定ではなく、資本の生産過程で初めて「労働過程」を説く『資本論』の方法を継承・発展させたものである、と強調している。その際、価値の実体規定には労働力商品が基軸になる。しかし宇野の論証法には幾つかの問題点がある。

宇野は、一日の労働力を売って得た賃金で、労働者が一日分の生活資料を買い戻す関係から、生活資料商品が「労働時間を基準とした売買」となることを最初に導き、次にそれが生産手段商品にも及ぶ、としている。

①しかし、この買戻し関係は、労働力商品の価値が、社会一般的な必要労働を実体としていることを明らかにするにすぎない。この関係から全生産物の価値の実体規定を導くのは、論理の飛躍がある。労働力商品の商品化は、宇野も指摘しているように、「全面的な、根底的な商品生産」（『新原論』、五九頁）の成立、全生産物の商品化を説明するが、直ちに全生産物の価値が労働により実体規定されることを説明しうるわけではない。

②宇野は、価値法則を論証しようとしているが、それを

「資本が生産物を生産に必要な労働時間を基準として互に交換する」ことを論証すること、と解している。しかし価値法則とは、何よりも価格変動が価値基準へ法則的に収斂する運動である。その論証とは、この形態的運動が成立する根拠の説明でなければならない。価値が社会的必要労働あるいは抽象的人間労働を実体としていることの証明とは、このことである。したがって価値法則の論証とは、価格変動が、資本の生産過程において、必然的に収斂し重心をもちうる根拠の解明でなければならない。「労働時間を基準とする交換あるいは売買」を論証しようとするのは、問題設定が最初から正確ではない。宇野は、価値法則をたんなる等労働量交換としての等価交換と解する通説から脱却しているが、価値形成過程での価値法則の論証に関するかぎり、問題を残している。

③宇野は、価値形態論と価値尺度論を価値の形態規定として初めて純化したという成果をあげたにもかかわらず、この成果が肝心の資本の生産過程で生かされていない。価値形態（価値表現）と価値尺度が本格的に展開し、その根拠を明らかにするのが、まさにここであるにもかかわらずである。そうなってしまったのは、「労働時間を基準とする交換」の論証を、「一日の生活資料が六時間の労働で生産され、その代価を三シリングとすれば」（『新原論』、五三頁）という仮定から出発して、おこなおうとしているからである。価値の実体規定において貨幣が果たす積極的役割が、形式化されている。このために、なぜ価格変動が価値基準へ必然的に収斂するのか、という問題が正面に据えられなくなった。マルクスでは、価値と価格の一致の想定（乖離は捨象する）という方法によって、この問題が抜けてしまったが、宇野でも別の形で正面から外れることになっている。

④宇野の資本の生産過程論の特徴は、マルクスのように価値と価格の乖離、価格変動を捨象するのではなく、個々の資本家間の生産物売買を想定し、その価値規定の成立を価格変動を介して捉えようとする点にある。この考えと、「労働時間を基準とする交換」の論証とは、実は齟齬がある。この価格変動の見地こそ、資本の生産過程において、価値形態と価値尺度の展開を必然化するものなのである。[2]

これらの問題点を解決するには、労働生産過程の再検討から始める必要がある。

三　労働過程における有用労働と抽象労働

労働過程論は、特殊歴史的な資本主義的生産様式が根拠としている社会一般的な生産を明らかにするものである。『資本論』でも基本的にそのような意味を与えられている。『要綱』以来の「生産一般」の発展したものといえる。しかし『資本論』では、「商品そのものが使用価値と価値との統一であるように、商品の生産過程も労働過程と価値形成過程との統一でなければならない」（第一巻、S・二〇一、以下この書からの引用は『マルクス・エンゲルス全集』第二三巻aの原書頁のみ記す）という考えのために、労働過程＝有用労働、価値形成過程＝抽象労働という誤った二面を強化することになり、労働の二重性が社会一般的なものである点を、弱めることになっている。労働の二重性の発見というマルクスの画期的成果が、商品論で説かれたのも、このことと関連している。

労働の二重性を社会一般的なものとして、労働生産過程で説き、この誤りを正したのは宇野の功績である。宇野派の価値論はすべてこの方法を継承している。しかし有用労働と抽象労働の成立と関係に関して、まだ問題を残している。この労働の二規定は、一社会の総労働の社会的配分が

適正化した状態において初めて成立するものであるのに、そこが的確にまだ捉えられていない。

どの社会も成立し維持されるためには、総労働を、生産技術を基礎にして、社会的総需要に対応できるように、個々の生産部門へ配分せねばならない。生産条件も需要も絶えず変化するから、労働の社会的配分は絶えず調整されねばならない。それをなしうるかぎりで一社会は成立しうる。人間労働力が本来どのような有用労働にも支出しうる力能をもっているので、それは可能である。調整されて成立した適正な社会的配分の中にあるかぎりで、個々の部門において有用労働が成立し、このような総有用労働の社会的編成を同一な総労働の量的規定（労働時間）で捉えたものが、抽象労働である。それは社会的必要労働でもある。両者は本来同じものである。前者は有用労働と対照されたときの概念であり、後者は個別的な生産必要労働と対比された時の概念にすぎない。総労働には、必要労働だけでなく剰余労働も含まれている。剰余労働も必要労働と同じく社会的必要労働の一環をなしているからである。（生きた労働が有用労働の面では死んだ労働を保存し、抽象労働の面では生産に必要な労働を追加するということも、以上の基礎規定から展開されねばならない）。

だからただ生産物を作るのが有用労働とするだけでは、

不十分である。抽象労働の意味を、同じ「人間の脳や筋肉や神経や手などの生産的支出（S・六〇）に求める（生理学説）のも正しくない。労動の社会的配分の概念を離れて、労働の二重性は規定できない。マルクスが、商品論でそれを説いたとき、労働の社会的配分に言及しているのは、マルクスもこの点を感じていたからに違いない。しかもそれらの例が、事実上資本の生産過程における労働の社会的配分になっているのに注目する必要がある。本来説かれるべき「労働過程」ではなく、商品論において労働の二重性と労働の社会的配分が展開されたために、『資本論』の商品論は単純商品生産論であるという根強い誤解を生むことになった。しかしマルクスは、商品論を資本の生産過程に含めているのであり、エンゲルス説のような単純商品社会論であるとは明記してはいない。

マルクスが強調した、異なった有用労働の捨象＝抽象的人間労働への還元とは、実は以上説明したように、社会一般的な総労働の社会的配分の中で成立する。マルクスが、二商品の交換関係で説明したのは、致命的とも言える誤りであった。このために抽象労働は、商品生産に固有な特殊歴史的概念である、という解釈を定着させることになった。欧米では、ルービンが代表的であるが、日本では平田清明、廣松渉などがそうである。(3) ただ与えられた字句の解釈だけからは、今後もこの説は繰り返し発生するに違いない。マルクス自身、『経済学批判』ではこの面が強くでている。それは初期の「疎外された労働」に連なっている。しかし労働過程論が措定された『資本論』では、抽象労働を社会一般的なものと見る面が強化されつつあったが、この二つの側面が矛盾したまま混在している。(4)

もし社会一般的な労働の社会的配分も労働に二重性も、資本の生産過程において歴史上初めて確立するものであることがもっと明確になっていたら（というのはマルクスがそれを予感していることは幾つかの文章が示唆している）、商品論において抽象的人間労働で価値の実体規定をするのは、方法的に無理であり、もっと後の「価値増殖過程」でおこなわれねばならない、ことに気づいたに違いない。というのは、労働の社会的配分および抽象労働（社会的必要労働）の措定は、商品交換ではいうまでもなく、貨幣による商品流通でも媒介しうるものではなく、資本による商品生産しか果たしえないからである。

宇野『原論』は、商品論と貨幣論を実体規定を捨象した流通形態論として再構成し、労働の二重性をまず労働生産過程で説き、価値形成増殖過程で「商品に表された労働の二重性」を展開している。これにより抽象労働が社会一般的なものであり、それが資本の生産過程においては、生産物商品の価値の実体をなす関係（価値の形成と増殖）にあることを明確化した（商品論での価値の実体規定を是としているかぎり、抽象労働が社会一般的か特殊的かという論争は、いくらしても解決の目途はたたない）。宇野『原論』では、労働の社会的配分についても、労働生産過程と価値形成増殖過程で展開されることになったが、社会的配分と有用労働や抽象労働の措定との関係は、明確でない。本稿で自説を説明したのは、そのためである。

宇野の新たな方法により労働過程と価値形成過程との関係は、商品生産過程の有用労働と抽象労働との二面ではなくて、資本の生産過程の実体規定（実体的根拠）と形態規定との関係にあること、が明らかになった。だが、それは価値の実体規定あるいは価値法則の論証へ解決の途を明確化しただけであり、まだ解決できていないことはすでに述べた。その根本原因は、まだ形態規定と実体規定との関連、あるいは実体規定の意味が精確に把握できていないためではないか、と私は考えている。(5)

四　価値の実体規定とは何か

労働生産過程は社会の成立の一般的条件をなし、宇野は経済原則と呼んでいる。それはどの社会にも妥当するという含意があるが、資本主義以前のどの社会でも実在したというわけではない。それらの社会ではそれは不完全であり、潜在していたにすぎない。機械制大工業を基幹とする資本主義社会の成立によって、価値の実体的根拠として、歴史上初めて完全化し顕在化した。社会一般的であっても、資本主義を対象とする原理論の中で初めて抽象し認識しうるのは、そのためである。この社会一般的という意味でしばしば「超歴史的」という語が使われる。物質や自然法則は、どの社会においても同じであり、超歴史的といってよいが、労働生産過程の社会一般性はそれとは異なるので、この語を私は避けている。

資本主義においても、労働生産過程が存在しているが、その意味は、形態規定なしにそれが成立しており、流通形態が外部からそれを包摂している、という具合に存在している、というのではない。多くの宇野派の人々は、流通形態論と生産論の関係をそのように解した。その典型は、世界市場資本主義論であるが、それに反対して純粋資本主義論を支持する人々においても、そのような傾向は広く見られる。この考えに問題があるのは、資本主義にあっては、労働生産過程は、あくまでも価値形態、価値尺度（価格変動）、資本の運動という形態規定を通さないでは、成立しないという側面を、見失うか弱めてしまうことにある。宇野の価値法則の論証法にも、この弱点がある。多くの宇野派の人々はこの弱点を拡張することになっている。現状は、そのことに気づくことさえなされていない。まず価値の実体規定の意味を確定することから始める必要がある。

資本主義では、社会一般的な労働生産過程も、形態規定を介してのみ成立していることを明らかにするのが、価値形成増殖過程論である。社会成立の一般条件である総労働の社会的配分も、資本主義では購入した労働力を使って資本が自由にどんな使用価値をも生産しうる、ことから可能になる。生産物商品は資本家による価値表現（価格表示）と貨幣所有者（資本家と労働者）による購買＝価値尺度（価格変動を経ての）、さらに価格上昇・下落に即応して増産・減産、移動という運動をする資本の媒介、によってのみ達成される。その達成は、価格変動が必然的に収斂し基準（重心）をもつことに現れる。これが貨幣の価値尺度である。その運動を形態面だけ抽象したものが、貨幣論の価値尺度である。

なぜ価格変動が基準をもちうるのか。盲目的な価格変動が、資本のそれに対応した盲目的運動を通して、知らないうちに需要に対応した総労働の有用労働としての配置、需給の一致した適正な労働配分、を結果することになるからである。そうすると、この社会的配分のなかには貨幣である金商品の生産も含まれているので、金も一般商品も抽象労働の対象化したものへ還元され、貨幣による生産物商品の売買が等労働量の関係で交換基準をもつことになる。貨幣である金商品とそれ以外の一般生産物商品とが、この適正な労働配分の中でともに同じ抽象的人間労働の一定量に還元されていることが、価格の基準への必然的収斂（等価交換）として現れる。これが資本の生産過程での貨幣による価値尺度である。商品の価値の実体規定、価値の実体は抽象的人間労働あるいは社会的必要労働であるという命題、はこの関係を意味している。

注意せねばならないのは、価格変動が収斂する基準が直接、価値をなしているわけではないことである。この基準は、商品価値と貨幣価値の一致点（等価交換）であり、重心となる価格にすぎない。いわゆる価値と価格の乖離なるものも、正確には価値に一致した価格からの価格のズレである。価格変動は価値に一致した価格へ収斂するというのが正確である。このことを知って使うなら、価格変動は価値へ収斂する、あるいは価値と価格の乖離という表現は、分かりよいので便宜上許されてよい。

もう一つ注意せねばならないのは、労働の社会的配分の適正化を根拠とする基準としての価値を、均衡点と呼んでもよいが、それはけっして静態的な固定的なものではないことである。技術を基礎とする生産条件も社会の需要構造も絶えず変化し、それに応じて労働の社会的配分の適正配置も変化するから、基準としての価値も刻々変化する。与えられた時点では、だから常に価値と価格の乖離があるが、その乖離自身にそれを捨象しようとする作用がある。この運動を単純化して、価格変動の価値への収斂と呼んでいるにすぎない。このような価値へ対応しうるのは盲目的に変動しうる価格でしかない。価値にとって価格形態の必然性はここにある。

　マルクスの言う、抽象労働あるいは社会的必要労働が商品へ価値として対象化（結晶）される、あるいは労働が価値形成する、という命題は、以上のような関係のなかで初めて成立し、論証しうる。貨幣の価格変動をとおしての価値尺度や、労働の社会的配分を担う資本の運動などを欠いたまま、二商品の交換関係からそれを言うのは、方法的無謀である。そのために、価値とは、文字通り労働が結晶したもの、あるいは労働そのものが価値を形成する（したがって価値を形成する労働は特殊歴史的なもの）という誤解ないしドグマを生むことになった。価値の実体は労働（古典派）、抽象的人間労働あるいは社会的必要労働（『資本論』）とは、労働の社会的配分はどの社会でも抽象労働（労働時間）を基軸とせねばならないが、資本主義では、それを価格変動の基準を形成する価値を基軸にして成立させている、という意味である。労働の価値対象化、労働の価値形成という表現は、この関係を端的に分かりやすく表した比喩的表現である、と解さねばならない(6)。

五　使用価値の実体規定　商品の実体規定

　これまで世界のマルクス経済学は、価値の実体にのみ拘泥することによって、使用価値の実体規定を等閑視してきた。価値の実体規定が、商品の価値の実体規定であるように、それは商品の使用価値の実体規定のことである。資本の生産過程は、価値の実体規定と同時に、使用価値の実体規定をも措定する。マルクスはそれを見抜いていて、前者を抽象的人間労働、後者を有用労働へ帰している。しかし残念なことに、それが成立する資本の生産過程ではなく、商品論で先取りしておこなったために、価値の実体規定のみでなく、使用価値の実体規定についても種々の問題を惹き起こすことになっている。価値が使用価値の理解を欠いては不完全になるように、使用価値の実体規定を欠くと、価値の実体規定も正確になりえないのである。

原理論での有用労働は、総労働が需要に対応して適正配分された時に初めて成立するものであり、その有用労働によって作られた使用価値が労働生産物である。それを作る有用労働が商品の使用価値の実体をなす。あるいは商品の使用価値を形成する。マルクスの場合、商品論でそれを説いたために、ただ使用価値をつくるものが有用労働とされることになっている。労働生産物と有用労働という概念も、抽象労働と同じく、総労働の社会的配分の中で成立し、社会一般的なものである。このことが、『資本論』では不明になっている。

マルクスは『資本論』の冒頭で、「小麦と鉄」の商品交換関係から、両有用労働の捨象＝抽象的人間労働の抽出をおこなう際、まず両者の共通性を「労働生産物」としている。この還元が恣意的ではないかという批判は、永年繰り返し主張されてきた。その還元が価値形態の論理に反することを明らかにし、商品論から実体規定を捨象して価値形態論を展開することによって、この問題を初めて解決して見せたのは、宇野の功績である。しかしこれに満足しているだけではいけない。なぜマルクスはそのように主張することになったのか、はまだ解けていないからである。

労働力の商品化によって初めて全生産物が商品形態をとることを明らかにしたのは、マルクスである。宇野はこの見地を継承・発展させ、原理論としての再構成に至った。実体規定を捨象したその価値形態論をさらに発展させることによって、私は、使用価値が商品形態をとるのは、マルクスが考えたように私的労働の産物であるからではなくて、私的所有者間の特殊な社会関係（それを明らかにするのが価値形態論である）のなかに使用価値が置かれるからである、という結論を得ている。(7) だからこの特殊関係の中に入れられれば、たとえ生産物でなくとも、どんな使用価値でも商品となる。水、土地のような非生産物、骨董品、人間、サービスのようなものも、使用価値としてこの関係の中に放り込まれれば、商品化し、市場の一画をなすことになる。このことは、商品論の商品は生産物ではない、ということを主張しているわけではない。その使用価値が何であるかを問わないという点にこそ、商品形態の特質がある、と主張しているのである。商品論で、商品が労働生産物であると断定することは、恣意的であると批判されるのは当然なのである。

しかし資本の生産過程になると一変し、使用価値が商品形態をとるのは労働力商品化によることになる。そうなると、ここでは全商品は、労働力商品を除き、労働生産物だけになる。これは、労働生産物を実体とするかぎりで商品形態が成立する関係である。だからここでは、非労働生産物は、労働力商品を除き、一切排除されることになる。ただしこの労働生産物は、先に指摘したように、総労働の適正配分のなかで措定された生産物でなくてはならない。そのかぎりで商品は、抽象労働を実体として価値をもち、それを作る有用労働を使用価値の実体としもつ商品である。これが商品形態の実体規定である。

マルクスが二商品の交換関係から、「労働生産物」という共通物に還元し、価値の実体を抽象労働に、使用価値の実体を有用労働に、導いたのは、この関係を彼が直感的に捉えていたことを示している。『経済学批判』では資本の生産過程の序論と考えられていた商品論と貨幣論が、『資本論』では資本の生産過程に組み込まれることになったのも、このことを示唆している。「小麦と鉄」、「リンネルと上着」という二商品の交換関係を抽象しても、資本の生産過程内としているので、労働生産物、さらに抽象労働への還元が許されるとマルクスは考えたように見える。だが、この方法の誤りは、有用労働の捨象＝抽象労働の措定は商品交換から生じる（したがって抽象労働は特殊歴史的なものである）という致命的な誤解を生むことになった。労働の二重性にしろ労働生産物にしろ、それらが成立するのは労働の社会的配分のなかであり、それが措定されうるのは資本の生産過程でしかない以上、商品論で労働の社会的配分に言及しても、無理があった。この方法は、商品形態論をゆがめることになっただけでなく、「労働過程」をも不完全なものにしてしまった。

『資本論』では、貨幣についても、抽象労働あるいは社会的必要労働の結晶として、実体規定を与えている。資本の生産過程では、貨幣である金商品も、抽象労働あるいは社会的必要労働に基づく実体規定をもつかぎりで、価値尺度機能を果たしうることが明らかになる。貨幣論で価値の実体規定を説くことは誤りであるが、資本の生産過程では、そうではない。むしろ、貨幣形態――価格表示という意味ではなく、貨幣の形態的機能という意味――の実体規定を捉えた鋭い洞察を示している。商品論と貨幣論における方法の誤りは、反面では、資本の生産過程におけるマルクスの天才的な洞察を示唆しているのである。このマルクスの誤りは、すでに商品、貨幣の形態規定が明らかにされているのに、今なお商品論、貨幣論における実体規定を主張する人々の誤りとは、同じのように見えても雲泥の差がある。マルクスの場合、最初の鋭い洞察ゆえにおかした天才的過ちといえるであろう。

六　形態規定と実体規定との関係

宇野の流通形態論という成果を発展させようとした宇野派は、生産論を商品・貨幣・資本という形態がそのまま労働生産過程を包摂し、それを実体的根拠とする次元として捉えようとした。そのために世界市場資本主義論が出てきたり、「流通浸透視角」という批判を受けたり、労働を基準とする等価交換はありえないとして生産論での価値法則論を否定したり、することになった。純粋資本主義を支持する場合にも、この考えは保持されている。生産論（資本の生産過程）は確かに形態規定と実体規定が対応して展開する次元であるが、そのような単純な関係にあるのではない。

この次元は、特殊社会としての資本主義も、社会一般の存在条件である労働生産過程を担いうることによって、世界史上の一歴史的社会であることを明らかにする領域である。ここでは、流通形態論と相違して、商品・貨幣・資本という形態は、労働力商品化を起点にして、すべて労働生産過程を実体的根拠として成立することになる。形態は実体なしにはありえない関係で展開することになる。商品はここでは社会一般的な労働生産物という実体なしにはありえない、商品の価値は抽象労働（社会的必要労働）が対象化していなければありえない、貨幣は労働を基準にしなければ、価値表現も価値尺度もなしえない、という形で、形態規定と実体規定は展開することになる。つまり、形態が実体によって制約（規定）されている側面を生産論は明らかにする。もはや流通形態はそのままの形では、労働生産過程を包摂できないことになる。これが形態の実体規定（形態が実体的根拠をもつ）ことの意味である。

『資本論』の実体規定を前提とする価値形態論や価値尺度論から、投下労働を基準としないでは価値表現も価値尺度もありえない、労働が対象化していないものは商品たりえない、という解釈が広く普及することになったが、マルクス自身がそう考えて叙述している以上、当然であった。しかしそうなりうるのは、資本の生産過程において、労働力商品化を起点とした場合に限られる。労働力商品がまだ登場しない商品論や貨幣論でそれを説くのは、論理の先取りという方法の誤りである。そのような解釈が行き詰まらざるをえなくなった（ただマルクスが書いているから正しいという解釈論）のは、そのためである。マルクスの場合、資本の生産過程において、この真理を感じ取っていたために、かえって誤ったという側面がある（天才的誤り）。だが、現在すでに実体規定は資本の生産過程でなすべきである、という方法が明らかになっているにもかかわらず、商品論、貨幣論における実体規定に固執するとすれば、価値の実体規定あるいは価値論はドグマ化せざるをえない。

他方、生産論には、これと逆の形態規定と実体規定の関係も含まれている。社会一般的な労働生産過程も、資本主義では、あくまでも貨幣による価値表現と価格変動を通しての価値尺度を介さねば成立しえない、という面である。これは、価値形成増殖過程で展開される。先に宇野派では弱体化してしまったと評した側面である。この場合には、形態が実体を制約していることになる。生産論では、実体が形態を制約する面と、形態が実体を制約する面とが相互に対応して運動しているのである。

どちらが積極的なのであろうか。生産論では、前者が積極面であり、後者は消極面である。生産論（資本の生産過程）の第一規定が労働生産過程であるのは、このためである。

社会成立の一般的条件たる総労働の社会的配分は、資本主義では商品・貨幣・資本の形態が必要であり、労働力の商品化が起点になると述べた。これにより資本は、たえず変化する社会的需要にたいして、どんな使用価値でも、何時でも、いくらでも、生産によって対応できることになる。資本は意識してそれをやっているわけではない。需要にたいして供給が不足すると、その商品の価格が上昇する、反対に供給が過剰になると価格が下落する。それに盲目的に反応して生産を増やしたり、減らしたりしているにすぎない。それでも上昇が止まらなかったり、下落が止まらなかったりした場合には、後者の部門から前者の部門へ資本の転出がおこることになる。需給の乖離は資本主義では価格の価値からの乖離として現れ、価格変動を惹き起こすが、それに即応する資本の運動は同時に価格の価値への収斂作用を生む。こうして需給の一致した総労働の社会的配分の適正化が盲目的に成立することになる。この状態において、価値の抽象労働あるいは社会的必要労働による実体規定が成立する。以上のような価格変動を通しての運動が価値法則にほかならない。

この説明に納得しない人々が沢山いるに違いない。資本は現実には、価格の上下に即応するのではなく、利潤の増減に即応して運動するからである。利潤論では、確かに資本は利潤の増減に対応して生産を増減させ、あるいは自由に部門間を移動する。しかし現実での資本のこのような運動の事実をもって、上記の生産論での資本の運動を否定するとすれば、それはちょうど価格変動の基準が生産価格でしかない事実をもって、生産論での価格変動の基準としての価値を否定する、のと同じ誤りをおかすことになる。後者が生産価格を基準とする現実の価格変動からの抽象規定であるように、価格変動に即応する資本の運動は、利潤の増減（利潤率の上下）に即応する資本の現実の運動からの抽象規定にほかならない。これが捉えられるか否かが、生産論という抽象次元を捉えられるか否かがかかっている(8)。

生産論で利潤形態、利潤率をめぐる資本の競争、が捨象され、剰余価値が措定されうるのもこのためである。そこでは総資本が措定され、個別資本が措定されていないからではない。資本は本来個別的な存在であり、個別に判断し、個別に生産、販売、購入をおこなっている。生産論でも同様である。相違は、ここでは資本は価格変動に盲目的に反応して運動するという抽象が、なされているか否かにある。

利潤論では、資本は利潤をめぐって自由に無限に競争することが想定される。これが資本競争の原理的意味である。マルクス経済学では、不思議なことに、これは総剰余価値の個別資本へ均等配分を結果する（利潤率均等化へ無限に近づく）と最初から想定されている。『資本論』でそうなっているからである。しかし資本の競争は、本来販売価格を下げ、購入価格を引揚げる作用があるから、無限の競争では、限りなく利潤ゼロへ近づくはずである。純粋資本主義ではそうはならない。なぜそうなのか、は『資本論』も宇野『原論』も説明していない。このことを疑問として提起することさえ、マルクス経済学研究ではなかったのではないか。

資本競争が利潤ゼロへ近づくことはないのは、利潤率を基準とする資本の現実の運動の根底に、価格変動に盲目的対応する資本の運動が存在し、それが上記の価値法則を成立させ、剰余価値を生み出しているからである。そのかぎりで現実の無限の資本の競争は、総剰余価値の個別資本への均等配分だけを結果する、ことが論証できるのである。この根底にある、現実には直接現れない資本の運動を抽象したのが、生産論（資本の生産過程）の次元であり、その運動を通して成立するのが価値法則である。この土台の上で、利潤率をめぐる競争が第三の次元として展開することになる。その移行を橋渡しする論理が、「剰余価値の利潤への転化」、「価値の生産価格への転化」にほかならない。その内容にまだ問題を残しているが、この方法自体はマルクスも宇野も間違ってはいない。転化論を否定した宇野派はこの成果から外れ迷路へ入ってしまった、と言わざるをえない。

生産論は、社会一般的な労働生産過程を直接的に媒介する商品・貨幣・資本の形態規定を展開する。その意味で、それらの形態は生産関係という役割をになうことになる。

私が生産論を生産関係論と呼ぶのはそのためである。そこには宇野が明らかにしたように、資本の生産過程だけでなく、資本の流通過程と再生産過程も含まれる。マルクスは『要綱』以来、いたるところで、資本、貨幣、商品を生産関係と呼ぶ見地を示している。『資本論』の商品論でも「商品生産関係」と言う語を使っている。しかしそれらの形態が生産関係となるのは、資本の生産過程に限定される。商品論、貨幣論を生産関係論とするのは誤りである。しかしマルクスは資本の生産過程でこの関係を直感していたからこそ、それを直ちに商品論に持込む誤りをおかしたといってよい。これも天才的誤りの一つである。

しかし商品・貨幣・資本は本来、生産過程にとって外的な流通形態である。労働生産過程を担当することは、意図に反して課せられた任務にすぎない。価値法則を土台としながらも、資本はその流通形態としての本性を回復してこそ、現実の商品・貨幣・資本たりうる。それが第三の次元である。資本がそれを一歩一歩回復して現実形態化してゆくことは同時に、生産論で明らかになった価値の実体規定を隠蔽してゆくことになる。原理論は、根底では価値法則を保持しながら、表面ではそれを完全に消去して形態規定を完成させることによって、完結することになる。(9)

［註］

（1）批判した宇野派の諸氏のどの書物、どの箇所を、どのように問題にしたかは、『価値論の新地平』で具体的に明らかにしているので、ここでは省略する。小幡道昭『価値論の展開』（東大出版会）は、生産論が価格変動を伴う諸個別資本の動態的過程であることは認めているが、価格変動の基準は生産価格でしかない（その根底に潜む価格変動の基準としての価値の否定）と考える宇野派の通説から脱していない。また、山口説と伊藤説と同じく剰余労働に社会的必要労働概念を認めない（一定の自由度がある）ことにより、労働生産過程論、価値形成・増殖過程論が（さらに生産価格論も）複雑な説明になっている。結局、生産論とは「市場と社会的再生産との作用・反作用の原初的局面」に止まる（一七九頁）と考えることによって、そこでは価値法則の論証も「原初的局面」に止まる、と言っているのに等しいことになっている。

（2）村上和光『価値法則論体系の研究』（多賀出版）は、宇野の価値法則の論証について、鋭く問題点を指摘している。しかし大内秀明氏と同じ、生産論＝総資本、労働価値説の論証の場（価値法則は原理論全体系で論証）という考えに留まってている。宇野派の価値論への批判が不十分なためではないだろうか。

（3）ルービン説と廣松渉説への批判は、拙著『労働価値説から価値法則へ』（御茶ノ水書房）で詳細におこなっている。平田清明説の批判については、拙著『資本主義の核心』（世界書院）でおこなっている。

（4）この点については、拙著『価値論史の巨峰』（世界書院）を参照。

（5）木村利秋氏は宇野の労働二重性論の不備をつき、「社会的生産の背後や周辺に隠された労働のさまざまな在りかたをも射程にくみ込む」必要を主張している（伊藤・桜井・山口編『価値論の新展開』、社会評論社、八七頁）。だが「シャドウワーク」に気をとられ、「社会的生産の体系」の根本が労働の社会的配分であることを明確にしていない。「シャドウワーク」は原理論ではとりあげられないが、このことは段階論・現状分析の課題であることを意味しているにすぎない。

（6）植村高久氏は、労働の価値対象化、価値形成、価値の実体規定などの概念の再検討が必要である、という優れた問題意識を示している。しかし「価値実体論が交換価値あるいは流通の領域とは関わり」がない（『価値論の新展開』、一二〇頁）、と考えることによって、最初から誤った道へ入ることになっている。

（7）今なお、『資本論』の「私的労働で生産されるから生産物が商品になる」という考えが、広く信じられている。この常識化している「私的労働」の概念に問題があることを、私は拙著『科学としての資本論』（弘文堂）以来繰りかえし主張している。これが批判できないかぎり、価値の形態規定も実体規定も正確に把握することはできない。

（8）以前、私は生産論での資本の運動を「剰余価値をめぐる競争」と述べたことがある。この表現は、個々の資本家が自己の生産する剰余価値を知って行動するような印象を与え、ミスリーディングであるので、現在は撤回している。

（9）だから価値法則の実在性を、資本主義以前の商品生産に求めるのは、無意味であるが、反対に資本主義を理解するためのたんなる論理的仮説とするのも、正しくない。この点は、廣松渉の価値論を対象に論じたことがある（『労働価値説から価値法則へ』）。

価値の実体規定への理解には、価値の形態規定の整備が欠かせない。この点については、本稿と同時期に書いた拙稿「価値形態論という難問」（『情況』誌、二〇一〇年五月号）を参照。

なお、労働生産過程、価値形成増殖過程、「価値の生産価格への転化」などを、具体的にどのように展開するかについては、拙著『資本主義とは何か　原理論』（ＤＴＰ出版、二〇〇二年）を参照。

第2章　宇野価値尺度論の論理と射程

清水　敦

はじめに

マルクスは『資本論』において貨幣の価値尺度機能を、「商品世界にその価値表現の材料を提供すること、または、諸商品価値を同名の大きさ、すなわち質的に同じで量的に比較の可能な大きさとして表わすこと」として説いた（『資本論』第一巻、岩波文庫（一）一六八頁）。しかしこうした価値尺度論は、価値の実体規定を前提とし、商品流通の形態を価値実体に適合的な現象形態として展開しようとする実体現象論的方法に基づくものであって、価値の尺度を流通形態自体のあり方に即したかたちで明らかにするものとはいえない。宇野弘蔵の価値尺度論は、『資本論』のこのような難点を克服し、商品価値の尺度の形態的機構を明らかにしようとするものである。『資本論』の価値尺度論の問題点については、宇野自身が繰り返し論じており、また宇野の議論を踏まえて著された他の多くの論者の論稿によっても説かれているので、それについて本稿で改めて論じることはしない。ここでは、宇野の議論を出来るだけ丁寧に読み解きつつ、宇野価値尺度論の立論の構造を、宇野自身が必ずしも強調していない部分も含めて把握する。あわせてこれまで提起されてきた論点を検討し、その解決を試みる。そして宇野価値尺度論の理論的射程についても考えてみる。

一　貨幣による購買と価値の社会的「確認」

宇野は、『経済原論』において貨幣による商品価値の尺度をまず次のように説いている。すなわち「一定の価格をもって供給せられる商品は、その商品の需要者たる貨幣所有者によってその価格をもって購買されるとき始めてその価値を社会的に確認されることになる」(『宇野弘蔵著作集』岩波書店［以下『著作集』と略記］第二巻、二五頁)。別の箇所では、同様のことが、価値形態論の用語法を用いて、次のようにも説かれている。「等価物とせられた商品の所有者が、その商品との交換を行うとき、相対的価値形態に立つ商品の所有者の主観的評価が、始めて社会的確認を受けることになるわけである」(『著作集』第九巻、一九七頁)。商品の売り手(「相対的価値形態に立つ商品の所有者」)は、その価値を「主観的」に評価し価格を提示するが、貨幣(「等価物とせられた商品」)の所有者がこの価格を承認して商品を購買することで、価値は「社会的に確認される」というのである。

ではこの議論はどのような構造をもち、どのような意味をもっているのだろうか。

宇野は、「買い手が貨幣を持ってイニシアティブをとらぬ限りは商品は動かない」(宇野弘蔵編『資本論研究Ⅰ』筑摩書房、二七三頁)と述べ、「価値尺度としての貨幣の機能を、価値表示に埋没せしめたマルクスは」は、購買によって「自ら商品価値を実現する」という「貨幣の第一の機能」を明確にしていないと論じている(『著作集』第四巻、六〇頁)。一般に契約は当事者双方の合意によってはじめて成立する。また、何らかの提案は被提案者がこれを受入れたとき実現する。しかし宇野は、一方の当事者による提案が他方の当事者によって承認され売買契約が合意・実行されるという一般論の枠組みで購買による価値の社会的「確認」の議論を展開しているのではない。売買の「イニシアティブ」に関する商品と貨幣の非対称性という流通形態の構造に即して、「イニシアティブ」をもつ貨幣が「自ら」行う購買によって価値の「確認」が行われるのであり、この意味でこの「確認」は商品ではなく貨幣の機能だとしている。

この点は宇野価値尺度論のもっとも基本的な論点のひとつである。そこで、その意味をもう少し考えておこう。そのためには、「W—G(商品の貨幣への転化)は、マルクスもいうように商品にとっての『命がけの飛躍』であるとしても、その裏面のG—W(貨幣の商品への転化)は貨幣にとっての『命がけの飛躍』ではない」(『著作集』第四巻、三五九頁　括弧内は引用者による)と宇野が論じていることが手がかりとなる。このことは、いうまでもなく貨幣が直接交換可能性を占有することによる。ただし、貨幣の直接交換可能性は、商品所有者による価格表示を前提し、これを承認するというかたちで実現する。宇野の表現を借りれば「値段づけのイニシアティブ」は売り手の側にある(『資本論研究Ⅰ』、二七六頁)。したがって貨幣所有者は、自分が受け入れ可能な価格では商品を購買できない可能性をかかえており、この意味では購買の困難と無縁ではない。にもかかわらずなぜ購買が「貨幣にとって『命がけの飛躍』ではない」というのだろうか。それは、貨幣所有者が受け入れ可能な価格で「値段づけ」をしている商品所有者が当該種類の商品の市場にそもそも存在しないか、あるいはこうした商品所有者がすでに他の貨幣所有者に商品を販売していて最早その商品を購買できない場合にも、貨幣所有者は、他の種類の商品の購買を選択できるし、(1)さらにその時点で商品を購買せず価値を貨幣形態で保持することもできるからであると考えられる。つまり、貨幣所有者がもつ「売買の決定をなすイニシアティブ」(『資本論研究Ⅰ』、二七六頁)は、当該の種類の商品をその時点で購買しないという選択肢に支えられている。(2)そしてこのことは、一般的な直接交換可能性を占有する価値物であるという貨幣の特殊な形態的地位による。(3)

次に、商品は「貨幣所有者によってその価格をもって購買されるとき始めてその価値を社会的に確認される」(『著作集』第二巻、二五頁　傍点引用者)と宇野が論じている場合の「社会」性の意味を検討しよう。商品売買は、特定の買い手・売り手間の取引であり、その意味では購買による価値の「確認」は特定の二者間で個別的に行われる。また、売買にあたって商品所有者だけでなく貨幣所有者にとっても商品の価値の社会的大きさは隠されている。価値を私的・主観的に評価する以外にないことは、商品所有者が価格を表示するさいにも、また貨幣所有者が表示価格を受入れて購買するか否かを決定するさいにも、妥当する。それにも係わらず購買をもって行われる貨幣所有者の「確認」が「社会的」であるのはなぜだろうか。

商品所有者による「価格表示のためには」「『現実の金の一片も要しない』」が、「金による商品の価値の評価」は、「現実の金なしには、たとえ一円の商品といえども、なしうるものではない」と宇野は述べ、これに続いて「商品の側で与えた価格が私的で主観的であるのに対して、貨幣の側からの購買による『価値尺度』は、社会的な、客観的なものとなる」と論じている。そしてこの点を敷衍して、「もちろん金貨幣による購買も、貨幣所有者の私的行為に相違ない。しかし金貨幣は、すでに単なる金商品ではない。その点で商品価値の実現されたものとして貨幣所有者の手に入ったものといってよい」、と述べている(『著作集』第四巻、五五頁)。商品所有者が販売のために自らの商品の価格を表示する場合、表示する価格の大きさは、保有する商品の量に制約されない。これに対して、貨幣所有者が購買しうる商品の価格は、保有する「現実の」貨幣量によって上限を画されている。こうした非対称性は、貨幣が一般的等価物であり、すべての商品の価値が貨幣によって表され、価格は貨幣量としてあるという商品流通の形態に基づく。たしかに購買は、貨幣を保蔵したり他の種類の商品を購買したりせず、ある特定の種類の商品を、ある価格を表示している特定の商品所有者から購買する点で、貨幣所有者の選択的判断による私的行為である。しかし、それは貨幣保有という「客観的」な裏づけをもち、その制約のもとで行われる。しかもこの貨幣は、金生産をとりあえず別にすれば、「商品価値の実現されたものとして貨幣所有者の手に入ったもの」であり、貨幣所有者の貨幣保有は、すでに行われた価値実現を根拠としている。この点で貨幣所有者による購買は、商品所有者による価格表示のようにたんに「主観的」になしうるものではない。

また一般的等価物である貨幣は、すべての種類の商品と直接交換可能であり、同種の商品についてもすべての商品所有者の商品と交換可能である。それぞれの貨幣所有者は、こうした広がりのある可能性のなかから、特定の使用価値を有する商品を、その表示価格を他と比較しながら特定の所有者から購買する。この意味で、個々の購買は、特定の二者間の売買として行われながら、この二者間の閉じられた関係には止まらない性格を、すなわち「社会的」性格をもつといえる。

以上のように貨幣所有者は、価値実現によって得た「現実の」貨幣を根拠とし、その貨幣量の制約のなかで商品を購買するのであり、しかもこの購買は、社会的な広がりのある種々の可能性のなかから選択的に実行される。商品は「貨幣所有者によってその価格をもって購買されるとき始めてその価値を社会的に確認される」(『著作集』第二巻、二五頁　傍点引用者)と宇野は論じているが、この「社会的」性格は右のように理解できるだろう。(4)

なお、宇野が指摘しているわけではないが、すでにみた貨幣のイニシアティブに関する論理を踏まえると、すでに行われた売買ないしすでに実現された価値関係と、今貨幣によって行われる購買ないし実現される価値関係と間の——「現実の」貨幣をいわば結節点とする——連関は、かならずしも固定的なものではなく、その間には構造的弾力性が介在する。「G—Wは貨幣にとっての『命がけの飛躍』ではな」く、貨幣所有者は「商品価値の実現されたものとして貨幣所有者の手に入った」貨幣を直ちに購買に充てない可能性がある。また、以前の時点で取得した貨幣を今購買に充てる可能性もある。すでに実現された価値の総額と今実現される価値の総額とは乖離しうるのであり、具体的には販売によって得た貨幣の蓄蔵および蓄蔵貨幣の購買手段への転化と、流通手段として機能する貨幣の流通速度の変化というかたちをとって現れる。貨幣所有者が行う購買は、過去の価値実現による「現実の」貨幣保有を根拠としつつこれに制約され、したがってそれは価値の「確証」を社会的・客観的なものとするのであるが、貨幣所有者は貨幣の支出の時期に関して自由度を有するのであり、この自由の行使にかかわる判断・行動やそれに影響する諸事情は、貨幣による価値の「確証」を左右するといえる。(5) 価値の実体規定を前提として、商品所有者が行う価値表現の材料を貨幣が提供するということをもって価値の尺度とする『資本論』の論理によっては、この点は明らかにならない。価値の客観的・社会的な「確認」が、貨幣所有者による商品購買によって行われるとする宇野の価値尺度論は、この点の解明への途を拓くものということができる。

二　繰り返される売買による価値の「確証」

宇野『経済原論』では、前節で検討した価値の「確認」に続いて、「売れなければ価格を下げ、売れれば価格を上げるという関係」を通して、「需要供給の関係によって常に変動する価格をもって幾度も繰り返される売買の内に、その価格の変動の中心をなす価値関係として社会的に確証される」(『著作集』第二巻、二五頁)、と論じられている。「二人の商品所有者の間に交換が行われたからといってそれらの商品の価値がそれによって決定されるわけではない」(『著作集』第九巻一九七頁)が、価格は「繰り返される売買過程を通して訂正される」(『著作集』第四巻、三五三頁)と説かれているわけである。次にこの点を考察しよう。

宇野の立論の要点が「需要供給の関係」と深く結びついていることは明らかであるが、この点について宇野は、「需要供給の一致がいかにして実現されるか、またその一致なるものがどういうものであるかを明らかにする価値の形態規定」は、「価値の実体を明らかにする」「規定の前提をなす」(同上)と述べている。この場合、需給の一致を実現する「形態規定」が、価値の実体規定には還元できないかたちで考えられているとみることもできる。しかし他方では、「需要、供給が相互に反応し、再生産過程を通して互いに一致することになる」(『著作集』第四巻、三五七頁)という点が強調されている。あるいは、繰り返しの購買について、「基準が出てくるような形態を言っているので、基準を決定する生産過程をいっているのではない」としつつも、「基準は生産過程を論じなくちゃ出てこない」と述べ、さらに「繰り返すという意味は、その背後の生産過程を通して訂正される点をいうわけだ」とも論じられている(『資本論研究』Ⅰ、二七九―八一頁)。論点を拡散させないためにここではいわゆる価値と生産価格の関係に関わる問題に立ち入らずに、生産価格論で展開される具体的な機構に即してみれば、「再生産過程を通して」需要と供給が一致し、「生産過程」が「基準を決定する」という場合、資本と労働の産業部門間移動が需給関係に影響を与えつつ、価格が生産価格を「基準」とする水準に引き付けられることが考えられているといえる。[6] このように宇野は、「基準を決定する生産過程」とは区別して「基準が出てくるような形態」を問題とし、「流通論」では「基準を決定する生産過程」に論及せずに価値尺度論を展開しているのであるが、繰り返しの売買の機能としては、資本の産業部門間移動による再生産過程による訂正を通じて、労働量に規制される価値または生産価格という「基準」が「決定」されることを具体的に想定しつつこれを捉えているといえる。

この宇野の論理については、購買の繰り返しによる価格の「訂正」と、「生産過程自身」による「訂正」との関係について、議論が行われてきた。[7] 資本による生産過程の包摂を前提しない「流通論」において貨幣の価値尺度機能を展開し、そのうえで、「生産論」において生産過程による価値の規制を論じるという『経済原論』の論理構成と、この問題は係わる。ただしそれは、生産過程を未だ説かない論理段階において価値尺度をいかに説明しておくかという叙述上の問題に過ぎないわけではなく、資本主義経済における価値尺度の、あるいは価値法則貫徹の構造の理解の仕方と結びついている。[8] この点について宇野は、「尺度する実体」と「尺度する形態」、あるいは「基準を決定する生産過程」と「基準が出てくるような形態」という概念上の区別によって説明したり、「貨幣がその基準自身をつくることはできない」「貨幣は基準を入れる形態だ」と説明したりしている(『資本論研究』Ⅰ、二七八―八〇頁)。しかし、こうしたいわば用語上の議論だけではこの問題を説明しきることはできない。貨幣による繰り返しの購買と生産過程を通じた規制のそれぞれが何をなすのかが明確にされ、そして両者が構造的にどのように連関するかが明らかにされる必要がある。そしてそれを踏まえて「流通論」の価値尺度論は何を論じうるかが示されるべきである。

この問題を考える場合、個々の売買で「価値」が個別的に実現され「確認」されることと、こうした意味での「基準」の「決定」とのあいだには、宇野自身によっては必ずしも積極的に論じられていないもうひとつの問題があることに留意すべきである。すなわち、「需要供給の関係によって常に変動する価格」(『著作集』第二巻、二五頁)が生産過程を通じる訂正によって「基準」に引きつけられるというさい、この「常に変動する価格」そのものがいかに形成されるかという問題がそれである。ここで「需要供給の関係」というとき、個々の売買を行う特定の二者の需給関係が考えられているのではない。異種の商品種類間の関係はおくとしても、ある種類の商品に係る需要全体と供給全体の関係を、言い換えればある種類の商品のすべての買い手とすべての売り手のあいだの関係をさしているのであり、「常に変動する価格」もこうした関係のなかで形成される価格の社会的水準にほかならない。したがって、個々の売買によって個別的に価値が「確認」されつつ、このような「価格」がいかに形成されるか、あるいは個別的に「確認」される価値がこの「価格」によっていかに規制されるかという問題が存在する。そして、このような形成ないし規制は、繰り返しの売買を通じて実現されるはずである。こうしてみると、繰り返しの売買に関する宇野の議論では、価格変動の各局面における需給関係を反映した「価格」水準の形成と、生産過程を通じたこの「価格」の「基準」による規制という二つの論点が重なるかたちで取り扱われており、「基準」による「決定」に焦点があわせられることで、前者の問題がかならずしも明示的に論じられないかたちになっているといえる。

次の一節は、繰り返しの購買を通じる価値の「確証」の具体的機構について宇野が行っている説明のうちもっとも包括的なものである。

「売り手は売れれば価格を上げ、売れなければ下げる。買い手は価格が下がれば買いすすみ、価格が上がれば買いひかえることになる。あるいはまた最も高く売れるところに売り、もっとも安く買いうるところで買うということになる。もちろんこれらの売買の背後にその商品の生産の増減があるのであって、こうした方式を通して価値を基準とする売買が行われることになるのである。」(『著作集』第九巻、一九八頁)

このうち売り手が「最も高く売れるところ」に売るとしているのは、「不特定の買い手」(『著作集』第四巻三四七頁、『資本論研究』I、二七三頁)に対して売り手が商品の価値を表示し、買い手が購買するという宇野の価値尺度論の想定と整合しないようにもみえるが、繰り返しの売買のなかで売り手は出来るだけ高い価格で商品を販売しようとするという意味であると解釈すれば、「売り手は売れれば価格を上げ、売れなければ下げる」ということと事実上同じことをいっているとも考えられる。他方、買い手についての説明のうち、「もっとも安く買いうるところで買う」という点は自明であろう。また、「買い手は価格が下がれば買いすすみ、価格が上がれば買いひかえる」とは、別の箇所で、「商品の需要は、商品の価格の騰落と逆に動」く（『著作集』第一巻、二九〇頁）と論じられていることと、同趣旨である。このことの論拠については、宇野が他の箇所で、買い手の「一定の価格による需要」（『著作集』第四巻、五八頁）という表現を用いたり、貨幣所有者が「買う値段を決める」（『著作集』第四巻、三四七頁）と述べたりしていることが参考となる。つまり、買い手は、ある量の商品を購買するための価格の上限を設定しており、購買量と上限価格の間には逆相関の関係が存在すると想定されていると解釈できる。前節でみたように、そもそも「売買の決定をなすイニシアティブ」（『資本論研究』Ⅰ、二七六頁）が買い手の側にあるということは、購買を行うかこれを差し控えるかを選択するイニシアティブを買い手がもつことを意味していた。「買い手は価格が下がれば買いすすみ、価格が上がれば買いひかえる」という場合、買い手はこのイニシアティブのもとで価格の下落・上昇に応じて購買量を増加・減少させると考えられていると解釈することができよう。また、買い手が行いうる購買の総額は、保有貨幣によって制約されている。[9] したがって買い手が購買しうる量は、単位量当りの価格の下落・上昇に応じて増加・減少するといえる。なお、こうした需要と価格との関係は、需要発動の契機である貨幣の形態的特質――販売によってえた貨幣を購買に支出せずに保有したり、すでに保有している貨幣によって購買をなしうるという特質――と結びついているのであって、商品流通を物々交換に解消し、財に対する効用の関係のみからこれを説明する方法によっては充分に展開出来ないことも付言しておこう。

以上の点を確認したうえで、価格変動の各局面における需給関係を反映した価格水準の形成が具体的にどのようになされるのかを見てみよう。

買い手たちは「もっとも安く買いうるところで買」おうとするだけでなく、「買う値段を決め」ている、つまり、ある量の商品を購買する上限価格を自ら設定している。他方、売り手は、商品の価値を主観的に評価して価格を設定しこれを表示する。この場合売り手は、上限価格を上回らないものとして表示価格を受入れ商品を購買してくれる買い手を見出すことができれば、商品を販売できるが、そうでなければ販売できない。買い手は「もっとも安く買いうるところで買」おうとするので、このようにして商品を販売できない売り手は、他の売り手より高く価格を表示したものとなるのが通例であろう。そしてこうした売り手は、表示価格を引き下げる、すなわち価格を「売れなければ下げる」。また、商品を販売できず価格を引き下げる売り手が、特殊な例外の範囲をこえて存在すれば、このことは、最も安い価格の商品を購買しようとする買い手の行動の圧力のなかで、より低い価格を表示し商品を販売できた売り手たちにも影響を及ぼし、表示価格を引き下げるよう促すか、少なくとも引き上げを抑制させるであろう[10]。こうしてある種類の諸商品の表示価格が全体として引き下げられるとき、「買い手は価格が下がれば買いすすみ」、需要量は増大する。この結果、市場に供給される当該種類の商品のすべてが購買される水準に「価格」は近づくだろう。他方、ほとんどの売り手たちの表示価格が買い手たちの上限価格を下回り、ほとんどすべての商品が購買されれば、「売り手は」「価格を上げ」る。そして価格の引き上げは、買い手の上限価格に達して商品が販売できなくなるまで行われるだろう。

実際には、売り手たちの表示価格や買い手たちの上限価格にはバラツキがあり、そうしたなかで個々の売買がどの売り手と買い手のあいだで実現されるかによって結果はことなる。また、ある売り手の表示価格が他の売り手に影響する仕方などによっても結果は左右されるだろう[11]。けれども、繰り返しの売買のなかで行われる右のような訂正を通じて、売り手たちの表示価格は、ある水準に次第に収束する傾向を示すといえよう。そしてこの水準は、商品を需要する買い手たちがそれぞれ設定している需要量に対応した上限価格のもとで、売り手たちが市場に供給する特定の量の商品がいずれも販売できるような価格となろう。

なお、今述べたわれわれの議論では、買い手側については価格の変動に応じた購買量・需要量の変化を論じたが、売り手側については販売しようとする商品量・供給量の変化には論及していない。これは恣意的にそうしているのではない。

商品売買は、一般的な直接交換可能性を具有する貨幣の所有者が、特殊な使用価値を有する商品所有者の商品を購買するというかたちで行われるのであり、このことは、価値形態論によって明らかにされた商品流通形態の本質的特徴である。こうした貨幣と商品の形態上の相違は、貨幣所有者と商品所有者の市場における地位の相違となってあらわれる。すなわち、価格が変動する過程のそれぞれの時点において、貨幣所有者も商品所有者もそれぞれ特定の大きさの貨幣と商品をもつものとして市場にあらわれるが、貨幣所有者が特定の使用価値を有する商品の購買を強制されず、他の使用価値の商品の購買や貨幣の保持を生産過程とは係わらずにその外部で選択できるのに対して、商品所有者は、生産過程の調整が行われないかぎり、一時的な販売の繰り延べは可能であるとはいえ[12]、それぞれ特殊な使用価値をもつ特定量の商品を結局は販売する以外に選択肢をもちえない。前節でみたように宇野は、「W―Gは」「商品にとっての『命がけの飛躍』であるとしても」「G―Wは貨幣にとっての『命がけの飛躍』ではない」と述べているが、それはこのような形態上の差異を指しているといえる。そしてこのことによって、価格に対する需要量と供給量との流通形態的関係のあり方がことなることになる。すなわち、貨幣所有者は価格に応じて特定の使用価値の商品の購買・需要の量を弾力的に調整しうるのに対して、商品所有者は、その時々の需要供給関係のもとで出来うる限り高い価格で商品を販売しようと試みるとはいえ、販売すべき所与の量の商品を購買するのに貨幣所有者が許容する価格を、受入れざるをえないことになる。「価格」は「需要供給の関係によって常に変動する」が、この変動の各局面においては、各種類の商品の価格水準はこうしたかたちで、需要量の変化を伴いながら決定される。前節でみたように貨幣がイニシアティブをもって行う個々の購買を通じて行われる価値の「確認」は、一般的な直接交換可能性を有する貨幣による商品の購買という商品流通の形態的特徴に基づいていたが、この形態的特徴は繰り返しの購買を通じて行われる価格水準の形成においても貫かれているといえる。

このようにして形成される価格水準のもとでは、それぞれの商品種類の市場において供給された商品がすべて需要され購買されるという意味で「需要と供給の一致」が成立している。また、売り手たちが供給する量の商品を買い手たちが需要する水準に価格が収束する傾向を示すという意味で、価格は「需要と供給の関係」を反映しているといえる。そして、価格変動のそれぞれの局面において各商品種類の価格水準をこのように形成する機構は、生産過程による訂正を前提とせず、したがって資本による生産過程の包摂を想定しない「流通論」においてこれを明らかにしうる[13]。

もっともこの価格水準は安定的なものではない。それは均等利潤率に対応する生産価格に一致する保障がないからである。資本はこうした価格水準を前提としつつ、より高い利潤率をもたらす産業部門に移動する。そしてそれが供給量を変動させ、この移動に伴って需要量も変動する。こうしたなかで価格は結局生産価格に引き付けられ、そこで安定する。「需要と供給の一致」という概念を、外部の事情が変化しないかぎりそれ以上の需要・供給の変動が生じないという意味を含んで用いるのであれば、生産価格のもとでのみ需要と供給は一致し、「需要と供給の関係」によって決定される価格は生産価格以外にないということになる。またそうであれば、「需要供給の関係によって常に変動する価格をもって幾度も繰り返される売買の内に、その価格の変動の中心をなす価値関係として社会的に確証される」ことは、資本による生産過程の包摂を未だ論じない「流通論」では明らかにできないといわざるをえない。

ただし、ここで次の二つの点に注意すべきである。第一に、価格水準を生産価格に引き付け、生産価格において価格水準を安定させるのは、貨幣自身の機能ではなく、資本の産業部門間移動にほかならない。価格水準は生産価格に引き付けられるが、それは最大利潤率をもとめる資本の部門間移動の結果である。また、生産価格は、生産技術などの諸条件が変化しないかぎり安定的であるが、それはすべての生産部門において価格が生産価格に一致していれば産業部門間の利潤率格差が存在せず、それ以上に資本の移動を誘発しないからである。このように価格水準の生産価格への収束とそこで安定は、もっぱら資本の利潤率の相対的関係にかかわる。そして、そして第二に、繰り返しの購買によって需要供給の関係を反映した価格水準が形成されるという上でみたような貨幣の形態的機構は、価格が生産価格に一致している場合でもそうでない場合でも、ことなるところはない。

たしかに、この貨幣の形態的機能によって需要供給の関係を反映して形成される価格水準に対応して、資本が部門間を移動し、これが需要供給の関係を変化させることを通じて価格水準を変化させるというかたちで、この貨幣の形態的機能は価格水準を生産価格に引き付ける全体的機構の一部をなしている。しかし、この二つの点―すなわち、資本の産業部門間移動のもたらす作用と貨幣自身の機能との区別、および価格水準と生産価格との一致・不一致に関する貨幣の形態的機構の中立性―を踏まえて考えれば、価格水準を生産価格に引き付けることを、貨幣自身の機能とすべきではないといえる[14]。そしてこれらの点は、貨幣自身の機能をこの全体的機能に先行して論証すること、あるいは資本による生産過程の包摂を前提しない論理段階においてこれを論証することの根拠をなしているといえる。また、資本移動に伴う供給量の変動は、各々の時点で与えられた供給量のもとで形成される価格水準を前提とし、これに反応するかたちで行われるのであるから[15]、このような価格水準形成の形態的機構を全体的機構の解明に先立って明確にしておく必要があるともいえる[16]。上で引用した箇所で宇野は、「売買の背後にその商品の生産の増減があるのであって、こうした方式を通して価値を基準とする売買が行われることになるのである」と論じていたが、「背後」の意味を強くとれば、「生産の増減」は、「売買」の内部ではなく、その「背後」で生じる事態であり、売買を通じて貨幣がはたす機能とは区別して捉えていたともみることができるだろう。

以上本節では、貨幣の価値尺度機能として論ずべき繰り返しの購買による価格水準の形成についてみてきたが、最後に、価値の社会的「確証」をこのようなかたちで明らかにすることによって、再生産過程からは相対的に自立して価格が形成され、変動することを流通形態に即して明らかにすることにつながることを指摘しておこう。例えば、買い手の上限価格は、将来価格がどう推移するかの予想によって左右されよう。そしてこのようにして形成された上限価格が価格の社会的水準に影響し、さらにこの社会的な価格水準が上限価格に影響するという関係を説くことが可能となる。また、債務の支払やその他の理由で貨幣を保蔵しようとする傾向が社会的に高まれば、買い手たちはそれぞれの上限価格に対応した需要量を減少させ、それが社会的な価格水準に影響するという関係についても同様である。こうした関係は、価格が再生産過程によって規制されるという論理によっても、また個々の価値がたまたま行われた購買によって一度だけ「確認」されるといいう論理からも導きだすことはできない。宇野が貨幣の価値尺度機能を流通形態の機能として商品売買の関係に即して展開したことは、このような関係を理論的に展開する路を拓いたものともいうことができるのである。

【註】

（1）売買が「『どの商品とでも交換可能』な金による『購買』」によることが価値尺度論の基本的な問題だと宇野は指摘している（『著作集』第四巻、三三九頁）

（2）ほぼ同様の指摘は鎌倉孝夫によってもなされている（鎌倉孝夫『資本主義の経済理論』有斐閣、七〇—七一頁）。なお、後に論じるように、商品所有者が「イニシアティブ」をもつ「値段づけ」は、この貨幣所有者のイニシアティブによる制約を受け、その変更を強いられることになる。

（3）価値形態論による貨幣形態の生成論が、貨幣の本質を、流通手段としての貨幣だけでなく、価値保蔵の手段としての貨幣をも含むものとして構成できる点については、拙稿「貨幣の本質とその能動性」（小幡道昭・青才高志・清水敦編著『マルクス経済学研究』御茶の水書房　所収）も参照されたい。

（4）宇野は、「現代のいわゆる管理通貨制」について、「価値尺度としての貨幣、金が失われることになれば節度が失われる」ことを「具体的に示している」、と論じている（『資本論五十年』下、八〇五頁）。紙幅の関係上、この点について立ち入って論じることはできないが、管理通貨制度論は、本文で述べたような貨幣による価値尺度の客観性・社会性の理解を基礎に展開されるべきである。

（5）なお、この弾力性のもうひとつの源泉は、信用による購買であって、これはすでに行われた売買によって取得された貨幣の制約を解除して、将来の価値実現を先取りするかたちで行われる。

(6) 本稿は、流通論において展開される貨幣の価値尺度機能を考察するものであり、労働量によって規定される価値と生産価格との関係の問題は、本稿の主題とは直接係わらない。また、後に述べることから明らかなように、価値法則の論証や生産価格論に先立って、それらを前提せずに貨幣の価値尺度機能を説きうると筆者は考えている。したがって尺度されるのは価値か生産価格かということは、貨幣の価値尺度機能論自体の問題ではない。

(7) 渡辺昭は、「価格として表示される商品の価値の大いさ」が貨幣による購買によって修正されるという以上には、「『価値以上』も『価値以下』もおよそ問題にしえない」（『マルクス価値論の研究』和歌山大学研究叢書刊行委員会　一六七・八頁）と述べ、繰り返しの購買による価格の価値への訂正を論じる宇野の議論を批判した。同趣旨の主張は、渡辺肇「貨幣の価値尺度機能と貨幣の資本への転化」（東京大学大学院『経済学研究』一六号、一九七三年）、中村敏男「資本の一般形式について」（同一八号、一九七五年）、小池田富夫「マルクス貨幣理論における価値と価格」（同一八号、一九七五年）、小島寛「価値の尺度—宇野弘蔵の所説によせて」（法政大学大学院『経済学年誌』一三号、一九七六年）にもみられる。他方、高須賀義博は、価値尺度は生産価格体系のもとで論じられるべきだとしている（「価値尺度機能にかんする一考察」一橋大学『経済研究』一四巻五号、一九六四年、「インフレーションの基礎カテゴリー」同二〇巻三号、一九六九年）。櫻井毅「価値尺度の機能」（『宇野理論と資本論』有斐閣　所収）は高須賀説を批評しながら、また永谷清「価値尺度論の混乱」（『資本主義の核心』世界書院　所収）は価値概念に基づきながら、独自の展開を行いつつ宇野の方法の正当性を主張している。

(8) 宇野編『資本論研究』I、二七八頁を参照されたい。

(9) 信用を利用する購買の場合も、将来の取得しうる貨幣額や、債務と相殺可能な債権の取得額の見込みによって制約されている。

(10) 宇野は、商品が売れず「誰かが（価格を—引用者）引き下げればみな下げる」（宇野弘蔵『経済学の効用』東京大学出版会八三頁）と述べている。対談のなかでの発言ということもあり、この宇野の表現はやや極端であって、表示価格をすべての売り手が必ず引き下げる保障はないし、引き下げる程度も売り手によってことなりうる。そのために、実現される価格にも偏差が存在することになる。しかし、売り手が他の売り手のもとでの販売の動向に影響されることは否定できない。

(11) なお、商品の供給地と需要地の空間的距離の相違に伴って生じる運輸費の違いは、議論を複雑にしないためにここでは捨象している。この点を考慮すれば価格は地理的に異なることになるが、それは議論の主旨には影響しない。

(12) ただし、この繰り延べは商品の特定の生産量を前提とする範囲での問題に止まる。予想される将来の価格に応じて生産量を増減させるのであれば、それは、資本の産業部門間移動—これは、文字通りの転業だけでなく、各部門における資本の前貸額の変動を伴う生産量の変動をも含む概念として用いている―に係わる論点である。

(13) 山口重克『経済原論講義』(東京大学出版会)では、個別的な売り手・買い手のもとでの「無数の個別的に表現された価値、個別的に確定された価値」のほかに、「社会的な価値の概念があってもよいだろう」とし、「少なくとも同じ時期をとれば同じ商品の同一使用価値量は同一交換力としての同一価値量を有しているはずであるという観念が、商品所有者の間に一般的に形成されると考えることは可能であろう」と論じる。そして「商品売買がある商品種類について繰り返されることになると、流通世界におけるその商品種類の表現価格と実現価格が接近し、また売手間、買手間の個別的なバラツキも多少とも接近する傾向が生じる。いわゆる一物一価の関係、あるいは物価水準が形成される傾向が生じるということもできるわけである」と指摘している(三五‐三六頁)。ここでは繰り返しの購買によって実現されるものが、生産過程を通して行われることになる基準(労働量に規定された価値ないし生産価格)への価格の収束とは区別され、「一物一価の関係」あるいは特定の「時期」における「物価水準」の形成として論じられている。この点で、本稿での繰り返しの購買を通じる価値尺度に関する理解は、こうした山口の立論を踏まえて行われている。ただし山口は、この「物価水準」と需給関係とを明確に関連づけては議論していない。他方、価値尺度論において需給関係を積極的に論じているのは、伊藤誠『資本主義経済の理論』(岩波書店)と鎌倉孝夫『資本主義の経済理論』(有斐閣)である。ただし両者とも、価格の騰落に応じた供給量の増減を含む需給関係の調整によって「市場価格の重心となる基準価格水準」(伊藤、一六頁)ないし「基準となる価格」(鎌倉、七二頁)の形成を論じている。この点で、本稿の議論とはことなった展開がなされていると考えられる。

(14) 宇野は、「価値を離れた価格による売買が行われるとしても、それは繰り返されることによって―結局は生産過程自身によって―訂正されてくるのである。そしてこれこそ貨幣の価値尺度としての機能をなすものである」(『著作集』第四巻五七頁)と論じている。もしここでの説明が、「価値」と「価格」の乖離を「生産過程自身によって」「訂正」することが「貨幣の価値尺度としての機能をなす」という意味であるとすれば、適切とはいえない。

(15) この点は渡辺昭による指摘がすでにある。すなわち、需要に支配されるかたちで「価値」が『尺度』されるからこそ、資本がその利潤率なる価値増殖の効率を基準に諸生産部門間の移動を誘発または強制されることにもなる」と指摘されている(渡辺前掲書、一五九頁)。なお渡辺は、「さしあたり与えられたものとして市場に提供されているその商品種の供給の定量に需要の定量を均衡せしめる一定の価格」についても論じている。この議論は本文で述べたわれわれのそれと実質的に同型のものであるとも考えられる。ただし渡辺は、これを「市場生産価格」論として論じ、「価値尺度としての貨幣の機能」は「形態的基礎をなすにとどまる」としているようにも解釈できる(同上、一八三頁、二五八‐九頁)。なお渡辺の価値尺度規定については、注

（7）を参照。

（16）個々の売買において個別的に実現され確認される価格がいかに社会的関係によって関連付けられるかを考える場合、個別的価格と生産過程を通じて訂正される価値なり生産価格なりとの二元論的構造でこれを捉えるべきではない。一般的等価物である貨幣は、生産過程を通じた訂正とは区別されたかたちで個別的価格を社会的に連関させる社会的編成機能をもつのであって、個別的価格が貨幣のこの機能によってその時々の価格水準に編成され、この価格水準が生産過程によって訂正されるという複層的構造に即して論理を構成するべきであるといえる。

第3章　価値概念の深化とその歴史的基礎
——マルクス、アリストテレス、宇野の対話から——

伊藤　誠

一　マルクスのアリストテレスとの対話

マルクスは、『資本論』第一巻第一章「商品」の第三節「価値形態または交換価値」において、商品が他の商品との交換を求める関係のなかで、その価値を相対的に表示する形態を考察し、そこに諸商品のなかから貨幣商品が直接的交換可能性を集中的に与えられる一般的等価形態の位地に成立するにいたる論理的必然性を、発生論的に展開している。

その発端におかれている簡単な価値形態では、たとえば二〇エレのリネン＝一着の上着、または二〇エレのリネンは一着の上着に値する、という単純な価値表現に「すべての価値形態の秘密」がひそんでいる、として、その意義を順次あきらかにしている。この価値表現において、商品リネン二〇エレは、他の商品上着を等価形態におき、一着の上着という使用価値との交換を求めるという関係において、みずからの価値を相対的に表現するのであり、相対的価値形態の位地にある。等価形態に選ばれた一着の上着は、その使用価値において、二〇エレのリネン商品の「価値鏡」とされるとともに、商品リネンにたいする「直接的交換可能性の形態」におかれる。それは、商品上着（あるいはその所有者）が、商品リネン（あるいはその所有者）から交換を要請されているからであり、上着の所有者はその要請をことわることもむろんできるが、受諾すればただちにリネンとの交換を実現できる位地におかれているからである。それとは対照的に、積極的にその価値を相対的に表現している商品リネンには、等価商品との直接的交換可能性は保障されていない。

この簡単な価値形態における相対的価値形態と等価形態との弁証法的な両極性が展開されて、拡大された価値形態、一般的価値形態を経て、貨幣形態を形成してゆく。貨幣商品は、たとえば金が、他の諸商品から固定的な一般的等価形態の位地を与えられることによって、諸商品にたいする直接的交換可能性を集中的に獲得し、商品世界の代表的富とされる。この貨幣形態の萌芽がすでに簡単な価値形態における等価形態に認められるのであり、なぜ本来自由平等な商品の相互関係のなかから、直接的交換可能性を独占する貨幣があらわれるのかという貨幣の謎も、マルクスの価値形態論によりあきらかにされたのである。

　これにさきだち、マルクスは、『資本論』第一巻第一章第一節「商品の二要因、使用価値と価値（価値実体、価値量）」において、諸商品の交換関係から、使用価値としての異質な有用性を捨象し、したがってまた諸商品の交換価値としての表現形態を捨象して、その背後の商品体に残る共通の属性として、労働の生産物としての属性をとりだし、さらに労働の具体的有用性の側面も捨象して、抽象的人間労働の結晶として商品価値を規定していた。そのような価値の実体規定が、第三節での価値形態論の展開に前提されているのであるが、同時に価値形態論の展開には価値の実体規定を補強する意義も付与されている。

　たとえば、簡単な価値形態において、上着が等価形態においてリネン商品と等値されることにより、上着にふくまれる労働は裁縫としての具体的有用形態をこえて、リネンをつくる織布労働と共通の抽象的人間労働の属性に還元される。しかもリネンの上着にたいする相対的価値表現の量的規定性の背後には、それら商品にふくまれる抽象的人間労働の等量関係が前提されている。等価形態におかれる上着をつくる具体的有用労働が、リネンにふくまれる労働との同等性を与えられて、抽象的人間労働の現象形態とされることにもなる。それはまた、裁縫としての私的労働が直接に社会的な形態にある労働とされることをも意味している。

　ほぼこうした考察に続き、マルクスは、その分析の意義を理解しやすくするために、「価値形態を他の多くの思考形態や社会形態や自然形態とともにはじめて分析した偉大な探求者」アリストテレス（BC384-322）にさかのぼり、つぎのような対話を示している。（斜線は改行を示す。）

「アリストテレスがさしあたり明言しているのは、商品の貨幣形態は、ただ簡単な価値形態の、すなわちある商品の価値の他の任意の一商品での表現のいっそう発展した姿でしかないということである。というのは、彼はつぎのようにいっているからである。

「五台の寝台＝一軒の家」／というのは、

／「五台の寝台＝これこれの額の貨幣」／というのと「違わない」と。

彼は、さらにこの価値表現にひそんでいる価値関係はまた、家が寝台に等値されることを条件とすること、そしてこれらの感覚的に違った諸物は、このような本質の同等性なしには、通約可能な量としてたがいに関係することはできないであろうということを見ぬいている。「交換は同等性なしにはありえないが、同等性はまた通約可能性なしにはありえない」と彼はいう。ところが、ここでにわかに彼は立ちどまって、価値形態のそれ以上の分析をやめてしまう。「だがこのように種類の違う諸物が通約可能だということ」すなわち質的に等しいということは、「ほんとうは不可能なのだ」と。このような等値は、ただ諸物の真の性質には無縁なものでしかありえないのであって、それゆえただ「実際上の必要のための応急手段」でしかありえない、というのである。

アリストテレスはそれゆえ彼のさらなる分析がどこで挫折したのかを、つまりは価値概念の欠如を、みずからわれわれに語っているのである。この同等なもの、すなわち寝台の価値表現のなかで家が寝台のために表している共通の実体は、なんであるか。そのようなものは「ほんとうは存在しえないのだ」とアリストテレスはいう。なぜか。家が寝台にたいしてある同等なものを表しているのは、この両方のもの、寝台と家とのうちにある現実に同等なものを、家が表しているかぎりでのことである。そしてこの同等なものは――人間労働なのである。

しかし、商品価値の形態では、すべての労働が同等な人間労働として、したがってまた同等と認められるものとして表現されているということを、アリストテレスは価値形態そのものから読みとることができなかったのであって、それは、ギリシャの社会が奴隷労働を基礎とし、したがって人間やその労働力の不等性を自然的基礎としていたからである。価値表現の秘密、すなわち人間労働一般であるがゆえの、またそのかぎりでの、すべての労働の同等性および同等な妥当性は、人間の同等性の概念がすでに民衆の先入見としての強固さをもつようになったときに、はじめてその謎を解かれることができるのである。」（『資本論』、岡崎次郎訳、国民文庫①、一一二―一四頁）。

マルクスがここで問題としているアリストテレスの見解は、『ニコマコス倫理学』の第五巻第五章に述べられている。マルクスは、ここでアリストテレスの見解をつぎのような四点にわたり、紹介し、論評している。すなわち、①アリストテレスは、五台の寝台＝これこれの額の貨幣という、商品の貨幣形態が、五台の寝台＝一軒の家という簡単な価値形態の発展形態であることを明言し、②この価値表現にひそんでいる価値関係は、交換される異なる諸物のあいだに本質的な同等性と通約性なしにはありえないことを見ぬいていた。しかし、③アリストテレスは、そこで立ちどまり、価値の実体としての人間労働の概念を抽出しえず、種類の異なる諸物のあいだの通約は、ほんとうは不可能で、実際上の必要のための応急手段としてそれらが等置されるにすぎないとしていた。それは、④彼が奴隷にもとづくギリシャ社会に認識の基礎をおいていたために、人間の同等性やそれにもとづく価値実体としての人間労働一般を発見するうえで歴史的な限界を有していた結果であった。

これに続いて、マルクスが、「アリストテレスの天才は、まさに彼が諸商品の価値表現のうちに一つの同等性関係を発見していることのうちに、光り輝いている。ただ、彼の生きていた社会の歴史的な限界が、ではこの同等性関係は『ほんとうは』なんなのか、を見つけだすことを妨げていたのである。」（同書、一一四―一一五頁）と述べているのは、このうち②と③をふまえた④に重点をおいた総括となっている。

実際、『ニコマコス倫理学』の当該箇所とその前後を読み直してみても、アリストテレスの分析は、交換される諸物のあいだの同等性、通約性の検討に重点をおいており、①でマルクスが述べているほど、商品の貨幣形態が、簡単な価値形態からの発展形態であることを明言しているとは思えない。ことに直接的交換可能性が、等価形態におかれる商品の側に与えられ、貨幣商品はその発展形態として直接的交換可能性を集中独占する位置にあらわれるという、マルクスの価値形態論の重要な論点は、アリストテレスにはみいだせない。

そのかぎりで、アリストテレスへのマルクスの論及は、みずからの価値形態論が、抽象的人間労働の結晶としての価値の実体概念をふまえ、それをさらに補強する意義をもって展開されていることを示すところとなっており、アリストテレスが交換される諸商品のあいだの通約性をめぐって悩んでいた問題が、それによってあきらかになるという主張に重点がおかれている。それは、さらに約言すれば、アリストテレスの提示した異なる使用価値物としての諸商品間の通約性が労働価値説によって解決される、という論理に読める。

そうであるなら、ここでのアリストテレスとの対話は、相対的価値形態と等価形態との弁証法的関係とその展開をめぐる価値形態論にのみ関わる論点とはいえなくなる。マルクスも『経済学批判』［1859］では、ほぼ同様の主旨のアリストテレスとの対話を貨幣の価値尺度論への注（三七）においていた。そのニュアンスには、次節でもふれるようにここでの論評といくぶん異なるところもあるが、いずれにせよ、アリストテレスが労働価値説による価値の実体規定を示しえなかったという論点であれば、商品の価値形態論においてでなければ、活かせないのかどうかにも、多少疑わしいところがあるともいえる。

二　商品の通約性の基礎

実際また、マルクスが『ニコマコス倫理学』のこの箇所をとりあげて以来、この箇所とその前後の論理については、多くの経済学者のあいだで、交換される諸商品のあいだの通約性やその基礎についてのアリストテレスの規定をどのように理解すべきかが、圧倒的に重要な関心事とされてきた。そのことは、ミークル（Meikle［1995］）もあきらかにしているところである。

マルクスは、アリストテレスが交換関係におかれる異なる諸商品のあいだの通約性を問題としながら、その通約性は、ほんとうは不可能であるとしていることに注目していた。そしてそこに価値の実体としての労働の概念把握が欠如していると指摘していた。

これにたいし、ほんとうは不可能な諸商品の通約性は、実際上の必要から貨幣によって与えられ、「あらゆるものが貨幣によって計量される」とアリストテレスは述べているのであり、したがって諸商品の同等な通約性は価格において成立するものと彼は考えていた、とする解釈も示されている。それも有力な見解といえよう。大黒［2005、四一五頁］も、望月［1981］による解釈を評価しつつ、マルクスが諸商品の本質的同等性→通約性→交換可能性→貨幣という因果連鎖を想定していたのにたいし、アリストテレスは逆に貨幣→通約性→均等性→交換可能性→共同社会という因果連鎖を前提していた、と解釈している。この解釈は、実は、マルクスが『経済学批判』（訳書、七九頁）の価値尺度論に付した注（三七）の解釈にも近いところがある。マルクスは、そこではアリストテレスが「諸商品は貨幣によって通約可能のものになるとした」と述べ、さらにアリストテレスが「そのままでは通訳できないものを、実践的な要求にとって必要なかぎりで、貨幣によって通訳できるものとすることによって、この困難からぬけだしている。」とも記しているからである。

こうした解釈は、『資本論』でのマルクスが、アリストテレスは、諸商品の通約性を追究しながら、その途中で立ちどまり挫折して、異なる諸物の通約は、ほんとうは不可能であるとし、価値概念の欠如をみずから示している、とする批判とかならずしも不整合ではない。しかし、諸商品の通約性をめぐる分析上の困難をアリストテレスは認めつつ、実践的な必要との関係で解決する形態を示して、理論上の困難をぬけだしているという論評は、アリストテレスの見解を理論的困難への一つの解決を示すものと、いわばポジティブに解釈したものと読みとることもできそうである。これに付随して、アリストテレスは、貨幣といえども「つねに等しい値を有しないのであるが、それでも他のものに比すればより多く持続する傾きを具え」「未来の交易のための保証としても役立つ」(『ニコマコス倫理学』高田三郎訳、岩波文庫(上)、一八九頁)という、貨幣の性質にも論及している。これも貨幣が諸商品を代表する富として扱われ、諸商品を通約する役割を果たすうえで重視されるべき形態的性質といえよう。

他方、アリストテレスは、諸商品の交換が相互の比例的関係を見くらべつつ「貨幣の存在以前にも行われ」(同上訳書、一九〇頁)、そこにすでに通約性が問われていたことも指摘している。アリストテレスは、貨幣による通約性の根底に、さらに深い基礎があると述べているようにも思われる。その意味で、交換される異なる諸物を通約できるものとしているのは、需要であるとみなしていたのではないか、という解釈も有力視されている。ミークルも指摘しているように、とくに新古典派経済学の観点からは、そのように解釈して、アリストテレスにその価格理論の源流をみいだそうとする傾向がくりかえし生じている。

そこにはまた、アリストテレスの用語をどのように翻訳するかが問いなおされるわれるところもある。たとえば、マルクスは、さきに引用した箇所で、アリストテレスが、交換される異種の諸物が通約可能だということは「ほんとうは不可能なのだ」とし、そのうえでそれらの等置は、諸物の真の性質には無縁なもので、「実際上の必要のための応急手段Notebehelf für das praktische Bedürfnis」でしかありえないと述べて、みずから価値概念の欠如を告げているると論じていた。Bedürfnisは「需要」と訳せる場合もあるが、この文脈でのマルクスの用語への訳語としては「必要」でよさそうである。ところが、『ニコマコス倫理学』の高田三郎訳は、当該箇所を「もとより、かくも著しい差異のあるいろいろのものが通約的となるということは、ほんとうは不可能なのであるが、需要ということへの関係から充分に可能となる。」(同上訳書、一八九頁)と訳出している。こちらの訳では、需要が諸商品の通約性の基礎である。

ると解釈しやすくなる。

双方の訳語のギリシャ語での原語は、Chreia（Χρεiaクリア）で、ミークル［1995］は、その第2章全体をさいて、英語版での訳語としても、Chreiaをdemandとしているのは誤訳であり、効用学派はその誤訳によりこの前後の箇所を解釈してきたが、Chreiaはむしろneedと訳すべきであるとして、結果的にマルクスのBedürfnisないしその邦訳に近い読み方を支持している。そのうえで、Chreiaには単位がないので、諸商品に量的に比較可能な通約性を与えるものとはならず、アリストテレスも最終的にはこれを諸商品の通約性の基礎としていないとミークルは読んでいる。

そのような検討をもふまえてみると、マルクスのアリストテレスとのこの箇所をめぐる対話は、交換される諸商品の通約性の基礎として、同質的人間労働の結晶としての価値実体の意義を強調するマルクスの労働価値説によって、提示された問題がすべて解決され、終結しているのかどうか。この対話に示唆されている問題を、経済学の理論的、学史的問題として、さらにいくつかの面から考察してみよう。

三　宇野弘蔵の理論的介入

その手がかりとして、宇野弘蔵がこの箇所におけるマルクスのアリストテレスとの対話に論及しているところをみておこう。対話は三者の鼎談の様相を示すにいたる。すなわち、宇野は、上にみたような価値形態論におけるマルクスのアリストテレスとの対話に介入して、つぎのような論評を加えている。

「アリストテレスの天才もギリシアの奴隷労働の社会では当然に価値の実体を明らかにしえないことになるのであるが、しかし問題は…なおアリストテレスは「商品の貨幣形態が、単純なる価値形態…のさらに発展した姿にすぎないということ」は明らかにしえたということにあるのであって、その場合かかる形態的考察にあってはむしろそれは「価値の実体」をもって解明されなければならぬということにはならないことを示しているといってよい。実際また「商品の貨幣形態」の出現は、マルクス自身も「交換過程」で明らかにしているように、商品形態自身の必然的に要請するものである。その実体的根拠が確立せられない間は、むしろそれは「実際的必要に対する緊急措置」とも見える外的関係として、商品、貨幣、さらに部分的には資本の形態をも展開する。もちろんそういう場合にも、…単なる商品交換も、その社会の再生産過程によって多かれ少なかれ実体的な規定を受けることになるのであろうが、しかしそれはなおこの形態自身の実体的規定をなすものとはいえない。むしろ交換によって形態的に要請される「等一性」にほかならない。いいかえれば商品・貨幣・資本の形態的展開自身は、実体の「等一性」そのものに基づいて行われるというよりは、この「等一性」を求めつつ行われるのである。」「マルクスは、価値実体を与ええなかったアリストテレスに対して、直ちに「価値概念の欠如」をあげるのであるが、価値形態で明らかにされる一商品の価値が他の商品の使用価値で表現されるという規定も――もっともその点はアリストテレスでは明らかにされていなかったようであるが――「価値概念」に欠くことのできないものである。」(宇野［一九六二］、『著作集』第九巻、一七六–七七頁)。

宇野は、ここで、アリストテレスが交換関係におかれる商品間の通約性、統一性を問いつつ、ギリシャ社会の歴史的限界ゆえに、その背後に価値実体を示しえなかったとするマルクスの論評に、興味深いいくつかの錯綜した論点を挿入して介入している。まず、労働としての価値実体の通約性を示しえなかったにもかかわらず、アリストテレスは、商品の貨幣形態は、簡単な価値形態の発展した姿にすぎないことをあきらかにしている。そのことは、商品の価値形態のそうした発展についての考察が、価値の実体をもって解明されなければならぬということにはならないことを示している。資本主義のもとで、労働の社会的関係が全面的に商品の価値関係の実体を確立する以前には、商品の価値関係も、社会的再生産を部分的に補足するものとして、したがってまた充分に社会的実体の裏付けを与えられないまま、「実際的必要にたいする緊急措置」とも見える外的関係として、商品、貨幣、さらに部分的には資本の形態を展開する。そこで示される諸商品のあいだの等一性は、交換関係のなかで形態的に要請される等一性であり、労働としての実体の等一性に基づくというより、その等一性を求めつつ展開されるものである。この商品価値の形態的展開からみれば、一商品の価値が他の商品の使用価値で表現される簡単な価値形態での規定も、価値概念に欠くことのできないところである。

このような宇野の介入は、『資本論』をめぐる限界効用学派ベーム＝バウェルク (Böhm = Bawerk, E. von, [1896]) の論評にはじまる価値論論争を体系的に解決するために、労働価値説は資本の生産過程の解明にさいして論証する課題とみなし、それにさきだつ『資本論』での商品、貨幣、資本の諸規定の展開は、労働実体にふれることのない純粋の流通形態論として再構成するみずからの『経済原論』〔一九五〇、一九六四〕における価値論の展開の試みを背後においている。この現代的な宇野の価値論の再構成の観点からすれば、マルクスのアリストテレスへの論評は、価値の実体規定を欠いていたことに重点をおきすぎており、これをただちに価値概念の欠如としすぎていないか。マルクス自身認めていたアリストテレスにおける商品の貨幣形態の簡単な価値形態からの発展、それらをつうずる異質な諸商品間の通約性、等一性の問いかけ、それに応ずる「実際的必要にたいする緊急措置」といった諸規定の天才的な洞察の輝きの意味が、価値概念の再構成のうえからも新たな視点で再評価されてよいのではないか。こうした問題を宇野は提起しているのである。

もともとマルクスは、古典派経済学にみられる使用価値と交換価値の区分を継承しつつ、その区分がまたアリストテレスに源流を有することを、『経済学批判』〔1859〕の商品論冒頭に注記していた。しかし、そのうえで、商品の使用価値にたいする交換価値ないし価値の概念自体をさらに価値の実体と形態とに二重化し、その二面の区別と関連を問う論理構造を構成しているところにマルクスの、とくに『資本論』の価値論の重要な特徴がある。『資本論』冒頭の商品論でも、第一節での価値実体の規定にたいし、そこでとりあげられつつ、捨象されていた交換価値としての価値の形態にたちもどって第三節の価値形態論が示されているのである。この価値形態論の意義を、マルクスは、価値形態論に続く第四節「商品の物神性とその秘密」にける註(三二)において、古典派経済学の限界を批判しつつ、つぎのように述べている。

「古典派経済学の根本的欠陥の一つは、商品の、また特に商品価値の分析から、価値をまさに交換価値となすところの価値の形態を見つけだすことに成功しなかったということである。A・スミスやリカードのような、まさにその最良の代表者においてさえ、古典派経済学は、価値形態を、まったくどうでもよいものとして、または商品そのものの性質には外的なものとして、取り扱っているのである。その原因は、価値量の分析にすっかり注意を奪われてしまったということだけではない。それは、もっと深いところにある。労働生産物の価値形態は、ブルジョア的生産様式の最も抽象的な、しかもまた最も一般的な形態であって、これによってこの生産様式は、社会的生産の特殊な一種類として、したがってまた同時に歴史的に、特徴づけられているのである。それゆえ、この生産様式を社会的生産の永遠の自然形態と見誤るならば、必然的にまた、価値形態の、したがって商品形態の、さらに発展しては貨幣形態や資本形態などの独自性をも見そこなうことになるのである。」(『資本論』国民文庫①、一四九−五〇頁)。

こうして価値の形態規定を重要視するマルクス自身の視点を延長してみると、アリストテレスにたいし価値の実体規定の欠如を指摘するマルクスの論評に関して、宇野が、マルクスの価値形態論をさらに純化して明確化する視座を背後におきつつ、アリストテレスにおける商品の簡単な価値形態から貨幣形態につらなる考察と、そこでの諸商品の通約性を問う問題提起を再評価し、「実際的必要に対する緊急措置」ともみえる「外的関係」として、商品の価値の形態が展開され、商品間の通約性、等一性がそこに形態的に要請されてゆく論理に注目していることが、重要な意味をもっているように思われる。その意味はまた、商品の交換関係やそこに生ずる価値の形態が、マルクスも指摘しているように、本来、共同体的諸社会のあいだの交易関係として発生し、したがって社会的労働による再生産過程にとって外来的な歴史性を有している、という認識に深く連なっている。社会的労働の量関係にたいし、本来、外的関係として展開される商品の価値の形態的諸関連は、商品の交換にさいし要請される形態的な通約性、等一性を、労働量としての価値の実体関係を社会的規模で確立するにさきだって、相対的に独立に形成していたのである。

たとえば、商品リネン二〇エレの価値が上着一着という使用価値により相対的に表現されて、リネンの上着価値を示すとともに、上着一着にリネン二〇エレにたいする直接的交換可能性を与えるという、簡単な価値形態には、リネンの上着にたいする商品としての等一性が交換の要請として示されている。そこに萌芽形態を発して貨幣形態が成立すれば、すべての商品が貨幣商品に交換を要請する価格形態において、それぞれの価値の通約性を形態的に表現することになる。

そのような商品経済に特有な価値の形態的展開は、それがなおギリシャのポリス的社会の経済生活にとってなお補足的で部分的な役割にとどまっていたかぎりにおいて、「実際的必要に対する緊急措置」としての通約関係におかれていたようにみえたにせよ、市場経済の形成発展の論理としてみれば、けっして一時的な緊急措置にとどまるものではない。商品関係が市場経済として成長すれば、その内部にかならず自生的に簡単な価値形態から貨幣形態を生みだして、必然的に価格形態としての諸商品の通約性をもたらす。そこに示される商品の簡単な価値形態から貨幣形態への展開の論理も、それにともなう諸商品の通約性も、マルクスがアリストテレスにたいして主張しているほど、価値の実体にもとづき、価値実体のつむぎだすものとみないでよいのではないか。宇野の論評は、ほぼこうした問題を提起していた。

その問題構制をうけとめてみれば、価値の実体規定に先だって展開される価値の形態は、価値の実体の形態としてではなく、労働としての価値の実体から相対的に分離されて、商品間の形態的な関係性自体のうちに商品価値の本質的性質の一面を示してゆくものと考えられる。そのさいに純粋の流通形態論としての価値概念をどのように規定し理解しておくべきであろうか。

宇野によるここでの論評にも示唆されているように、商品には、使用価値の異なる他の商品との交換を求める性質があり、それにともない交換関係における量的な比較と基準をさぐる属性が内在しており、それらの性質を流通形態論の発端におかれる商品の形態面での価値概念の内容と理解してよいのではなかろうか。そのような商品の価値性質は、使用価値を担い手としつつ、使用価値の直接的実現を妨げ、逆にまた使用価値の特殊な異質性により交換性を阻害されるのであって、使用価値との矛盾関係におかれている。その矛盾関係は、商品間の価値の表現形態に展開されるのであり、一商品の価値が他の一商品を等価とし、等価商品の使用価値により相対的に表現される簡単な価値形態が、その発端にあらわれ、さしあたりそれら二商品の構造的な関係性のなかに、商品の価値性質が形態的に示される。さらにその発展をつうじて、商品の価値は、しだいに広い商品間における形態的な構造化された関連性に展開されて、やがて固定的な一般的等価商品として貨幣商品を生みだし、一様にそれへの交換をもとめる価格形態を形成する。その展開をつうじ、発端に示される商品の価値概念がその内容的をしだいに具体的な商品間の流通形態としてあきらかにされ、拡充されてゆくことになる。

こうした流通形態としての価値概念の展開は、さしあたり商品を生産する労働量としての価値の実体規定を通約性の基礎として要するものではなく、等労働量交換を交換関係の量的基準とするものともならないと考えられる。しかしまた、流通形態としての価値も、宇野の述べているように、交換によって形態的に統一性を要請されるとともに、さらにその背後に社会的労働としての実体の等一性を求めつつ展開される概念と理解しておくべきではないか、と考えられる。宇野の価値概念は、その独自の価値尺度論もふくめ、このような理解によるものであったと解釈できる。いいかえると、価値の形態と実体の両面の理論的に相対的に分離してそれぞれの意義をあきらかにしつつ、純化された形態規定の展開にも実体面との関連を重要な含意として保持する統合的価値概念への志向性がそこに読みとれる。

　しかし他方で、そのような価値実体による価値の形態の量的規制関係は、資本主義的生産にもとづく市場経済において、はじめて法則的に確立されるのであるから、それに先だつ市場経済一般にもつうずる流通形態としての価値の形態原理は、需給の変動によって動揺する市場価格を紡ぎだすにとどまり、その重心としての量的基準としての、いわば狭義の価値概念までは示せないものと理解しておくべきではないか、とする発想も、たとえば山口［１９９６、九頁］にみられるように、宇野の有力な後継者のなかに提示されている。たしかに、市場の需給で変動する市場価格も、価値の形態概念を広くとれば、その一面におさめて理解することができそうであるが、さらに市場価格が、その重心をなす（いわば狭義の）価値ないしその展開形態としての生産価格との乖離を生じては、法則的にその乖離が是正される論理が価値概念の内容には求められているように思われる。宇野が、『資本論』のような経済学の原理論は、「純粋の資本主義社会」を想定して、その内部でくりかえされる経済関係を解明するものとしている方法論は、そのような広狭二面をふくむ価値概念の展開に、不可欠な前提であるかどうかという論点もふくめ、流通形態論としての商品論における価値概念の内容に十分に納得のゆく解決がえられているのかどうか、宇野理論としてもなおひきつづき考究を要するところがあるのではなかろうか。

四　価値形態論への歴史的基礎

『資本論』第一巻初版への序文で、マルクスは価値形態論におけるアリストテレスとの対話をあきらかに意識しつつ、つぎのように述べていた。

　「貨幣形態をその完成した姿とする価値形態は、ひじょうに無内容であり簡単である。それにもかかわらず、人間精神は二千年以上もまえから空しくその解明に努めてきたのであり、しかも他方では、これよりずっと内容の豊富な複雑な諸形態の分析に、少なくともだいたいのところまでは、成功したのである。なぜだろうか？成育した身体は身体細胞よりも研究しやすいからである。そのうえ、経済的諸形態の分析では、顕微鏡も化学試薬も役にはたたない。抽象力がこの両方の代わりをしなければならない。ところが、ブルジョア社会にとっては、労働生産物の商品形態または商品の価値形態が経済的細胞形態なのである。」（『資本論』、国民文庫①、二一―二二頁）。

すなわち、マルクスは、ここでみずからの価値形態論が、アリストテレス以来その解明が試みられてきた問題に解決を与えるものであることを宣言している。それとともに、ブルジョア社会の経済的細胞形態をなす商品の価値形態の分析は、より複雑な社会諸形態の分析より困難で、「細事のせんさく」にみえる考察を「抽象力」によりすすめなければならない、としている。しかし、貨幣形態を完成形態とする商品の価値形態の考察が、アリストテレスによって提起されて以来、十分な解明を与えられなかった理由は、たんに抽象力の不足とするだけではすまされないであろう。宇野（〔一九六二〕『著作集』第九巻八頁）もシュムペーターを論評しつつ指摘しているように、むしろ人間精神の二千年をこえる活力が、商品経済の基礎をなす商品の価値形態の分析に、なぜ十分に集中されずに経過したのかがさらに問われなければならないわけである。

この点に関連し、すでにみてきたように、マルクスは、アリストテレスが商品の貨幣形態を簡単な価値形態の発展した姿ととらえるとともに、諸商品の価値表現のうちに一つの同等性関係を発見したことを高く評価するとともに、その同等性を価値の実体としての人間労働の同等性にまで帰着させることができなかったのは、奴隷労働にもとづくギリシャ社会の歴史的限界によることであった、と述べていた。アリストテレスの抽象力の限界が、その生活基盤としている社会の歴史的限界に起因することを指摘していたわけである。

とはいえ、「人間の同等性の概念がすでに民衆の先入見としての強固さをもつようになった」近代社会において、商品の価値関係の背後に人間労働の同等性が読みとれるようになったことで、商品の価値形態の謎についての分析がただちに進展することにもならなかった。マルクス自身批判していたように、労働価値説による古典派経済学の根本的欠陥のひとつは、商品の価値形態、さらには貨幣形態、資本形態の独自性をあきらかにしえないところにあった。マルクスは、古典派経済学におけるその欠陥は、ブルジョア的生産様式を社会的生産の永遠の自然形態と見誤ることによって生じたものとみていた。実際、資本主義の確立期を目前に、古典派経済学は市場経済による資本主義の発展を理想化し、これを自然的自由の秩序として理論化し、年々の労働の成果を労賃、利潤、地代に分配する量的価値関係の分析に関心を集めていたのであった。

そのような古典派経済学の理論的限界からふりかえってみると、アリストテレスが、価値の実体規定にはいたりえなかったにせよ、貨幣形態を商品の簡単な価値形態の発展した姿ととらえ、価値形態の分析の端緒を示しえたのはなぜか。むしろ奴隷にもとづくポリス社会の現物経済にたいし、商品交換やそこに出現する貨幣、さらに部分的には資本も、いわば補足的で外的経済関係として、その特異な形態的関連が、むしろ自然的な秩序としてではなく、それこそ実際上の必要のための応急手段ともみえる事態として、理論的に関心をひきつけたのではないか、とも思われる。その意味では、社会的労働による実体的裏付けを全面的に想定できない部分的で外的な商品経済を考察の基礎としているために、アリストテレスは、かえって商品の価値形態、貨幣形態の分析を端緒的ながら示しえたともいえるのではなかろうか。

しかし、アリストテレスの分析は、商品の価値形態の分析としても、簡単な価値形態と貨幣形態との同一性や、それらをつうずる諸商品の通約性の考究に重点がおかれ、マルクスが強調しているほど、貨幣形態が簡単な価値形態の発展した姿であるという論理を正確に示しているものではなかった。さきにもふれたように、商品の簡単な価値形態も、相対的価値形態と等価形態との区別、等価商品に直接的交換可能性が付与される論理などを、分析しつつ考察されているわけではなく、したがってまた貨幣商品において一般的等価としての直接的交換可能性の独占的集中が成立する謎も正確にとらえ分析的に解いているとはいえない。したがって、マルクスが、アリストテレスの価値形態論について、価値の実体規定による通約性を読み解けなかったという点のみに重点をおいて、その理論的限界を指摘していたのは、対話として不十分なところがあった。価値形態論としても、簡単な価値形態の両極の論理構造や、そこからどのように貨幣形態が生みだされ、貨幣の謎が解かれることになるのか、アリストテレスの分析には多くの限界があったことも指摘されてよかったはずである。

価値の形態規定自体の分析や展開におけるアリストテレスの限界は、宇野理論におけるように、価値の実体規定にふれることなく、純粋の流通形態として、商品、貨幣、資本の価値の形態規定を展開しうるとする観点にたっても、むしろそれにともない、いっそう重要な問題点として浮上する。ギリシャ社会の歴史的特性は、商品の価値形態、貨幣形態の端緒的考察を可能としつつ、部分的で補足的な役割にとどまっていた商品経済の組織形態や機能の未成熟に対応し、おそらく商品、貨幣、資本の価値の形態的展開関係の体系的で十分な理論化にはなお多分に歴史的限界があったものと理解すべきなのであろう。価値の実体規定をあきらかにしえなかったギリシャ社会においても、宇野理論の観点での流通形態としての商品、貨幣、資本の価値形態の展開は、すでに十分可能であったとはいえないように思われるのである。

そうであれば、もともと、マルクスにおいて商品、貨幣、資本の価値形態の体系的な理論展開を可能とした歴史社会の基礎は、アリストテレスや古典派経済学との対比で、どのように理解できるか。これも価値論におけるマルクス、アリストテレス、宇野の鼎談からわれわれに残されている興味あるいわば学説史上の問題のひとつであろう。マルクスが、アリストテレスの価値論での分析に欠けていたとする歴史社会の基礎は、市場経済が拡大されて、人間の同等性が民衆の先入見となる近代資本主義になっても、その発生期には、古典派経済学が、資本主義の経済秩序を理想化しつつ自然視する余地が大きく、まだ価値の形態規定の重要性を認識するうえではなお整っていなかったわけである。資本主義がさらに産業革命を経て本格的に確立されて成長期に入り、周期的恐慌に示される内的矛盾を発現させて、そこに商品の価値実現の一般的困難、貨幣と一般商品との対立が強く意識されるようになり、自然的秩序とはいえない商品経済の特殊歴史的な諸形態の原理がその機能とともに鋭く問いなおされるようになり、同時に資本主義市場経済の秩序をのりこえる社会主義の主張も有力視されるようになってはじめて、商品の価値形態が貨幣形態の謎を解く課題をともない、あらためて理論的に体系的な解明を求められることとなったのではなかろうか。それは、『資本論』の経済学の社会科学としての体系的な成立を、その理論展開の発端において、可能とした歴史社会の基礎を理解せしめる重要な一面であろう。

そのような認識を延長していえば、一九世紀の中葉におけるマルクスの価値形態論の展開を、宇野が二〇世紀中頃に、純粋の流通形態として再構成しえたのは、どのような歴史社会の推転に基礎をおくものであったか。宇野自身は、むしろ一九世紀中葉にいたるイギリスにおける資本主義社会の純化傾向を延長して、「純粋の資本主義社会」を想定して原理論を展開するという方法論を主張していたので、こうした問題のたてかたは拒否したにちがいない。とはいえ、二〇世紀における戦時統制経済やソ連型計画経済における市場経済の諸形態や機能によらない経済秩序の現実的実験（さらにあるいは中央銀行券の金兌換停止による貨幣の国家的管理の実現）などが、社会的労働生産過程の実体的な維持と資本主義のもとでそれを組織し媒介する商品経済の諸形態との相対的分離可能性を、マルクスの時代よりさらにはっきりと意識させ、理論的に明確化するよう要請する、歴史的経験をなしていたとはいえないであろうか。スラッファ体系とほぼ同時代に双璧性をもって提示される宇野価値論の認識の歴史的基礎をめぐる学説史的位置づけが、マルクス、アリストテレス、宇野の対話から示唆されるもうひとつの興味ある宿題となっているように思われるのである。

【参考文献】

アリストテレス［底本Oxford,1894］『ニコマコス倫理学』高田三郎訳、岩波文庫（上）（下）、一九七一、七三年。

伊藤誠［一九八四］「スラッファ理論の意義」『経済評論』三月号。

宇野弘蔵［一九五〇・五二］『経済原論』上巻、下巻、岩波書店、『宇野弘蔵著作集』第一巻。

――［一九六二］『経済学方法論』東京大学出版会、『宇野弘蔵著作集』第九巻。

――［一九六四］『経済原論』岩波全書、『宇野弘蔵著作集』第二巻。

大黒弘慈［二〇〇五］「マルクスとアリストテレス―交換における同一性と類似性―」京都大学『社会システム研究』第8号、二月。

Böhm = Bawerk, E.von［1896］『マルクス体系の終結』木本幸造訳、未来社、一九六九年。

Marx, K.［1859］『経済学批判（第1分冊）』武田隆夫・遠藤湘吉・加藤俊彦・大内力訳、岩波文庫、一九五七年。

――［1867］『資本論』第一巻、岡崎次郎訳、国民文庫①②③、一九七二年。

Meikle, S.［1995］Aristotle's *Economic Thought*, Oxford : Clarendon Press.

望月俊昭［一九八一］「価値形態論における『本質の同等性』について」成城大学『経済研究』75号、一〇月。

山口重克［一九九六］『価値論・方法論の問題』御茶の水書房。

（本稿は『國學院経済学』二〇〇七年三月所載の同題の論稿に加筆したものである。）

第4章　労働生産過程にかんする一考察

櫻井　毅

一　労働生産過程とは何か

マルクスは『資本論』第一部の第三篇第五章冒頭の第一節で「労働過程」を論じている。使用価値または財貨の生産は「人間と自然との間の物質代謝の一般的条件であり、人間生活の永久的な自然条件であり、したがって、この生活のどの形態にも関わりなく、むしろ人間生活のあらゆる社会形態に等しく共通なもの」（マルクス『資本論』Ⅰ、国民文庫版①、三三二頁）であるというのである。したがって「どんな特定の社会的形態にもかかわりなく考察されなければならない」（同上、三三一頁）ものとされたのであるが、同時にそれは『資本論』冒頭の商品論における使用価値と価値の二要因の説明に対応する形で、労働過程がもっぱら「人間の労働が労働手段を使って一つの前もって企図された労働対象の変化を引き起こす」（同上、三三七頁）ところの使用価値を作る合目的的な有用労働の過程として説かれており、そして商品にすでに対象化された労働とこれから対象化される労働との同質性を明らかにする抽象的人間労働は、資本家的生産過程において価値と剰余価値を形成する労働として、第二節の「価値増殖過程」に分化されて説かれることになったのである。

ただマルクスは第一節「労働過程」の全体を通じて表現に明確さを欠くところが多々あり、例えば、この節の最後のところで次のようなことを付け加えている。すなわち、労働過程は使用価値を作るための合目的的な活動で、人間の欲望を満たすための条件であって、あらゆる社会形態に共通のものであるから、「われわれは労働者を他の労働者との関係のなかで示す必要はなかった」（同上、三三二頁）。これから資本の生産過程の考察に戻るけれども、確かに「労働過程の一般的な性質は、この過程を労働者が彼自身のためにではなく資本家のために行なうということによっては、もちろん変わらない。また、長靴をつくるとか糸を紡ぐとかいう特定の仕方も、さしあたりは、資本家の介入によって変わるわけではない。資本家は、さしあたりは、市場で彼の前に現われるがままの労働力を受け取らなければならないし、したがってこの労働力が行なう労働をも、資本家がまだいなかった時代に生じた形のままで受け取らなければならない」(同上、三二三〜二四頁)。しかしまた、「資本家の立場からは、労働過程は、ただ自分が買った労働力という商品の消費でしかないのであるが、しかし彼は、ただそれに生産手段を付け加えることによってのみ、それを消費することができるのである。労働過程は、資本家が買った物と物との間の、彼に属する物と物との間の、一過程である」(同上、三二四〜二五頁)と。

こういうマルクスの説明には先の説明と若干のズレがあるように思われる。上でみたように、商品の使用価値の形成を労働過程に、そして商品の価値の形成を資本家的生産過程に振り分けて論じるのではなくて、労働過程を労働・生産過程としてあらゆる社会形態に共通な抽象的規定として論じるという別のマルクスの考え方が、不明確ながらそこに潜むように思われるからである。[1] 実際、マルクスは、人間の労働が労働手段を使って労働対象の変化を意図したときには、「この過程は生産物では消失している。その生産物はある使用価値であり、形態変化によって人間の欲望に適合するようにされた自然素材である。労働はその対象と結び付けられた。労働は対象化されており、対象は労働を加えられている。…/全過程をその結果である生産物の立場から見れば、二つのもの、労働手段と労働対象とは生産手段として現われ、労働そのものは生産的労働として現われる」(同上、三一七頁)と述べ、のちの宇野弘蔵の『経済原論上』(一九五〇)における「労働=生産過程」の立場に近い見地を示しているようにさえ見える。

『資本論』の「労働過程」論のこのあとの線に沿ってマルクスの提起しようとした問題意識をより鮮明に展開したのは宇野弘蔵であった。周知のように、宇野弘蔵はその『経済原論上、下』(岩波書店、一九五〇、五二)において、マルクスの『資本論』に学びつつ自らの新しい展開を試みていたのであるが、その一つとしてマルクスのように冒頭の商品論でいきなり労働価値説を説くという方法を採らず、むしろそれを批判して、冒頭では商品の形態のみ説き、価値の実体をなす労働との関係は、資本の生産過程でそれを論証するという方法を採用した。そしてそのことと関連して、マルクスの「労働過程」論を「労働=生産過程」として再構成し、あらゆる社会形態に共通なものとして説いたのである。そこではあらゆる社会に共通な物質代謝を実現するものとして、生産物の見地からすれば、労働は一方は労働対象と労働手段を生産手段として具体的な使用価値を生産する有用労働として、また、他方では、さまざまな異質の労働をも単なる人間労働の支出として、すべてその時間的継続性によって加算計量できる同質の抽象的人間労働として、二重に評価するとともに、社会の再生産に必要な必要労働と剰余労働とを生産的労働として実現していることが強調されたのであった。これはマルクスの労働過程の考え方を基本的には踏襲するものともいえるが、他方、宇野の外部の流通形態が実体をその内側に捉えてゆくという独自の把握の根底に据えられているものでもある。宇野がマルクス『資本論』の叙述と違って、いわゆる「流通論」をその「生産論」から分離して純粋に流通形態論として独立に説いたことは、宇野理論の極めて意義のある大きな特徴といえるが、それは流通形態としての資本形態が生産の実体を包摂するところに資本主義的生産の確立があるとする主張を論理的に根拠付けるものだからである。そしてこれは、マルクスに学びながらそれを超える、歴史的にも理論的にも正しい認識といっていいだろう。これは宇野の画期的な成果であったといってよい。そのためにも宇野はあらゆる社会形態に共通の「労働生産過程」という範疇を取り出すことに熱心であった。そして宇野は、このあらゆる社会形態に共通な経済過程のもつ普遍的性格を経済原則と呼んで、それを自らの経済理論の成立の根拠にすえたのである。

二　労働価値説の論拠としての労働生産過程

宇野は、経済学の役割を資本家的経済社会に特有な経済法則を解明するものとしながら、資本主義社会も歴史的な一社会としてそれと他の諸社会に共通な経済の原則的な基礎を共通にしているために、経済の原則と特殊な経済法則との関連が出てくることを明らかにしなければならないと考えた。資本主義の経済法則といえども経済の原則を離れて存在しえないことを、宇野は資本の生産過程を論じるに際して、あらかじめ強調したわけである。もちろん資本主義以前の社会においては、こうした経済原則的関係は、宇野も認めているように、自然的な、慣習的な、宗教的な、共同体的な、権力的な、さまざまな関係の中に行われていたのであるが、商品経済がそのような関係を部分的にせよ打ち壊すことによって、労働生産過程の性格を一般的に析出することができるようになったことはいうまでもない。あらゆる社会が生産の独自の編成基準をそれぞれ持っているわけではない。ただ宇野の例解が示しているように、そこでは「紡績過程の労働は、一方では綿花を綿糸にかえ、綿花や機械等の生産手段の生産に要した労働時間を新生産物たる綿糸の生産に要する労働時間の一部分とする、マルクスのいわゆる有用労働として機能し、同時にまた紡績過程の労働時間をも綿花その他の生産手段の生産に要した労働時間と一様なるものとして新生産物の生産に要する労働時間とする、マルクスのいわゆる抽象的人間労働として機能するという、二重の性質を有している」（宇野、新『経済原論』、『宇野弘蔵著作集』Ⅱ、四〇頁）ことが明らかになっているとされたのである。

このようにして、労働の二重性の存在が商品経済に特有のものではなく、労働生産過程ですでに労働の二重性があきらかであるとすれば、それを資本がその生産過程の機能を通して形態的に処理しなおすことで、マルクス経済学者が苦吟した『資本論』冒頭商品の価値規定における労働価値説の証明問題もおのずから解決される道筋が示されることになる。つまり宇野が、商品の交換関係のなかで労働価値説の論証を行おうとするマルクスの方法を改めて、資本の生産過程論に積極的な証明の場を移すことによって、その論証は、ベーム・バヴェルクのいわゆる「蒸留法」なる批判をこうむるような難点が避けられ、より合理的な証明になりうるはずのものであった。すなわち、宇野によれば、労働力商品の販売によって労働者が生産した生活手段の労働時間を買い戻すことを通して、「あらゆる生産物がその生産に要する労働時間によって得られるという労働生産過程の一般的原則は、商品経済の下にあっては、その交換の基準としての価値法則としてあらわれる」（同上、四三頁）ことの証明が明確になるからであった。

さらに立ち入ったその労働価値説の論証の問題はここでの検討の直接の対象ではないが、関連するので簡単に触れておけば、宇野は労働力が価値どおり売買される――つまり労働力の売り手が自らの再生産に必要な生活手段を生産するのに必要な労働時間を買い戻すことができる――ならば、それは生産物がその生産に要した労働時間を基準として交換されることになり、まさに労働力の商品化を通じて商品経済が根底から全面化することを可能にするものとして、そこに労働価値説の論証を果たそうとするものであったのである。すなわち、「具体的には、まず労働力が商品化して、それから一般的に経済自身が商品化するというのではない。労働力の商品化と共にかかる社会的商品化が、その根柢から促進せられるのである。いい換えれば労働力なる商品が、その生産に要する労働時間によってその代価を支払われるということは、生活資料の代価がその生産に要する労働時間を基準にして支払われることを意味するばかりでなく、生産手段もまた社会的にはその生産に必要なる労働時間を基準にして比較軽量せられることにならざるを得ない。あらゆる生産物が商品として互いに質的に一様なる単に量的に異なるに過ぎないという価値関係は、かくして労働力の商品化によって、生産過程を基礎にして全面的に確立せられることとなる」（旧『経済原論上』、『宇野弘蔵著作集』I、九六頁）と。宇野はさらに、「資本主義社会は、かくして労働力の商品化を基礎とする生産過程によって全社会を商品経済化するわけであるが、それは全社会の必要とする使用価値を、資本のもとに、商品として購入された労働力の支出によって生産することに外ならない。全社会の総労働は各種の生産に、資本を通して、その生産物が社会的に互いに一定の関係を持って要求せられるのに対して、その生産に技術的に要する労働時間を基礎にして配分せられるのである。各種の使用価値は、互いに商品として、その生産に社会的に必要な労働によって価値を有するものとして交換せられることになるのである」（同上、一〇一頁）と結論しているのである。かなり難解な説明であり、全体として労働力の販売によって労働者が生活できるだけの生活資料（生活手段）を生産するのに必要な労働時間を資本家から必ず買い戻すという価値関係の実現が、個々の生活資料の商品が、さらには生産手段となる商品も、その生産に必要な労働時間を基準にして交換されることになる、という理念を語っているに過ぎないようにみえる。

実際、この論証には今でもやはりいささかの疑問を抱かざるを得ない。労働力を売ることによってすべての生活資料の生産に必要な労働時間を買い戻すことができたとしても、それが生活資料を構成する個々の商品をその生産に必要な労働時間によって規定することになるのであろうか。宇野は「労働力も、生活資料も、時と場合によっては種々なる価格をもって販売されるのであるが、しかしつねに繰り返して売買せられるためには、つねに繰り返して生産されなければならないのであって、個々の資本家と労働者との間の交換関係は、他の資本家の関係を通してであるが、一般社会的には生活資料の生産に必要な労働時間によって規制せられざるを得ないのである」（同上、九五頁）と述べているのであるが、「種々なる価格をもって販売される」商品がなぜある水準に調整されるのか、そのメカニズムの説明はない。ここでも事実上、労働力の販売によって必要労働が買い戻される関係を述べるにとどまっている。宇野が労働力という商品がその生産に必要な労働時間によって代価を支払われるということが、社会的にはすべての商品がその生産に必要な労働時間によって比較計量されることになる、と述べたことが個々の商品の労働による価値の決定を直ちに意味するものでないのであれば、大内力が自らの『経済原論上』で、その論証を、多種の使用価値からなる生活資料を「一括していわばマーケット・バスケット式に考え」（大内力『経済原論』上、東京大学出版会、一九八一、二四八頁）るところでとどめているのは賢明であるのかもしれない。もちろん、労働者がその生活を維持するために購買し消費する生活資料を自らの必要労働によって買い戻すということが労働による商品の価値決定の論証の出発点であるところまで論理を認めるとしても、生産手段の労働時間による価値規定にまでそれが及ぶかどうかは、労働力の価値を買い戻すという説明からだけでは証明ができないために、それを実現するためには労働力の価値規定によらない新しい何らかの商品経済の法則的な社会的強制が必要になるのではないか。しかし強制といっても競争による価値の確定はここでは無理である。宇野はここではまだ剰余労働をはずして必要労働に限っているからである。だとすれば再び抽象的な説明に戻るしかないことになる(2)。

宇野の価値論における論証をいわば背後から補強するものとして事実上取り上げられてきた方法が、宇野が新版の『経済原論』（岩波全書）で強調し始めたとみられる論点であって、それを援用して、「労働＝生産過程」と資本の生産過程との対応関係をさらに詳しく追求してみようとする問題意識の深化は、宇野の新版『原論』以後かなり広く一般的なものになってきたといってよい。そこに透けて見えるのは労働価値説の論証問題に対する労働生産過程論のフィードバック機能への期待と確信である。経済法則は商品経済の形態規定によっていわば具体化され確認された経済原則そのものであったはずだからである(3)。

宇野は、「あらゆる生産物がその生産に要する労働時間によってえられるという労働生産過程の一般的原則は、商品経済の下にあっては、その交換の基準としての価値法則としてあらわれるのである」（全書版、新『経済原論』、『宇野弘蔵著作集』Ⅱ、四三頁）と述べているが、これは旧版の叙述とほぼ等しい。この「あらゆる生産物がその生産に要する労働時間によってえられるという労働生産過程の一般的原則」という表現はやや曖昧さを含むが、宇野自身は新しい全書版『経済原論』では、「商品の交換が、その商品の生産に要する労働時間を基準とする、その価値によって規制せられるということは、いかなる社会にあっても、何らかの生産物をうるには、時によっては、また人によっては異なるにしても、一定量の労働を要するものであるという一般的原則に基くものであって、いわゆる労働価値説はこれだけでも否定できないものと考えてよい」（同上、四三頁）と述べるに至っている。もちろんそのために厳密な論証が資本の生産過程で行われなければならないことは付け加えられてはいるが、宇野にとってこのことの本質的意味は大きかったに違いない。それは再生産論に進んでさらに詳しく述べられている。すなわち、資本は社会的には無政府的生産として行うけれども、それは実は「全社会の労働力を生産手段と共に、それぞれの生産物の生産に必要とせられる程度に応じて配分することによって、年々の再生産を継続するという、経済生活の合理的な処理に当然なる、いわばあらゆる社会に共通なる経済の原則を、商品形態をもって行うものにほかならない」（同上、八六頁）と。

　そのことをさらに突き詰めてゆくと、あらゆる社会に共通の労働生産過程には社会的生産の連関の中に一つの「均衡」が成立しているという前提をおくことになるかもしれない。宇野が生産過程論で再生産過程論が前提（voraussetzen）されていても措定（setzen）されているわけではないということを、価値法則の「必然的基礎」と価値法則の「絶対的基礎」との関係の説明に用いていることは、再生産表式における二部門間の均衡を予定しているのかもしれない（宇野弘蔵編『演習講座・経済原論』、『宇野弘蔵著作集』Ⅱ、三四九頁参照）。宇野はもちろん「均衡」という表現をこの労働生産過程論では用いていない。しかし生産物の獲得がその生産に必要な労働時間によって一般的に決定されていると理解すると、労働時間によるある種の生産の組織的な均衡を予想せざるを得ない。もちろん均衡といっても絶えざる不均衡の中で均衡を維持するような力が作用しているということを意味するのであろう。実際、宇野は、「需要は、元来いかなる社会においても単に人々によって要求されるものであるというだけのものではない。社会的に需要されるには、社会的に供給されることがこれに応じて行われなければならない」（旧『原論』、『宇野弘蔵著作集』Ⅰ、二四八頁）と述べている。資本主義社会が絶えざる不均衡を商品経済の機構を通じて絶えず均衡を取り戻す方向に作用するのに対して、他の社会がどのようにその不均衡を回復するように努力するかは、その社会によって異なるであろうが、確かに社会の過不足の調整が果たされなくては社会が存続できない。とすれば労働生産過程あるいは経済原則という言葉の中に、労働の社会的編成の存在とその維持というある程度の規定性を含んでいるというのが、宇野の理解であるといえよう(4)。

三　労働生産過程と資本の生産過程との非対称性

しかし実際に、資本主義的商品経済のほかに、何らかの全面的な統一的な基準を持って生産調整が行われている社会が存在するだろうか。資本主義的商品経済ですら、外部の商品経済を内部に取り込むことによってしか内部的統一性はとれないのである。逆に言えば外部の商品経済によって社会的需要の過不足を調整することで内部の統一性を演出することも大いにありうる。とすれば、あらゆる社会が内部に再生産の原則を持つこと自体幻想であり、しかも資本主義社会にあってさえ一種の虚構であると考えたほうがよさそうである。歴史の常識が示しているように、商品経済を必ずその隙間に含んだ共同体の複合的な連合体のような姿の継続がこれまでの社会の歴史であったのではないか。だとすれば経済原則はどんな形であれ必ず実現する社会の統一的な組織編制原理というものを持っているということは考えられない。たぶん、大きな社会を構成しているさまざまな小社会が崩壊しないような自給自足の原則を消極的に作用させているところに、経済原則の役割が潜むという程度なのではないか。経済活動が人間の生存の継続のためにあるというだけのことではないか。原則といってもきわめて単純で抽象的なものでしかない。あらゆる社会に共通な労働生産過程といっても、けっしてさまざまに改造可能な生産過程の原型といったものではない。だからそこにある種の一般的規定性が現れていたりすれば、それはむしろ異様である。そんな統一性を持った社会一般というものは商品経済の中にしか意識されないからである。宇野はあらゆる社会形態に共有される例として、「生産手段が社会的に共有される社会主義社会」（宇野『資本論入門』、『宇野弘蔵著作集』六、一七九頁）などを挙げているが、社会主義社会は、宇野も指摘しているように、資本主義社会から形態規定をいわば取り去った、その裏側の規定に過ぎない。計画経済も含めて、商品経済がもともと持つ外面性によって、資本主義だけがそのような統一的基準で全面性を獲得できる可能性を持つことから導かれた概念化の産物なのである。ちなみに、外囲を想定して一国内で資本主義的生産の完結性を求めたのがリカードからマルクスに至る労働価値説の系譜であった。だからいずれにしても経済の原則そのものが原型としては存在せず、資本主義的社会の経済法則を前提することからしかでてこない概念であることを確認することが先決であるように思われる。現実の世界史の歩みを無視した、唯物史観のような理念的な世界史観が、むしろ経済原則の理解を歪曲させ、安易な原則概念を先行させたのではないか、と案じられるほどである。

あらゆる社会に共通な労働生産過程のもつ有機的編成といっても、すでに述べたように、資本主義の生産過程における社会的生産の組織的統一性からの類推にすぎない。資本主義商品経済以前の社会では労働の同質性も保証できないし、したがってその量的配分も不可能である。労働生産過程はあらゆる社会に共通の生産のプロトタイプを提供しているわけではない。それは本来的に変容したり修正されたりするものではない[5]。原則はあらゆる社会に共通に底を流れるイデーとして登場しているものに過ぎない。経済活動が抽象的な自己更新の原理を維持するもの、という限りで、それがあらゆる社会が存続する限りで共通に貫かれる原則であるということは理解できるが、それが内部に技術的な分業編成に基づいた有機的構造を持つことまでは考えられない。繰り返し言うように、そのようなものはただ資本主義的商品経済だけが想定を現実的に可能にするにすぎない。その資本主義社会によってはじめて実現される社会的生産の全面的な有機的編成というものを、つまり純粋の資本主義社会に帰着するような社会的生産の体系を、あらゆる社会に共通な労働生産過程に投影して、同じように社会的労働の全面的な統一性を想定した宇野は、それによって労働価値説の証明可能性を信じたのであった。しかしここで述べたようにその労働生産過程での社会的生産の統一性を前提することが不可能になった時、その証明可能性もまた失われるのではないか。本来その前提を抜きにしてその証明は果たされなくてはならなかったのではないか。宇野の言う、なんでも生産できる労働力の商品化は、資本の生産過程への商品の投入と産出との関係を通じて労働による全面的な商品価値の同質性を実現するものとなるだろう。それは個々の商品の労働による価値の決定を直接的に明らかにするものではないが、労働による価値の社会的な実体的根拠を明らかにすることによって、価値法則の実現についての理解を可能にしたのではないかと考えられるのである。

宇野が流通形態によって生産の実体を捉えたところで資本主義生産の特徴を明らかにしたのは大きな功績であったが、その把握される実体が労働生産過程において先験的に社会的生産の有機的編成が存在すると想定したところに、逆に資本の生産過程の形態的な把握を不明確にし、古典派的実体論の残滓を思わせると同時に、労働力商品を媒介にする資本の形態規定抜きに、労働係数や労賃規定から直接に投入・産出分析による生産技術の社会的編成を通して労働価値説を現実的に説明しようとする現代的手法にも接近する可能性を与えたのではないだろうか。

資本主義は社会的生産に外囲を設けて一国に完全に内面化することでその全面性の想定を実現することができる。いわゆる純粋資本主義社会の想定であって、リカード、マルクス、宇野はその中で労働価値説を論証したと見ることができる。そういう想定が根拠をもちうるものであることは明らかである。ただ現実には資本の支配が全面的でなく一部に限られていてもそれは可能だったはずである。そのことは価値概念の本来の虚構性と虚偽性を考えれば理解できる。その理解は全面的な労働価値実体説を採るリカードにはできないとしても、マルクスや宇野にはできたはずである。もともとマルクスや宇野にとって商品経済の外面性と部分性は明らかなのであり、むしろその批判的視点を提供したのが彼らだったのである。彼らにとって商品の価値関係が全社会を覆い尽くすことなど、虚構の全面性を想定する以外にはありえないことである。そこにマルクス、宇野さえも含む古典派の伝統とそれに対して商品形態の外面性、部分性を明らかにして自らを変革したはずの別のマルクス＝宇野との綱引きがあるべきであった。しかしそれは行われることなく曖昧なまま残された。

四　価値概念の虚構性

価値とは何かという問題はけっして新しい問題ではない。価値とは人間が客体である対象に対して抱く意義付けであって、価値は、あらゆる分野で、例えば芸術的次元で、また宗教的次元で、あるいは倫理、道徳の側面で、たびたび論じられた。それは主体的な判断に応ずる内容を持つが、その主観的な価値判断は必ずしもその客観性を保障されるものではない。しかし理想的には何らかの普遍的で客観的な価値存在が求められるのも当然である。まして人間の欲望の対象となる財貨についてその価値の評価が問題になれば、当然それは何らかの客観的な根拠が求められていることになる。古くはアリストテレスがすでに問題にしていたが、商品に共通の価値実体は存在しないという結論に落ちつかざるを得なかった。しかし商品経済の発達に伴って、所与の貨幣で価値を尺度するだけでは満足できなくなって、商品の価値を本質的に規定するものへの追及が避けえなくなり、十七世紀あたりから価値・価格論の考察は経済学的研究の中心問題になった。ただそれは、Value in exchangeという表現が、value in useと区別された本来のその性格を示しているともいえる。そもそもが商品の交換時における価値という意味だからである。商品経済の外部性と表面性にそれは関わる。それを資本の生産過程の内部に移して労働価値の全面性という虚構の世界を作り上げてゆくウイリアム・ペティからアダム・スミスそしてリカードにいたる古典派の、とりわけリカードで完成する労働価値説の議論の系譜をここで問題にするつもりはない。むしろここでは商品の価値とは商品を商品たらしめる量的規定性を持った特性であり、商品を他の商品と区別するものが商品の使用価値である、と定義しておくにとどめる。

問題は商品というものの外的性格および価値概念と労働との関係である。価値はとりあえず外部的世界に存在する商品と商品との関係概念としてしか存在せず、何か特定の共通の内容を想定しているものではない。しかしながら労働価値説の論証においては、外部的な市場性が、ある一国の内部の資本家的生産関係と生産力の中に内面化され、外部は内部に取り込まれつつ、労働力の商品化を通して一国の全面化されたものとしての資本家的生産の分業化を通した内部の分析の内容を提供してゆくのである。古典経済学の歩みがまさにそれである。とはいえ商品経済というものの存在の部分性から考えれば、商品の資本家的生産過程は必ずしも全面的に社会的であるとは限らず、その生産過程もいわゆるあらゆる社会に共通な労働生産過程とぴったり重なり合う存在であるわけではない。両者は非対称的存在なのである。にもかかわらず両者を「合同」させるのは、一方で、資本主義が社会的に全面的であるとする純粋資本主義の想定をおくからである。他方で、その「合同」を可能にさせているのは、労働生産過程の想定が暗黙裡に資本の生産過程から逆に導き出されているからである。帰納的にではなくア・プリオリに前提されるという意味は多分そういうことであろう。その場合にはすでに述べたように、労働生産過程が社会的な労働の均衡配分を行っているとア・プリオリに規定されているために、労働価値説の論証は、労働の表現が価値の言葉に転換されただけで、いわば同義反復を免れなくなっている。

それだけでない。ここで問題にしたいのは、労働生産過程の「範囲」というものを何も資本の生産過程の及ぶ「範囲」と同じにする必要もないし、その範囲が重なる必然性はもともとないということである。両者はもともと非対称なのである。従来の理解は経済原則の把握が経済法則の理解によってむしろその範囲を拘束されていたのではないかということである。だから経済原則なるものをもっと曖昧でルーズなものとして考えておきたいということである。それは一つの構成体ではないということである。

資本家的生産過程というのはあらゆる人間生活に共通に

存在する労働生産過程なるものを資本・賃労働関係を通して構成した一つのシステムであるといってもよいが、そのシステムの構成に参加できるものは商品経済的な関係の中で存在しているものに限られる。しかしながら人間の労働はもちろんすべてそのシステムの中で価値を形成し剰余価値を形成するものになるわけではない。残っている部分はたくさんあるに違いない。それは事実の上ではほとんど誰でも承知していることだろう。例えば一九七〇年代から八〇年代にかけて、家事労働をめぐる論争がわが国で活発に行われたことがある。家事労働を専業主婦が行えば価値形成的ではないが、雇われた家事労働者が行えば価値形成的で剰余価値まで作り出す、これは何故か、なぜ家事労働が正当に評価されないのか、というような議論が盛んに行われたことがあった。こういう無理解がでてくるのはその点が十分まだ理解されていないことを示すのかもしれないが、今ではさすがにそういう素朴な議論は見られない。女性の人権をめぐる政治的主張と経済理論との区別が多少は理解されるようになったのであろう。資本の生産過程からはみ出した家事労働という問題―しかも人間生活にとって重要な意義を持つ労働の問題―がありうることをまさにそれは浮き彫りにしたというべきであった。

さらにもっと本質的な議論としては、サービス労働や流通や保管に携わる労働、さらに販売に従事する商業労働の問題などがある。生産そのものや生産の継続にとってそれらの労働の役割のもつ重要性については論じるまでもない。そしてまた、これらの労働が価値を形成し剰余価値を生産するか否かが理論的に問われることは多いし、それをめぐる議論も汗牛充棟で、しかも決着がつかない。それらは労働の性格をあらゆる社会に共通な労働生産過程の中に対応するものを探し出そうとして苦慮するのであるが、これは資本主義商品経済の側からの要求として価値関係の中でどう処理されるかが決定的なわけで、あらゆる社会に共通な労働実体との対応でそれが決まるわけではない。両者は「一対一対応」ではない。全体として一定の生産力水準の下で資本の運動にとっての必要性が、それを価値関係の中で処理するかどうかを決めるのである。商品流通に関係するだけだから生産には関係ないとしてそこに従事する労働が労働として評価されないならば、およそ生産を商品形態で処理することで成立している資本主義生産の存在の特徴が否定されることにならないか。マルクスや宇野の研究以後、その問題について重ねられてきた詳細な検討はまったく意義がないとは思わないが、資本主義が全体として持つその特徴的な機能を等閑視して、個々の具体例の分析にこだわりすぎる傾向をそれは示していたように思う。重要なのは我々ではなく商品経済がその構造の持つ特徴を判断し、構成する個々の役割や分担の限度や範囲を決定するということである。商品売買を仲介するだけのいわゆる「純粋の流通費」と呼ばれるものも、商品経済の展開にとって不可避の費用だとすれば、その価値も単に「空費」として処理されてよいものかが検討される必要があるのではないか。

あるいはまた逆に、価値が労働を実体としているという議論にしても、農業における差額地代に見られるように、労働の実体を欠いた価値――「虚偽の社会的価値」という問題もある。「虚偽の社会的価値」は最劣等地には差額地代は存在せず、しかもその最劣等地がそこでの農業生産物の価値を決定する限界地である以上、それ以上の優等地に差額地代が生じても、そこには労働は投下されておらず、したがってこれはあらゆる社会に共通な労働生産過程には対応する部分がなくて、商品経済的価値の決定過程で初めて登場する特殊な概念であるといわなくてはならないのであった。マルクスが言っているように、この「虚偽の社会的価値」は「土地生産物が従わされる市場価値の法則から生ずる」(『資本論』Ⅲ、国民文庫版⑧八六頁)問題であって、資本主義が「他の意識的な計画的な結合体として組織されるもの」(同上)に代われば、それはそこに投ぜられた労働の量によって評価されることになる、というのがマルクスの理解であった。つまりそこでは価値は労働の実体を欠いているままでその社会的性格は貫かれていたのである。しかしそのことが戦前からマルクスの労働価値説を否定するものとして取り上げられ、それを擁護するものとのあいだでさまざまな議論の応酬がなされたのであった。虚偽の社会的価値が労働の実体を欠くことが問題の中心であり、その源泉をどう説くかが従来のマルクス経済学者にとっての難問であったことは明らかである。(6)

本来的に言って、商品の価値という概念は市場に存在する生産物などに外的に与えられるものであって、「虚偽の社会的価値」が示すように、一種の虚構物なのである。そういう虚構であっても、その構造が全体として社会的生産を現実に担いうるとしたら、それは抽象的な意味で労働生産過程を実現し、経済原則を充足させていることになるわけである。商品はどういう形であれ市場に存在する限りで価格関係の中に溶解され、何でも作りうる労働力商品を基礎にして資本の生産過程の中に集約される形式を資本は獲得するのであり、かくして資本は、現実に支配する範囲を問わず、市場の商品経済を縦・横に及ぶ内部的関連を労働による社会的生産として体系化しうる価値という虚構の形式をもって、資本主義社会を支配する構造を理論的に確保することができることになるのである。

五　結びに代えて

労働の領域は限りなく広い。それをすべて商品経済機構が把握しているわけではないし、できるわけもない。またすべての人間の動作を「価値」あるものとして評価する必要もない。資本は自らが処理できる限りで商品経済的機構の中に労働を組み込んでいるだけである。資本は資本なりに利潤追求という論理で社会的再生産のための分業編成を行い、その有効性が最大限発揮できるように資本を運用し展開するだけである。その体制はもちろん全社会に及んでもいいが、全社会に全面的に及ぼす必然性はない。ただ価値という虚構性をもって全社会を統一的に理論的に把握することは可能である。そしてその価値は資本の生産過程を通して労働に同質性を基礎づけられる。経済学の原理がそのようにして成り立っていることは言うまでもない。

従来の議論はややもすると労働が価値に先行するきらいさえあった。交換価値がその価値の内実をなす労働実体の表現と考えられていたマルクスの『資本論』の冒頭の価値論の論証について疑問が提起されたのちにも、あらゆる社会形態に共通な労働実体を前提にしてそれを商品経済的機構を通して価値と規定できるかどうかが議論される場合が多かった。その場合、安定的な労働の均衡配分を内包するはずの労働生産過程が、資本の生産過程における価値論の論証の先験的な前提となっていたのである。それでは同義反復とはいわないまでも、労働を価値に翻訳するための確認作業にすぎないのではないか。しかし価値は労働の成果でなくともそれ自身流通する。労働力は特殊でもいい。しかし差額地代の分の生産物は労働の実体がなくとも「虚偽の」社会的価値あるものとして通用する。労働実体が曖昧な外部の商品でも資本の生産過程に取り込まれれば、労働量の換算が異なるだけで価値に一様化されている。社会的労働の範囲とそれが価値として現われている範囲とはけっして厳密に重なりあうものではない。そこには両者に非対称性がある。社会の再生産がともかく成立している時、それが経済原則の実現であったというだけのことであって、あらゆる社会形態に共通する労働生産過程なるものは、仮に想定されるにしても、あらゆる生産のプロトタイプではないし、可塑可能な素材でもない。だから労働生産過程による有機的労働配分を一般的条件として前提できないとしたら、むしろ問題なのは、外部的で部分的であるにもかかわらず、生産内部にその全面性を虚構として構築さえして労働価値説を論証しなければならない理由の方ではないだろうか。

［註］

（1）マルクスおよび宇野弘蔵の労働過程論については山口重克の詳細な検討がある。山口「労働生産過程と価値の実体規定」（山口『価値論の射程』東京大学出版会、一九八七、所収）参照。なお宇野は『経済原論』の二冊本の方では「労働＝生産過程」という表現を用い、岩波全書版の『経済原論』では「労働生産過程」と表示している。それに対して山口は「労働生産過程」という表現を使用しているが、内容的に「労働過程」、「生産過程」と分けて用いていることが多いように思われる。そのためか特に山口『経済原論講義』では「労働・生産過程」と表現している。ただ表現の違いにはあまり大きな意味はない。私はここでは「労働生産過程」という表現を用いたが、例外的に「労働・生産過程」という表現をとったところがある。それは山口の場合と同じく労働過程と生産過程との区別を強調するという場合に用いている。

（2）ここでの宇野に対する疑問に対してはすでに山口の批判がある。山口によれば、この種の批判は「商品価格をその商品を生産するのに必要な労働時間と直接結びつけることを疑問とするものであるが、これは価値法則の『論証』の際には、それに先立って価格と労働時間の関係は商品によってバラバラであるということがあらかじめ想定されているのでなければならないという考えであるといってよいであろう。しかし、労働時間による価格の規制が各商品について一様であることを前提することが宇野にとって何の意味も持ちえないものであるように、一様でないことを前提することも宇野の論証にとって何の意味ももちえない。このような批評は宇野の論証の意図そのものを精確に受け止めたうえでの批評とはいえないのである。すでにみたように、宇野の論証の基本構造は労働者の生活資料の価値規定をまず明らかにし、それを基礎にしてその他の生産物がどのような価値規定を受けるかを説こうというものであった。『資本論』冒頭のような『交換関係から推論される論証』に代えて、『価値の実体が労働であるという証明』を、まず、必要労働によって生産されたかぎりでの生活資料一般をとって行なうのである」（山口重克「労働生産過程と実体規定」、『価値論の射程』一三九〜四〇頁）。

（3）菅原陽心の要約によれば「労働生産過程論を展開する意義はそれが価値法則の根拠として位置づけられるところにあるということであったし、またその内容は労働生産過程の考察を通して各生産過程に技術確定的に労働量が投下されなければならないということが明らかになり、無法則的な価格の重心たる価値がこの労働量に規制されることになるということを示すことであった」（菅原陽心「労働生産過程と資本主義的生産」、菅原他『価値と市場機構』時潮社、一九八〇、三六頁）。まさにそれが労働価値説の実質的な根拠になるはずのものであった。こういう思考は、さらに延長されると、貨幣賃金率や労働係数を使った形態論抜きでの投入産出分析の手法によって労働価値説による市場分析を果たそうとする近来の試みを、かえって逆に評価する方向に繋がりかねない。（伊藤誠『資本論を読む』講談社学術文庫、二〇〇六、一三四頁、参照）。

（4）私自身も以前、「社会的実体をなす生産過程一般は、使用価値の生産と抽象的人間労働の配分という点で、『質的編成とともに量的な規制および均衡』をもつものであった。またそのようなものとして社会的実体をなしうるものであった。資本主義も一社会として成立しうるためには、そのような生産の『質的編成とともに量的な規制および均衡』を確保しなければならないが、問題なのは、それが資本主義的商品経済に独自な機構を通して行われなければならない点にある」（櫻井毅『生産価格の理論』東京大学出版会、一九六八、一三二頁）と論じたことがある。ここにはあらかじめあらゆる社会に共通な生産過程にそれぞれ組織的な編成秩序が所与のものとして与えられているような見方が潜んでいるが、それはこれから示すように、今では先走った誤った理解であったと思っている。

（5）その点では、「資本主義的生産にあっては、人間の生活と人間の労働・生産過程までが資本の行動原則である効率性原則によって極限まで締め上げられ、その意図せざる結果としてではあるが、効率的連関としての基準編成が作り上げられる」（山口『経済原論講義』東京大学出版会、一二八頁）と述べる山口の視点は興味深いが、経済の「原則」をここでは可塑可能な一種の「原型」と捉えているのではないだろうか。

（6）マルクスの「虚偽の社会的価値をめぐる議論は戦前から戦後にかけてかなり活発に行われていた。代表的なものとして、山田勝次郎『地代論論争批判』、向坂逸郎『地代論研究』があるが、前者はそれが「虚偽」ではなくていわば「強められた労働」として当該農業部門で作られた労働を源泉とするものであり、後者は部門外から流通を通して価値が埋め合わせられるというものであるといってよいが、いずれも戦前のものである。戦後の新しい水準のものとしては大内力『市場価値法則と差額地代』等があるが、詳しくは、佐藤金三郎、山口重克他編『資本論を学ぶ』Ⅴ、（有斐閣、一九七七）を参照のこと。

第5章　理念としての「それ自身に利子を生むものとしての資本」

——宇野理論のカント的構成——

鎌倉孝夫

一　マルクス経済学者の理解を越えた論理

「…資本主義の発展期における、その純化傾向の内には、すでに純粋の資本主義社会における全機構が展開される。商品経済は、一社会を形成する経済的構成体として、その自立的根拠をうるとともに、基本的諸現象を展開するわけである。金融資本の時代としての転化を示して後も、別に新たなる形態を展開するわけではない。金融資本の時代を特徴づける、株式資本の産業への普及も、純粋の資本主義社会において、すでに論理的には展開せられざるをえない、しかし現実的には具体化されない、いわば理念としての、資本の商品化の具体的実現にほかならない」（宇野弘蔵『経済学方法論』東京大学出版会、三二頁）。この本文の「註」として、宇野は「純粋の資本主義社会においては、資本は一般に利潤をうるものとして資本なのであって、『それ自身に利子を生むものとしての資本』は、現実的には商品として売買されることにはならない。利潤のえられる資本を、利子をうる資本として売買されることはありえないからである。それはいわば資本主義社会の『理念』として確立されるものといってよい。」（同上）と注記している。

「論理的には展開せられざるをえない、しかし現実には具体化されない」（「現実的には商品として売買されることにはならない」）「それ自身に利子を生むものとしての資本」を、「純粋な資本主義社会において」理論的に「展開する」というのはどういうことなのか。「現実には具体化されない」ということは、概念形成の「現実」的（実在的）根拠がない、ということではないか。それなのに「論理的には展開せられざるをえない」というのは一体いかなる「論理」なのか。

そして「理念」とは。宇野はこれを「資本家的方法のいわば精神」あるいは「資本家的観念」（宇野、『経済原論』

岩波全書、二二八、二二九頁）とも表現している。マルクスによって批判・克服されたはずの、このドイツ観念論を思わせる宇野の概念あるいは論理をどうとらえたらよいのか。

私はこの宇野の論理を、宇野理論の真髄が凝縮されているものではないかととらえ、その論理の性格・意味を追究してきた[1]。しかしいわゆる宇野派は、宇野のこの論理を全くといってよいほど理解しえなかった。それは『資本論』（というよりもマルクス主義）をベースに経済学を研究してきた者としては、理解を越えた論理としかとらえられなかったのであろう。『資本論』というよりマルクス主義の方法に、すなわち『資本論』の論理、それを発展させた宇野の論理を学んだはずなのにそれを自らのものとなしえず、結局生産力・生産関係の対応あるいは矛盾という唯物史観（マルクス主義的歴史観）の方法に依拠していた、ということである。生産力―生産関係の対応・矛盾の方法、それを経済原論の論理として表現すれば、実体（労働・生産・生産力）から形態（商品・貨幣・資本）を展開するという論理となる。実は『資本論』は、マルクス自身の懸命の思索を通して唯物史観の資本主義への適用という方法から、歴史的主体としての資本自体の論理を説くという方法へと転換させたのであった。しかしそこになお唯物史観的方法が残されていたのであったが、宇野はこれを克服し歴史的主体（＝流通形態）としての資本を主語とする論理を純化させた。論理の内容からいえば、「労働・生産」から「商品・貨幣・資本」を展開する論理を、「商品・貨幣・資本」の展開を通し、その存立根拠（＝実体）として「労働・生産」を位置づけるという方法への転換である（なお後述）。ところが宇野派の多くの研究者は、この意義を理解しえなかったのであり、いぜん『資本論』構成以前の唯物史観の方法に依拠していた（あるいは思考の大前提としていた）。これが「理念」としての「それ自身に利子を生むものとしての資本」を理解不能とさせた根本的原因であった。

そこで宇野論理の意義を明らかにするに先立って、いわゆる宇野派がいかに唯物史観の方法を脱却しえていなかったか、そしてそれがどのように宇野理論を理解しえないものとしたか、具体的に示しておこう。

二　いわゆる宇野派の無論理

ここでいわゆる宇野派というのは、直接には鈴木鴻一郎・岩田弘[2]に代表される「世界資本主義」論者と、大内力[3]に代表される「純粋資本主義」論者の両派を意味している。

実はこの両派は方法を異にするものととらえられているのであるが、唯物史観の方法を前提・基礎にしている点では共通の方法に立っていた。両派の違いは、論理の基礎にある「生産力」の位置づけ（論理的処理）の違いでしかなかった。具体的にいえば、前者は生産力の発展を資本主義経済の原理論（以下「原論」）の中にもち込んだのに対し、後者は「原論」のレベルでは生産力一定（純粋な経済法則を成立させる前提とされる生産力に限定）の想定を立てていたのである。つまり両派とも生産力に論理の基礎（動因）を求め、流通形態を現実の主体（主語）とする論理を立てていなかったのである。重要な点を指摘しておこう。

第一に、両派とも（とくに前者に特徴的であるが）、「原理論」の論理を〝対象の模写〟とする方法に立っている。鈴木（『経済学原理論』上下、東京大学出版会）は、「原論」の論理は、「世界資本主義」の歴史的発展の「内的叙述」、「内的模写」（同下、五一九頁）であるとし、「株式資本」の概念・論理も、十九世紀末以降の金融資本の発展を現実的根拠とし、これを「内的模写」して形成される以外にない、ととらえる。これに対し大内力（『大内力経済学大系第一巻経済学方法論』東京大学出版会）は、資本主義の純粋な経済法則（循環法則）の変質をもたらしている生産力（固定資本の巨大化）を基礎とする金融資本は「原理論」の論理では説けない――循環法則が純粋に展開されている「純粋資本主義」を「想定」（「概念的につくる」同上、一二五頁）する以外に「原理論」は説けない、という。だから「…原理論のなかで、株式会社を説き、『資本の商品化』を説きうるのかどうかは、むしろ疑問である。そのばあいにはとうぜんこの株式＝資本を購入する貨幣＝資金の出所が問題になるが、それは原理論の枠組のなかでは説きようがないからである」（同上、一九四～一九五頁）とする。

しかし「世界資本主義」の展開を「模写」することはいかに可能か。そこにおいて何が資本主義を構成する基本要素であり、何が動因であるかを「対象」自体からとらえる（抽象する）などということはほとんど不可能である。「内的」ということが保証されるのは、資本主義経済を構成し主導する要因（基本は資本）自体に即した論理を立てることによる以外にない。しかしこの要因の概念形成、そして諸要因間の関連の把握は、資本主義経済の発展・純化を現実的根拠とする経済学の歴史的発展によって行われてきたのであり、概念形成・概念構成による現実の土台としての資本主義経済とのつき合わせ・照合を通して、概念形成・構成の客観性が保証・確証されてきたのである。現実の「世界資本主義」あるいは資本主義の生成・発展・没落（爛熟）からわれわれ（研究者）が、直接に概念を形成したりその関連性（因果関係を含めて）をとらえることは無理であり、そのような把握を「内的模写」といったとしてもたんにことばだけ（主観的把握の粉飾）にすぎない。

しかも資本主義経済の発展・純化を現実の根拠として形成された経済学（概念形成・構成）は、現実の根拠自体の純化の制約・限界が現われるとともに、理論（「原理論」）形成が困難となり、現象表面の外面的記述か政策論（政策提起）に陥ることになる。その下で理論を構成しようとすると、新古典派に示されるように実体を見失った（というよりすべての経済関係を物的関係＝商品・貨幣の交換関係とする）全くの観念論に陥る。宇野はこうした資本主義の純化とその限界を基盤に形成される経済学の発展・そしてその変質をとらえて、「原理論」の形成を対象そのものの模写ではなく、「方法の模写」ととらえた（「方法自身が客観的に対象とともに与えられる」『経済学方法論』一六五頁）のであり、これこそ経済学において主観的構成を克服しうる唯一の方法であった。

一方大内の場合は、循環法則を成立させうる生産力の一定の段階を「原論」の前提におくということによって、「原論」の原理論としての意味を放棄しそれをほとんど自由主義段階の論理に限定してしまうものとなった。それは対象を主観的に限定してしまうものであった。流通形態としての資本が資本主義の各発展段階においても経済を動かす基本動因であること、株式資本も決して金融資本の支配する帝国主義段階に限定されたものではなく、資本自体の形態的性格の（極限的）発展として形成されるものであることを見失ってしまった。

第二に、生産力の発展を動因として資本形態・資本主義の発展（変質・没落さえも）を説くという方法は、論理的には成立しない無理（無論理）でしかなかった。この点を鈴木『原理論』によって示しておこう（『経済学原理論』下、四四七頁以下）。

①鈴木は、資本主義が「周期的な産業循環」（景気循環）を「反復」する中で、資本主義的生産関係の限界を越える「生産力の発展段階」が「必然的に到来せざるをえない」という。というのは、「この反復の過程をとおして、既存生産力が周期的に破壊され、あらたなより高度な生産力が周期的に造出されるとともに、これに対応して生産規模の巨大化と生産過程への資本価値の大量的な固定的集積とがますます促進されるからである」と説明する。しかしこの論理は無理である。既存の固定設備は恐慌・不況期に破壊されたはずであるのに、破壊に耐えなくなって残る――それればかりか生産規模の巨大化（固定設備の巨大化）が形成されるという。大体既存固定設備は破壊されたといいなが

ら、破壊されない、などという論理は成立しない。しかもここではどの資本（産業資本）にとっても妥当しなければならない（「原論」の論理としては当然のことである）のに、特定の資本の下での固定資本の巨大化をいう。それは重工業を基礎とする金融資本の〝模写〟ということに論理をずらしてしまったものであって、「原論」の論理としては成立しない。

②鈴木は、既存資本価値が破壊されない生産力が資本主義的生産関係の限界を越えた――資本主義は自らが導入し利用したはずの生産力を内的に処理しえなくなる、という。これは唯物史観の公式そのものである。資本主義を前提し、生産力を資本の生産過程における生産力ととらえたとき、それは個々の資本が資本投下を通して自ら導入した生産力である。いわば資本主義的生産関係の枠内に最初から限定された生産力である。それがどうしてこの生産関係の枠を突破するのか。それを説明するには、この生産関係とは外的な要因の作用によって生産力が上昇・高度化するとする以外にないが、その外的要因とは何かは全く説明不能である。一定の生産関係の枠組みを超えて生産力が上昇し、これに対応して生産関係が変革されるというのは唯物史観の根本テーゼであるが、この生産力はだれが何の目的でいかに導入されるのか全く説明できない（一般的には人間を主体として抽象的にとらえるしかないが、それでは特定の生産関係がこの生産力になぜ、いかに対応するか全く説明しえない）。得体の知れない生産力の発展によって資本主義的生産関係が変革される――これは一種の自動崩壊論だがそれこそ荒唐無稽な論理でしかない。

鈴木はこの無理な論理を「原論」にとり込みながら、これに基づいて株式資本の論理を展開するのに対し、大内は「原理論」からはこの論理を除くがこれを段階論―資本主義の発展法則の解明という――にとり入れる。しかし段階論を主導する生産力の発展をもたらす動因は大内の場合でも前提されるだけで論理的には説明できない。

③鈴木による株式資本の展開は、すでに資本主義的生産関係を生産力が超えたこと、つまり前者はもはや後者に対応しえず（現実に包摂しえず）他の生産関係に変らなければならないとしながら、なお資本主義の枠組みの中で形成される「あらたな形態」として説明されている。すでに資本主義的生産関係を生産力は超えている――鈴木はこのことを利潤率均等化の非実現としてとらえ、それは「社会的再生産過程の価値規制を貫徹し、みずからを自立的な社会的生産として統一的に編成していく現実の機構を喪失する」――つまりもはや社会的経済原則を充足しえないことになったという。これは社会体制としてはすでに資本主義

は崩壊しているということである。なのに「資本主義的生産は…生産力と生産関係の矛盾を解決し、その全体的編成を実現していくあらたな形態を要請せざるをえない」として、この形態は「生産力と生産関係の矛盾を回避ないしは隠蔽しつつ、資本主義的生産関係の全体編成をいわば形式的に達成していく形態」であり、これが「利潤の利子化」であり、「これを実現するものとしての株式形態による資本の商品化である」という。

大体この「あらたな形態」を「資本主義的生産」が要請するということ自体理解不能である。資本（産業資本・商業資本・銀行資本）が要請する、というのではない。しかももはや「現実」には生産力を包摂しえずすでに〝死刑〟を宣告されたはずの「資本主義的生産」が、なお「あらたな形態」を要請・展開する現実の主役になりうるのか。

「現実」にすでに生産力を包摂しえず体制としての「全体編成」は不能といったものだから、「あらたな形態」が形成されてもそれは矛盾を「回避」「隠蔽」するものでしかなく、ただ「形式的に達成していく形態」にすぎないといわざるをえないのであるが、すでに「資本主義的生産」は生産力を包摂・処理しえなくなっているのだからその「形態」は現実の価値形成・増殖過程にはもはや関わらない、全く遊離した形態、実は現実に実存しえない「形態」（それは完全に観念的構成物でしかない）でしかない。鈴木はこの「形態」によって「資本はいまや、…ふたたびまた流通形態の形式的一様性にかえる」などというのであるが、この「流通形態」自体利潤率均等化を「隠蔽」「回避」するという要請を担った観念的構成物にすぎない。流通形態としての資本には利潤率均等化を成立させるというような要請はない（流通形態としての資本にとって利潤率均等化はそれ自体が要請するものではなく、社会的強制によるのであり、だからこそ必然的法則が生じることとなるのである＝後述）。

こうして説かれる株式資本は、金融資本成立をふまえた株式資本の「内的模写」といいながら、結局観念的構成物（しかも資本家的観念という現実の事態に即したものではなく観察者の観念という意味で）でしかないものとなる。現実の株式資本は、利潤（地代など定期的収入を含む）を利子率で資本還元して成立する擬制資本であり、それはそれ自体商品形態をもって成立する（資本の商品化）。鈴木は、株式資本を利潤の利子化の具体的形態としながら、株式資本こそ擬制に基づくものであること、それは商品形態であることをとらええず、現実資本の「貨幣資本」化――「現実資本に貨幣資本の形態を擬制する」もの、「特定の生産部面に固定的に投下され特定の商品の生産と売買に緊縛されている現実資本に、貨幣資本としていつでも回収しうるという形式を…自由な貨幣資本としての流動性を与える」もの——ととらえる。株式資本自体は貨幣資本（それ自身貨幣形態をもつ）ではなく商品である。だから「貨幣資本としていつでも回収しうる」ものではない。売れないこと、価格が変動（低下）することも当然ある。しかしなぜ株式資本を商品形態としてとらえず「貨幣資本」と規定してしまったのか。おそらくそれは、資本自体を本来特定の使用価値（したがって生産過程）に制約されない、社会的に「流動性」を持つものととらえたこと、そこから現実資本（利潤生み資本）は資本としては「貨幣資本」を本質とするものであり、すべての現実資本は（資本としては）貨幣資本（正確には利子生み資本）とみなされなければならないととらえたのであろう。しかし、このみなされるというのは直接には観念（資本家的観念）であって、それ自体が現実の貨幣資本として（あるいは株式資本として）成立するものではないこと、したがってこの観念の現実化は「逆転して[4]」収入（利潤・地代等）の資本還元によって成立する擬制資本（これこそが利潤を利子とみなす＝擬制することによって現実に成立するのである）としてはじめて可能になることをとらえられなかった。結局資本は社会的流動性を持つととらえ、そこから現実資本がそれ自体流動的「貨幣資本」とみなされることがその最高形態だととらえることになったのであろう。こうして、この貨幣資本は決して〝擬制〟として成立したものではない（この価値と別の擬制的価値をもつものではない）のに、これを擬制資本としての株式資本と同一視してしまった。

第三に、鈴木も大内も、結局商品・貨幣・資本を流通形態だと規定しながら、流通形態規定の中に実体的要素を混入させてしまい、流通形態を流通形態としてとらえられなかったのである。鈴木のとらえた「資本」は上述のように資本の規定の中に社会的流動性という流通形態規定とは異質の要因をもつものとしてしまった。大体本来流通関係として成立している世界市場関係を「世界資本主義」としてそれ自身に生成・発展する動因をもつようにとらえたこと自体、商品・貨幣・資本を流通形態としてとらえていないことを示している。大内の冒頭商品規定はいきなり「資本主義的商品」とされる。それは他のすべての商品との全面的交換性と規定されなければならないという。これも流通形態としての商品にはない外的規定の付加である。

鈴木、大内が流通形態を流通形態としてとらえられなかった根本的原因は、結局（上述したように）唯物史観の方法を大前提として「原理論」を構成しようとしたことにある。生産力＝実体的要素を動因として生産関係、直接には商品・貨幣・資本という流通形態を展開する方法に立つ限り、流通形態規定の中に実体的規定が無分別のまま入り込んでしまう。大体どの社会にもある実体的要素としての生産力自体の発展から、歴史的関係・要素の形成・発展を導き出すといっても、前者がどの程度発展すれば後者が形成・発展するかは確定しようがない。大内が、景気循環の法則には一定の生産力が前提されるといっても、どのような生産力の下で前者が展開されるか論理的に確定しえない。論理の展開方法を、生産力・実体↓形態（資本）の展開ではなく、形態（資本）↓生産力・実体へという展開に転換させなければならない。つまり形態（資本）の存立根拠に生産力・実体があること、しかしそれは形態がとり込むうる限りの生産力であること（とり込みうる限りどのような生産力も含まれる）、ということは形態（資本）がとり込んだ生産力は形態（資本）の包摂を超えることにはならないこと、をとらえなければならない。唯物史観から『資本論』へという方法上の転換の意味を再確認しなければならないのである。この方法の転換の上に[5]「原論」の論理を、したがって株式・擬制資本の論理を基本的に完成させたのが宇野理論なのであった。以下宇野理論の真髄を示そう。

三　「理念」ということの意味
——宇野理論の真髄——

「それ自身に利子を生むものとしての資本」の性格に関し重要な点を示そう。

㈠「それ自身に利子を生むものとしての資本」の性格

第一に、「それ自身に利子を生むものとしての資本」は、資本そのものの本性を純粋に示すものである。資本、それは自己増殖する価値の運動体、直接には物的な商品・貨幣関係から構成される物的価値増殖の運動である。それ自体は「個」として存立し利己的利潤拡大を目的とする。それは、人間対自然の関係に基づく実体＝人間社会存立・発展の根拠とは関係のない流通形態である。歴史的には商人資本運動に基づいて成立した金貸（高利貸）資本が、資本のこの形態的本性を純粋に示すものであったが、資本主義の社会的確立によってそれは現実資本（産業資本・商業資本・銀行資本）に基づいて成立する貸付資本（形式としては、G…G′）に吸収されることになる。

この現実資本に基づいて成立する貸付資本は「それ自身に利子を生むものとしての資本」の現実的根拠である。これ以外の現実的根拠はない。しかし貸付資本ではなお「それ自身」として価値増殖することにはならない。「資金の代価としての利子ではまだ資本の物神性をあらわすものではない。その変動の要因が直接についている。常識的にも需要供給の関係がある」（宇野、『資本論研究』Ⅴ筑摩書房、三五三頁）。現実の貸付資本は、その成立根拠が自己自身にあるのではなく、現実資本の価値増殖運動（利潤形成）にあることが示されている。（形態としての自立を達成しえていない＝〝神〟になっていない）。

第二に、では「それ自身に利子を生むものとしての資本」はいかに成立するのか。まずそれはなぜ「利子」生み資本なのか。――利潤形成は、価値増殖根拠（労働者による労働に基づく）から自立しえないから「それ自身に」価値増殖するものとならない。資本の持ち手（担い手）自体、何らの価値増殖行動をしない――それは物（財産としての資本）を保有するだけである。その保有によって利得が得られなければならない。それは現実には貸付資本に示される利子によるしかない。しかし価値増殖根拠から遊離しえない貸付資本から、自己自身に価値増殖するという「利子生み資本」がどう成立するのか。そして、自己自ら「利子を生む」ことが、なぜすべての資本――産業資本、商業資本を問わず、さらにその自己資本自体についても、資本の本性として成立するのか。

これは結局資本家（資本の担い手）の観念（観念形態――実在ではなく思考の中で固まった思いとして）として形成される（それしかない）。これはしかし現実的関係や動き（資本の運動）と関わりのないものではなく、その行動を規制する「精神」あるいは「戒律」（宇野）となる観念といってよいのであるが、「利子生み資本」自体がすべての資本家に対しその行動を規制するものとなることをとらえなければならない。（次の第三点で(6)）

しかしこの資本家的観念、しかもすべての資本の担い手を包括するものとしての観念がどう形成・固定化するのかの論理に関しては一定の困難があった(7)。宇野は、商業資本家の行動を媒介として形成される利潤の企業者利得（資本家的活動による）と利子（資金借入れに対し支払わなければならない）の分割論（それは『資本論』で示された論理であった）から説いた。しかしこれではこの観念は貸付資本に限定され、すべての資本（資本そのもの）の属性としては規定されない。商業資本の活動によって利潤が生じるという観念は、利潤概念の消化をもたらすもの、商業資本の利潤は実は「労働」の成果であって「労働賃金」形態に還元されるものとなることが決定的に重要である。だから資本自体の果実は、まさに一切の（資本家的活動とともに賃労働者の労働をも含めた）活動と無関係に形成される利子とされる。利子を生むことは資本そのものの属性と観念されるのである。

第三に、利子は資本そのものの属性であるという観念は、現実資本（利潤生み資本）の運動にどのように関わるか。資本がそれ自身で利子を生むといっても、その利子の大きさ＝利子率はこの資本（そう観念された資本）自体が決定するものではない（決定しうるものではない）。利子率は現実の資金市場で形成される貸付資本の利子率に規定されたものでしかない。このことは、「それ自身に利子を生む資本」のまさに観念性（現実的存立根拠の欠如）を示すものであるが、しかし同時に「貨幣市場を基礎とする利子率の一般的決定」は「この資本家的観念に、いわばその社会的基礎を与え」る（宇野、『経済原論』二一九頁）ものとなる。そして現実の貨幣（資金）市場で決定される利子率に基づくものではあっても、資本はその本質的属性として利子を生むものであるというこの観念は、資本の純粋な本質、いわばその極限的本性を示すものであるとともに、現実資本の運動を逆規制するものともなる。

①「それ自身に利子を生むものとしての資本」は、それ自体資本という流通形態の形態自体としての自立を現わすものである。いわばそれ自体に価値増殖根拠があるものとする形態（観念形態）である。ということは、資本の本来の価値増殖根拠（労働者の労働による価値形成・増殖）に依存することなく、そこから自立する形態だ、ということである。労働者の労働による価値形成・増殖は、資本の現実の存立根拠であるとともに、資本運動を制約する根本要因である。「それ自身に利子を生むものとしての資本」は、この制約を自ら解除した無制約的価値増殖体である。本来価値の増殖根拠を持たない商業資本が、（純粋な流通費を節約、縮小する活動によって）価値増殖（利潤形成）を実現するというのは、本来の価値増殖根拠の制約から解除された価値増殖運動の実現を示すものであるが、それは資本家的活動を賃労働者の労働（価値増殖根拠）とみなすという観念によってであり、資本―利潤を労働―賃金に解消させることによって資本としての自立を（観念的に）達成しえた。その上に形成された「それ自身に利子を生む資本」こそ、形態自体としての自立、無制約的価値増殖体の成立を果たすものである。

②本来の価値増殖根拠からの自立――それは資本運動にとって根本的制約をなす労働力の商品化とそれを通した労働力価値以上の価値を形成する労働者の労働からの資本の自立を意味する。ということは、労働力商品化の制限（資本によって生産されえない、人間生存によってしか形成されないという）による価値増殖の制限――これが恐慌の根本原因である――からの解放を意味する。この形態は「実

体的根拠の形態的解消、あるいは実体的根拠からの独立・非依存による恐慌からの解放、あるいはその回避」（鎌倉、『経済学方法論序説』前掲二三七頁）を実現する形態といってよい。

③資本主義の社会としての存立は、あらゆる社会の存立根拠である経済原則の充足——労働力商品化を根本条件とする商品経済的関係を通した充足を不可欠の条件とする。この商品経済的充足は需給関係を通した価値法則とともに、恐慌を含む景気循環法則を必然的に伴う。個々の資本の価値増殖運動は、このような法則的必然の強制によって規制されざるをえない。

「それ自身に利子を生む資本」は、価値増殖根拠による制約を解除し、したがって価値法則・景気循環の法則による強制から解放された資本の実現として、〝自由〟を実現する形態なのである。自己自身で、何の制約を受けることなく価値増殖（利子形成・獲得）を実現する資本は、〝自由〟な価値増殖を実現する資本であり、その意味で資本の理想形態（最高形態）なのである。

「原論」を恐慌を含む景気循環法則で完結させようとする宇野派の「原論」は、「それ自身に利子を生むものとしての資本」をとらええず、資本主義の下での恐慌回避（止揚）・自由実現の形成を完全に見失ってしまった。

この資本の〝自由〟の実現形態は、個々の現実資本に対して最低限利子を形成しなければならないという規制作用を通して、その運動を規制するとともに、経済法則を自らの要請に従わせるという、法則自体を主導する主体たらんとすることにもなる。それこそ「神」になろうということである。自らの存立根拠である現実資本を、逆に自らの〝自由〟実現をめざして支配するという要請、そして行動が目指される。現代の株価至上主義の下での利潤至上主義はまさにこれを示すものといってよい[8]。資本としては絶対に利子を生まなければならないという観念は、現実にその〝自由〟な実現を求めて、株価至上主義—利潤至上主義に至るのである。

㈡理念は〝擬制〟によらなければ現実具体化しえないこと

しかし「それ自身に利子を生むものとしての資本」は、それ自体としては観念としてしか形成されない。それは現実に具体化されない、いわば〝理念〟なのである。しかし資本主義が、自らの〝理念〟を（観念形態としてであっても）示すということは、これが論理的に展開できるものであること、そしてそれは、資本主義の歴史的本質の論証であることを示すものなのである。

観念形態としても〝理念〟——自らの理想像——を現出

することと、そしてこの理想像は現実資本としては実現しえず〝擬制〟資本としてしか具体化しないこと、それは何を意味するか。

①その社会の理念を観念的にもせよ現出させるということは、その社会の発展限度を示すものである。理想像が現われるということ、しかもそれを論理的に規定しうるということは、その社会においてもはやそれ以上の発展はない、ということを論理として示すものである。この点は後述㈢で敷衍する。

そしてとらえうるのは資本主義の理念なるものは何と悲惨、皮相なものか、ということである。ある財産・資本を持っているだけで価値を増やす――利己的利得を自らは何の行動・社会的意義のある行動をしないのに獲得しうる、それが資本主義の、直接には資本そのものの理念なのである。そこには、社会に対する配慮も、モラルとか共同・連帯する〝友愛〟関係なども一切ない。資本という物そのものが〝神〟となるまさに〝物神〟の支配の姿である。この資本の露わな本質が、新自由主義による規制撤廃の下でいま現実にそのものとして示されているのである。

②しかしこの理念・理想像は現実資本としては形成されない。この理念は資本という流通形態の自立を示してはいるが、流通形態自体は自立の現実的根拠がないこと、価値増殖根拠は現実資本の運動による価値増殖――労働者の労働による価値形成・増殖にしかないことを暴露せざるをえない。それが、この理念形態は、〝擬制〟(フィクション)によってしか現実具体化しえないということの意味である。利潤、あるいは何らかの収入を利子とみなし、その利子を生み出すものとしての資本が擬制される(擬制資本)ことによってしか、資本主義の理念は現実具体化されない。しかもそれ自身に利子を産む資本自体がもたらすものと観念する利子がそのままこの擬制資本の果実(利回りによる利得)となるのではない。これとは何の関係もない、様々な源泉から生じる(定期的)収入が、擬制資本による利回り利得の基礎となる。これらの収入が「それ自身に利子を生む資本」の果実としての利子とみなされ、その利子を生む元本が擬制される。「利子生み資本」自体が源泉となって利子を生み出すかに見えながら、そうではなくそれとは関係のない収入がまずあって、それが資本還元されて擬制資本としての「利子生み資本」が成り立つ。これが宇野のいう「逆転して」(注4参照)ということの意味であった。それは「利子生み資本」という理念の観念性、それ自体現実的根拠を持たないことの証拠なのである。

③この定期的収入は、直接には利潤、地代である。これらの収入が利子率(資金市場で決定される貸付利子率、預

金利子率ではない）で資本還元されて証券化商品としての擬制資本が成立する。『資本論』（第三巻第二九章）はこの点に関し実に重大な指摘を行なっている。それは労働力の対価としての収入＝賃金が資本還元されて労働力（人間）が擬制資本として成立するのか、ということである。これは「資本家的考え方の狂気の沙汰」の「頂点」――つまり「狂気」ではあるが資本家的観念としては成立する――としながら、「残念ながらこの無思想な考え方を不愉快に妨げる二つの事情が現れる」――「第一に、労働者はこの利子を手に入れるためには労働しなければならないこと」、「第二に、労働者は自分の労働力の資本価値を譲渡によって換金することはできないこと」を指摘する。労働力＝人間は人間であるから決して物＝擬制資本になりえないのである。[9]

宇野は「それ自身に利子を生むものとしての資本」の形成によって「商品経済における物神崇拝」が「その完成を見る」とし、「それはいわば労働力の商品化による社会関係の物化に対応する資本主義社会の理念をなす」（『経済原論』前掲二二二頁）と指摘している。しかし労働力はたしかに「物化」されながら決して物そのものにはならない。「物神」性の頂点としての擬制資本の形成は、労働力＝人間は擬制資本化されないということによって、資本主義の根底的限界を暴露するものとなるのである。

宇野は「労働力商品は、しかし資本主義社会においても資本によって生産されないばかりでなく、労働者によっても本来は商品として生産されるものではない」（『経済学方法論』一一〇頁）、「労働力は本来商品となる生産物ではない」（同一五頁）といっている。いわゆる宇野派は、従来労働力が商品化されている資本主義において、労働力は「資本によって生産されない」という制約――その制約が恐慌をもたらすとともに、恐慌によって現実的に解消される――をとらえた。しかし宇野はこの理解を越えて、労働力は「本来商品化されるものではない」ことを指摘していた。このことが実は資本の理念の完成形態としての擬制資本の成立によって論理として抉り出されているのである。資本の物化の究極の発展は、人間の能力としての労働力は本来物化・商品化しうるものでないことを露わにするものとなっている。そして今日の金融・経済危機において、労働力は本来物化・商品化されるものではないという資本主義の根本的矛盾が現実に現われているのである。

㈢宇野論理のカント的構成

エンゲルスは、「その終末点たる絶対理念」が認識しうるというヘーゲル論理に対して、「人類がまさにこの絶対理念の認識に到達し」、したがって「人類の歴史」はこれをもって「終末」となるというとらえ方であって、これこそ「ヘーゲルの本来の教条的な内容全体が絶対的真理だと宣言されることになり、あらゆる教条的なものを解消してゆくはずの彼の弁証法的な方法とそれ自身矛盾することになり、こうしてその革命的側面はこれをおおう保守的側面の茂みのもとに窒息させらせた」（『フォイエルバッハとドイツ古典哲学の終結』一八八八年）。

宇野の論理は、純粋の流通形態としての商品・貨幣・資本の論理を通し、最終的には資本主義の動因である資本自体が、本来の価値増殖根拠の制約を解消して「それ自身に利子を生むものとしての資本」として物化し、具体的には擬制資本として商品化されることをもって論理は完成、終結する、とするものである。ヘーゲルの「絶対理念」ではないが資本主義の「理念」形成とその認識が達成されるという点で、宇野論理はヘーゲル論理と同質、同じ矛盾に陥っている、という解釈が生じている。

ヘーゲルは、主体をまさに理性の体現者たる〝神〟とし、それが現実の世界（自然そして人間世界）を展開しつつ「絶対理念」に至るというように論理を構成した。歴史を超越した主体を主語におきながら、その歴史の到達点を認識しうるというのは、それをもって歴史は終る（それ以上の発展はない）ことを意味する。エンゲルスは、〝神〟を人間・人類におきかえてヘーゲル論理が示したものは人類史の発展の行きどまりという論理なのだとして批判した。

宇野の論理は、超歴史的な〝神〟や人類を主体とする論理ではない。それ自体として自己存立の根拠を持たない、歴史的関係（存在）としての流通形態、直接には「資本」を主体（主語）とする論理である。歴史的性格をもった主体の発展はそれ以上に発展しえない極限、いわば理念を発現させる――それが「それ自身に利子を生む資本」である。この発現によって資本主義は、その理念を現出する。それを論理的にとらえうる（認識しうる）。これが宇野論理なのである。ヘーゲルとちがって歴史的関係（存在）である資本を主体とおく論理であるから、その論理は「終末」を自ら示す。つまり論理は完結する。この論理の完結ということこそ、歴史的主体の歴史性の論証である。それはヘーゲル論理、それに対するエンゲルスの批判をも克服しうる論理を示しているのである。

そればかりか、宇野の論理は、資本主義の理念が現実に達成しえないことともに、この理念に変るべき新たな理念の可能性さえ示していたのである。

資本主義の理念は、直接には観念形態でしか形成されず、現実具体的には〝擬制〟によって成立する擬制資本によるしかない。しかもこの擬制資本の商品化は純化した資本主義の論理（資本は利潤を生むものとして資本なのだから）のうちでは実現されることにならない。資本主義の理念はそのものとしては現実に達成されない。――そしてなぜその理念は達成されえないのか。理念の現実具体化としての擬制資本の求めるものは物的自立的価値増殖であり、それは本来の価値増殖根拠である労働者の労働による労働・生産過程を完全に物的関係に解消し、〝自由〟に操作して価値増殖を実現することによらなければならない。労働者＝人間の完全な物化・工学的操作の実現による〝自由〟な価値増殖体の実現、したがって自らの行動を強制的に規制する法則性（価値法則・景気循環の法則）からの自己解放――これこそが資本主義の理念の具体的実現の内容である。ところがこの理念の実現は不可能である。決定的には、それは、労働力＝人間の物化・商品化は不可能であることにある。そして資本主義の現実の主体（資本）は、本来人間社会の主体たりえないものでしかないこと自体にある。

ヘーゲル的な理念の現実的形成とその認識という論理ではなく、理念の現実的実現の未達成、〝自由〟の追求とその未達成、それこそ宇野論理の真髄であり、宇野論理のカント的構成であった。もっともカントの場合、理性、自由を求めながらそれが未達成な理由は、人間という「有限な理性的存在者」を主体としたからであるが、宇野の場合はいうまでもなく歴史的主体としての資本が現実の主体であるからこそ、その理性の実現、〝自由〟の現実的実現は不可能だとしたのである。

カントにおいては、理性が現実に実現している「道徳的世界」は、人間が現実に生きて行動している感性界（そこでは法則的強制が支配する）では実現されず、いわゆる「可想界」にしか存在しない、そしてその理念的世界は人間にとっては追求すべき目標である。可想界は理論的認識を超えた存在である（理論的には可能性にとどまる）が、人間は実践によってこれを追求し達成しようとする。それは実践的必然である。

宇野は次のようにいう。「この法則〔経済法則〕の科学的認識は、一方ではこの目的活動の社会的統一を可能ならしめるとともに、他方では理論的に可能性を与えられている社会主義を実践的には歴史的に必然的なものとするのである。目的活動の社会的統一化は、資本主義的経済法則の基礎をなす労働力の商品化という、近代的な自己疎外を止揚せずにはおかない」（『経済学方法論』一五一頁）。

カントは感性界における法則性の支配を、商品経済的法則としてとらえていない。そしてこの法則的支配の原因が、資本という本来社会の主体たりえないものが現実の主体となり、「労働力の商品化という近代的自己疎外」をひき起こしていることにあること、しかしこれは廃絶しうること、を認識していない。さらに重要なことは、カントは人間理性発現の場が感性界にあることを認識しえず、これを「可想界」という未知の世界に求めるしかなかった。しかし宇野は、人間社会存立・発展の根拠＝実体的根拠とそれに基づく経済原則の実現の中に、人間の主体性と目的意識的共同性＝「統一」実現の根拠（まさに理性的関係の現実的存在）をとらえた[10]。この実体・経済原則を担う主体、これこそが人間社会の本来の主体であるという認識を確立した。

　人間の自由を制約する法則を、資本の支配に基づく商品経済的法則ととらえ、人間の自由の現実的実現の根拠を現実世界における労働者を主体とした実体・経済原則に求めることによって、前者＝経済法則の廃棄と実体経済の目的意識的実現――資本から実体の担い手である労働者への社会の現実の主体の転換を、理論的には可能性とし、実践によって必然的なものとするという、すぐれてカント的な理論と実践の〝統一〟論理を、資本主義の原理的認識とその実践的変革として、現実世界の基盤の上に確立した、それが宇野論理なのである。

【註】

（1）鎌倉孝夫著『経済学方法論序説』弘文堂一九七四年、第二篇第二章「資本の極限形態」二一三～二六六頁。同「株式・擬制資本原論―現状分析の理論的基準」『東日本国際大学研究紀要』第十一巻第一号、二〇〇六年一月。

（2）鈴木鴻一郎編『経済学原理論』上・下東京大学出版会、一九六二年。なお第三篇第二章「利子」、第三章「利潤の利子化」は岩田弘の執筆である。

（3）大内力著『大内力経済学大系第一巻経済学方法論』東京大学出版会一九八〇年。

（4）「資本関係の物化自身は具体的にはむしろ逆転して擬制資本としてあらわれ、貸付資本としての利子付資本ではなお『資本関係の外化』は成立することにはならない。それは資本がそれ自身に利子を生むものとして商品化するとき、すなわち擬制資本として始めて具体的に実現される」（宇野、『経済学方法論』二九六～二九七頁）。鎌倉孝夫『経済学方法論序説』前掲、二五七頁。

（5）宇野理論になお不徹底な面が残されたのは、『資本論』の（なお未完成な面を残したままの）論理に依拠しながら自らの論理を築かなければならなかったこと――具体的には「それ自身に利子を生むものとしての資本」の展開を、現実資本の利潤分割論から説くという点など――、結局唯物史観の方法からの大転換を示しながら、なお『資本論』の生成・発展・没落という歴史過程が、「原論」の論理の内に「いわば凝縮される」（宇野『方法論』一五二頁）とか、あるいは恐慌として現れる矛盾も生産力の生産関係の対立・矛盾の「縮図」であるというとらえ方に示されるように、「原論」の論理が唯物史観の方法に基づいているかのような理解があったことによるものと思われる。

（6）宇野は「それは生産手段と労働力とを一刻も無駄にしてはならないという」ことから説明している（『経済原論』、二一八頁）。しかしこれは資金を借入れる側の資本（産業資本）側にとって「最低限利子に見合う収益を上げるよう縛られる」（鎌倉「株式・擬制資本原論」前掲六頁）ということであって、積極的に利子を獲得する「利子生み資本」側に即したとらえ方ではない。

（7）鎌倉「株式・擬制資本原論」前掲五頁参照。

（8）鎌倉孝夫『株価至上主義経済』お茶の水書房、二〇〇五年参照。

（9）鎌倉孝夫『資本論で読む金融・経済危機』時潮社、二〇〇九年、二二〇頁以下参照。

（10）鎌倉孝夫『国家論のプロブレマティク』（社会評論社、一九九〇年）〈八八〉三六八〜三七八頁参照。そこで、カントにおける理論的認識と実践との関連、そしてその問題性に関して、国家論との関連で論じた。

Ⅱ　方法論の展開

第1章　宇野理論形成の思想的背景
純粋と模倣

大黒弘慈

はじめに――「方法の模写」再考――

宇野弘蔵によれば、経済学における「法則性」は、自然現象の場合のようにわれわれ分析者が操作的に抽出しうるものではなく、対象（当事者）自身が撹乱的要素を取り除くのを、分析者がいわば方法的に模写することを通じてのみ見出すことが可能である。したがって、経済学における法則性は同時に「撹乱的要素の入りうる形態」でもなければならないことになる。対象の模写ならぬ「方法の模写」といわれるこの方法は、しかし、結局は対象（当事者）自身が撹乱的要素を捨象することによって「原理の体系としての完結性」がもたらされる点において評価されていることが看過されてはならないだろう（宇野弘蔵、『価値論の問題点』、法政大学出版局、一九六三年、九八～九九頁）。それは価値法則の「法則性」が問題となる以上当然のことだともいえる。

しかしながら、宇野が原理論に「体系的純化」の必然性を認めるとき、その背後にはいま少し屈折した論理が伏在していたように思われる。

いうまでもなく、宇野は、経済的諸形態の分析に際して唯一頼りになる「抽象力」を、分析者ではなく資本主義自身がもっているものとし、この歴史的な資本主義の発展の客観的な純粋化傾向に即してこそ、旧社会の「残滓」としての不純物ないし撹乱的要素を理論の上で「除去」することができると考えたのであった（宇野、『経済学方法論』、東京大学出版会、一九六二年、一八頁）。しかしここで宇野は、分析者の恣意にいわば唯物論的な根拠を与えることで「純粋化」を正当化したわけではない。むしろ資本主義の現実の発展が、理論的に想定される純粋の資本主義にますます近似するという傾向の「絶対化」を戒めているのであり、より正確には、一九世紀末にはこの傾向が却って「逆転」

するにもかかわらず、いや「逆転」するがゆえにますます、原理論の体系的純化が必要であると認識されているのである。攪乱的要素を入れつつ除去するという方向性で「純化」の意味が探られると同時に、その「純化」をしからしめる論拠は、むしろ攪乱的要素が除去されようとするにもかかわらずそれは除去されきらない、というところに求められているのである。(1) とすれば「ゆきすぎを容れうる」、「攪乱的要素の入りうる」という「方法の模写」の方法的特性は、価値法則においてのみならず、純粋資本主義の想定においても貫かれるものとしなければならないはずである。

もちろん、「にもかかわらず」という接続詞で結びあわされるこの純粋化と逆転の順序は、具体的には、発生・発展過程のあとに帝国主義段階という没落過程を資本主義がたどるという形で、直接には段階論の理論的分化を促したといってよい。そしてまたこの理論的媒介環こそが、イギリスに遅れて資本主義化するドイツのような国に対して、イギリスを典型として展開された『資本論』を一面的に適用する公式主義を排し、後進国による資本主義化を資本主義の世界史的な発展段階の下に位置づけようとする新たな視角を用意したのであり、この点はそれ自体として評価されなければならない。

しかし、純粋化傾向が生み出した『資本論』とは異なり、純粋化のあとの逆転傾向が生み出した宇野理論においては、原理を構成する論理の「純粋性」そのものにも、その経緯は「模写」されていなければならないと考えることは少なくともできるであろう。とはいえ歴史的な発展段階を論理的な展開過程のうちに直接反映させるべきことを主張しているわけではない。もとより資本主義没落の必然性を基礎づける矛盾と「移行の弁証法」とは段階論の課題であって、原理論が対象としうるのは、ただ資本主義の自己運動の原動力としての矛盾と「循環の弁証法」とにすぎないのであり、両者を混同してはならないという点こそ、原理論と段階論を分けたときに宇野の強調したかった点ではあろう。しかし移行の弁証法と循環の弁証法を駆動する二つの矛盾はまったく無縁なのか。両者の同一視は論外としても、この二つの矛盾の内面的な関連をどうつけるかという問題はやはり資本主義の本質に関わる原理的な問題ではないのか。(2) 資本主義から社会主義への移行(唯物史観)についてはともかく、資本主義内部の自由主義から帝国主義への移行、純粋化から逆転への移行もまた、資本主義にとって外的な、歴史的偶然に属する問題としてすべて段階論に放逐してしまっていいのか、という問いにもそれはつながっていよう。もちろん原理論は、自然科学とは異なる仕方で繰り返し発現する「法則性」の客観的認識を確保しなければならないわけだが、同時にまた分析対象への鋭い批判意識を欠如させてはならない。

グローバリズム、新自由主義、あるいは〈帝国〉ともいわれる現代資本主義の変貌に対してもまた、原理論の「純粋性」を据え置いたまま段階論、現状分析のみでこれに対応するだけでは十分でないように思われる。マルクスの論理を忠実に理解しようとしながら、しかも忠実になればなるほど『資本論』に示されたマルクスの叙述とは違った展開を示すことになるというのが宇野に固有のスタイルであったとするならば、宇野理論に対してもまた、すでに体系として完成したものとしてその跡を対象的に模写するだけでなく、宇野理論自体を、いまだ形成途上にあるものとして「方法的に模写」してみることも、その特質を炙り出す一つの有効な方法たりうるだろう。もとより以上のような問題をここで詳細に展開する準備はない。本稿では、宇野自身が当時の思想状況においてなぜ「純粋資本主義論」を構想せざるをえなかったのか、これまであまり顧みられることのなかった三段階論形成の「背景」にまで射程を及ぼし、そのいくつかを点描することによって、そのきっかけなりとも掴みたい。「古人の跡を求めず、古人の求めたる所を求めよ」というのが宇野の好んだ言葉であったが、一見後ろ向きのこうした手続きが、逆説的に宇野を現代に生かす一つの道筋を示すことにつながればと思う。

一　日本資本主義論争批判（一九三五年）
——グローバリズム批判——

戦前の宇野の経済学研究が、いわゆる日本資本主義論争に触発されながら進められたことはよく知られている。宇野は論争そのものからは距離を置きつつ、一九三五年に発表された「資本主義の成立と農村分解の過程」（著作集第八巻所収、岩波書店）で、論争そのものの批判を通じて事実上新たな分析手法を案出したわけだが、その成果は、後の現状分析、段階論にのみ反映しているとするわけにもいかない。

宇野は、日本資本主義論争の批判を通じ、間接的には『資本論』を独自に再構成して「純粋資本主義論」を構想すると同時に、直接的には、日本資本主義の構造を、「型」を永久化してその特殊性を言い募るのでもなく（講座派）、かといって普遍的な資本の原理に還元するのでもなく（労農派）、それを世界資本主義の共時的構造に即して把握するという新たな分析視角を、ここで築いたといってよい。

宇野はそこで、後進国の資本主義化は、先進国で長期間を経て達成された機械制大工業を短時日に「移植」することによって実現するのだから、その行程はイギリスのような先進国のそれとは必然的に異なったものとならざるをえないことを指摘する。相対的過剰人口の堆積を必然的にともなう機械制大工業を、後進国が移植することによって本源的蓄積を実現する場合には、農民層の分解が不徹底のまま相対的過剰人口も早期に定着することになるから、日本における原始的蓄積は、一方において資本主義の高度な発展を生みながら、他方において農村旧社会の分解過程を緩慢にし、封建的な小農経営の残存を強いる。

宇野はそう考えることによって、高額の現物小作料にせよ、天皇制にせよ、日本資本主義を特徴づける諸要因の起源が、実は講座派によってあとから「発明」されたことを見抜いていたということができる。逆に日本資本主義の起源は、むしろ、西洋の「普遍的な」資本の原理の外的な導入の反作用として、他律的に日本に根づいたのであり、そうした出生の秘密を隠蔽するために「起源」をあらためて設定する（神話化する）必要もあったというべきであろう。もちろん西洋に出自をもつ機械制大工業は、そのまま日本に定着したわけではなく、それが導入された時点における日本の歴史的条件に制約され、独自に変容を被った形態で定着することになろう。つまり、ウエスタン・インパクトの「適用」に対する「適応」として、日本資本主義もまた、帝国主義段階の世界的文脈の中にその生を享ける。宇野はこうした理解を通して、西洋の系列と交わることのない日本の土着的発展を神話化し孤立させるのではなく、日本資本主義の特殊性を、後進資本主義国一般に見られる発展経路の「典型」のひとつとして理論的に解明する糸口を掴むのである。

こうして宇野は、原理を直接に現状分析に適用する方法を斥け、段階論的規定によって媒介された原理を基準として現状分析に向かうという独自の方法を事実上編み出すのである。宇野の現状分析の具体的成果は、主に戦後の体制的動揺期の分析に限られてはいるが、現状分析固有のこの方法は、日本資本主義の特殊性が問題とされる際に、それを早急に日本固有の「伝統」ないし「型」に固定化する傾向が見られる場合には、つねに有効であるといってよい。

現在もまた、普遍的な西洋資本主義と特殊な日本資本主義という安易な二項図式のもとに、アメリカ流の「グローバリズム」席捲のなか、日本の経済システムの改革・解体を、さらに金融恐慌後は逆に日本型経営の見直しをと、目指す方向こそ違え二項図式そのものは温存されていく感があるが、アングロサクソン的な資本主義の原理を普遍とみなし、さらにそれを純粋とみなす態度こそ見直され、それ固有の「矛盾」が指摘されなければならない。日本社会を歴史的に貫く固有の実体が存在しないのと同様に、西洋資本主義の同一性を担保する固有の実体もまた存在しない。だから真に疑われるべきは、むしろ西洋資本主義のほうだというべきであろう。(3) 日本資本主義論争に際して宇野が痛感したのは、日本の現状の構造分析の必要性もさることながら、むしろ普遍的な資本の原理そのものに潜む「矛盾」の摘出であったと見なすこともできる。

もちろん原理論の普遍性と西洋資本主義の「普遍性」とはその際も容易に混同されてはならない。原理論の普遍性は、かりに自由主義段階イギリスの「純粋化」（あるいは新自由主義段階アメリカの「純粋化」）の作用を受けるとしても、その地域的・時代的な特殊性から免れた資本主義一般に通じる「本質」、ないし資本主義の歴史的変容に対する「分析基準」としての性格においてこそ、示されなければならないはずだからである。

しかし、純化・不純化という問題関心じたい帝国主義段階の出現によって強いられたものであり、そのことがまた原理を純粋性で緊縛し、歴史的多様化を捉える〈基準〉を原理に負荷することに必然的につながったという側面はたしかにあろう。そう考えると宇野の原理論は帝国主義段階を有効に説明するための中核理論ないし説明手続きの一階梯にすぎないということになり、グローバリズムという現状は別のアプローチと方法を要請していると考えることもできる。たとえば、純粋と不純が継起的に発現したことが双方の関係を対立ないし無縁と見なすことを強い、他方グローバル資本主義段階は、純粋と不純が世界史的な同時代性を形作る二つのモメントをなしていると考えるならば、新たな原理論には複層性という認識が必要であるという見方にも相応の根拠がある。(4) しかし逆にグローバリズムを下向の出発点としてあらためて原理論を構成した場合、それはなおも「本質」、「分析基準」としての性格を保持しうるのか、あるいは結局グローバリズム段階の中核理論を新たに立ち上げることになるにすぎないのか、こちらも不明な点は多い。

むしろ帝国主義段階においても、さらに自由主義段階においてすら、すでに純粋と不純の複層はなかったのであろうか。もしそうであるなら純化・不純化を継起的にではなく資本主義に不可欠の同時的なモメントとして原理論に反映させることこそ必要ではないだろうか。

原理論を不変＝普遍のものとして据え置くか、あるいは改作していくべきかはともかく、かりに不変のものと考えるにしても、「本質」、「分析基準」にとどまらない意義、原理そのものに潜む「矛盾」の重層性を深く掘り下げていく必要があろう。以下では純粋資本主義論の自立性ないし基準としての性格からは幾分逸れる宇野の認識を示すことで、原理論再考の糸口を示していきたい。

二　原理論・段階論と理念型（一九三六年）
――ヴェーバーとスピノザ――

丸山眞男は、ドイツのナチズムでさえ近代的な意識構造が展開していくときの不可避の形態であるとして、個と社会との同時成立を見据えた近代化批判の視角を戦前期にすでに獲得していたといわれる。「純粋化」と「逆転」の対を不用意に「近代化」と「ファシズム」の対に重ね合わせることは慎まなければならないが、少なくともこれら二組のカテゴリーが同根だと考えられるとするならば、純粋化の進行が招き寄せる逆転に対する、この宇野による注目もまた、近代化批判の意味を同時にあわせもっているといってよいかもしれない。ヴェーバーの方法意識に対する評価の如何はそのさい傍証としての意味をもちうる。いうまでもなく、近衛新体制における大塚＝ヴェーバーの始動ならびにその丸山への影響と、宇野によるヴェーバー批判（『経済政策論・上巻』「序論」、弘文堂、一九三六年）は時期を共有しているのである。(5)

ヴェーバーは周知のように、その認識批判的政策論の構想において、政策の「目的設定」を経験科学としての経済学の範囲から外し、その目的設定のために適当な「手段の発見」と「目的の意味」を明らかにすることに経済学の課題を限定した。しかしこれは逆にいえば、政策目標の設定が「何らかの個人的な価値判断」に委ねられてしまうということである。宇野はこれに対して、「むしろ反対に資本主義の一定の発展段階に応じて支配的地位を占める資本家的階級的利害関係にもとづいて、その目的も手段も決定される」と説く。

同様の指摘は原理的規定においてもなされ、たとえば「市場」概念を「中世の都市経済」概念と同列に扱うヴェーバーの「理想型」において認められるのは、「何らかの主観的立場」によって「一面的に高揚」された無内容な「概念的な純粋性」であって、資本主義の発展過程のうちに確立された「純粋性」とは全く異なることが強調される。〈純粋〉資本主義はヴェーバーのいう「理想型」に極めて接近している（梅本克己・佐藤昇・丸山眞男、『現代日本の革新思想』下、岩波現代文庫、二〇〇二年、二三二頁）、という丸山眞男の好意的な指摘をよそに、宇野は徹底してヴェーバーの「理想型」を批判するのである。

このヴェーバー批判を通じて宇野は、資本の物質的過程に則した原理の純粋化（方法の模写）と、その純粋化によって要請される政策目標設定との「同時並行性」を指摘するのであるが、この種の「唯物論」がスピノザの「心身二元論」、「心身並行説」に着想をえていると、宇野自身によって述懐されていることも十分に注意されてよい。

ヴェーバーの方法が示唆するように資本の動向を離れて政策目標設定を国家が自由に行なうとすることはできない。むしろ政策は資本の発展段階に応じてその手段も目的も決定される。つまり国家はつねに資本とともにある、しかしどちらが優位であるかということはできない。このことをおさえたうえで、宇野はスピノザにおける精神と身体の関係を政策と原理の関係に擬えたのではないかと思われる。このことは原理論と段階論の同時形成の理由を説明すると同時に、また資本と国家が同時並行的であることをも意味している。もちろん原理論で国家を明示的に説くことはできないが、かといって原理論の純粋性が段階論と切り離されてそれ自体として強調されるとき、純粋資本主義はふたたび「理想型」に縮退してしまうのではないだろうか。あるいは資本がそれ自体として自立しうるかのような錯覚が生まれるのではないだろうか。大塚、丸山の近代化論がヴェーバーのいわゆる主観的抽象とともに近代化の正の側面に目を向けたのだとするなら、宇野三段階論は唯物論の立場から現実的抽象を強調し、近代化の正負両面に注目した。もしそう言えるとするなら、「理想型」への縮退はやはりヴェーバー批判の意味をかえって損なうことになりはしないかと思われる。

このように考えてくると、帝国主義段階の多様化を捉える〈基準〉を原理論に負荷し、市場と非市場に境界線を引くことを原理論の中心課題として求めることもまた「何らかの主観的立場」からの抽象であるとの批判をかわすことは難しい。したがって宇野が「方法の模写」ということばに込めた意味を再度原理論の中に回復し、一度は切れた段階論との関係を再度原理論の中で考えていく作業がぜひとも必要であるように思われる。

三　自由銀行論と中央銀行論（一九四一年）
――バジョット翻訳の意味――

宇野の事実上の処女作は、価値形態論を独自に解釈した一九三〇年発表の「『貨幣の必然性』―ヒルファディングの貨幣理論再考察―」（著作集第三巻所収、岩波書店）である。しかしここでは、人民戦線事件における休職中に着手されたバジョット『ロンバード街』の翻訳（岩波文庫、一九四一年）を取り上げたい。これ自体は宇野にすればいわば余技であり、さらにそれが危機的状況のなかで着手されたものであってみればなおさら、宇野原理論固有の貨幣論、信用論からは切れたものと見なした方がいいのかもしれない。「バジョットの原理」として知られる中央銀行の政策的裁量も、一九世紀末の景気循環と金融システムの変容を背景としており、一九世紀中葉の古典的景気循環の反復を前提にした原理の世界とはこの意味でもずれがある。しかし『ロンバード街』には、歴史主義的な金融システム分析にとどまらない貨幣・信用に関する重要な原理的洞察が認められる。

『ロンバード街』は、バジョットがそこで多数準備制こそが「自然的制度」であると指摘したことから、意外にもハイエクの自由銀行論の想源として見なされることがある。もちろん『ロンバード街』は自由銀行論批判をもくろんでいるのであり、バジョットの主張は基本的にそれとは逆である。『英国憲政論』でバジョットは、独特の社会発展観を基礎に、「純粋共和制」の不可能性と「偽装された共和制」(立憲君主制)の永遠化を導き出したとされている。「最も不敬な帰依者」という彼に与えられた評価が正しいとするならば、バジョットは、英国の国家構造のみならず、中央銀行たるイングランド銀行にたいしてもまた、その神話性を剥奪しながら、同時にそれを永遠化しようとする両義的な態度を取っていたと解釈できるのである。ハイエクに言質を取られるような『ロンバード街』での多数準備制評価のほのめかしは、中央銀行の神話性を相対化するためのいわば思考実験であって、決して字義通りに取られてはならない。

しかし、バジョットは「共和制」を自然な形態としては不可能としながら、それを「作為」的な形態と自覚しつつ導入することを否定しているわけではない。天皇制国家による理不尽な拘留という逆境の中で、バジョットから読み取ったこうした「屈折」こそが、国家にも資本にも与しえない宇野を『ロンバード街』翻訳に駆り立てたとも解釈できるのである。

宇野の述懐によれば、『ロンバード街』が選ばれたのは、ヴェーバーの『一般社会経済史要論』はすでに翻訳があったためにすぎない。しかしそもそもヴェーバーとバジョットの二つを候補として出版社に提示したのは宇野自身であるし、つとにヴェーバーを批判していた宇野が、翻訳のすでにあるヴェーバーの不採用を出版社の側から容易に引き出せると期待したとしても別に不思議はない。バジョットの重要性の認識がなければ、こうした慎重な執着に対する説明がつかない。バジョットにおける中央銀行論と自由銀行論の両論併記は、もちろん宇野の貨幣・信用論に直接反映していると見なすわけにはいかない。しかし純粋資本主義論に潜む「矛盾」の現れのひとつとして、原理論を再解釈していく際の極めて有効なよすがを提供しているようにも思われる。

四　循環の弁証法と移行の弁証法
――純粋資本主義論の「矛盾」――

宇野は、「労働力商品化」という基礎的矛盾から、分配論における「個別産業資本間の競争」としての内的矛盾をへて、社会的に締め括るものとして恐慌における「貸付資本と産業資本」の外的対立に至るというかたちで、「諸矛盾の重層的契機」を軸に資本主義の全過程を総括するという見方を基本的にとる（宇野、『資本論五十年』下、法政大学出版局、一九七三年、一〇〇九頁）。しかし「労働力商品化」の矛盾は基礎には違いないが、矛盾の矛盾たる所以は、「資本自身が自分自身に矛盾する、資本の蓄積が自らを無意味にする」つまり「資本の過剰」にあるという点をこそ宇野は強調している。もちろん「資本の過剰」といえば、普通は資本がみずから作り出すことのできない労働力に対して過剰であることを指すのであり、これを恐慌論における資本過剰説ととれば、「労働力商品化」の無理とのあいだになんらずれはない。しかしここで宇野は「資本の過剰」は資本が自分自身で競争して解決できるものではないから（その過剰性を自ら認識して暴露することは不可能だから）、その解決は、マルクスの説くように「産業資本家相互間の競争」においてではなく、「貸付資本」という他者との関係（利潤率の低下に対する利子率の上昇）を媒介にしなければならないという別の側面を強調するのである。

宇野の「純粋資本主義論」は、その展開動力＝基礎的矛盾を「労働力商品化」においていることはたしかである。たとえば梅本克己は、資本主義の「自己再生産の原動力としての矛盾」と、資本主義の「没落の必然性を基礎づける矛盾」とを、理論と実践の峻別という観点から明確に切り離したことを宇野の功績として讃えながら、それでも自己再生産運動の原動力としての矛盾の弁証法では、社会主義への「移行の必然性」を明らかにできないとして宇野に疑問を呈している（宇野弘蔵・梅本克己、『社会科学と弁証法』、岩波書店、一九七六年、二九頁）。

つまり、「労働力商品化」を資本主義のアキレス腱と考えるならば、対象の有限性を含蓄する「移行の弁証法」こそがその基本原理をなさなければならず、逆に、宇野のような「循環の弁証法」では資本主義があたかも永遠に繰り返すかのごとくに説かれ、かえって資本主義の無限性を含蓄してしまうと梅本は考えるのである。しかし宇野は、「循環の弁証法」のなかにこそ資本主義の有限性が示されるとして、梅本とは逆の認識を示す。

つまり宇野の「循環の弁証法」は、資本主義の永遠性を示すどころではなく、悪循環を公然と維持し、不安定な景気循環の軌跡を提示することによって、むしろ資本主義の病理をそこに描き出すのである。そして、その「完全な認識」こそが、経済法則の「部分的適用」でなくその「全面的除去」を通じて、社会主義への道をかえって拓くというのが宇野の捉え方であった。そもそも「労働力商品化」が必然的に「移行の弁証法」に結びつくわけでもない。資本は、それ自身によっては生産できない労働力商品の供給制限を相対的過剰人口によって解除し、その自己運動の基礎を確立するのであり、資本主義の矛盾の発現としての恐慌の周期的運動は、同時に労働力商品の矛盾の現実的解決の特殊の方式でもあるからである。

しかし宇野の資本主義認識の基底には、労働力商品化の無理におとらず資金の商品化の矛盾もまた強く意識されていたと思われる。資本主義の自己矛盾としての「資本の過剰」を貸付資本の社会的性格によってコントロールすると宇野がいうとき、あくまでそれは原理論内部の問題であり、これをたとえば中央銀行の裁量的政策によって信用創造に限界を設定するという問題に結びつけることは、制度と政策という段階論固有の問題を原理論の中に混入することを意味するのかもしれない。したがって両者のあいだには幾重にも理論的媒介が必要であると思われる。しかし「全資本制信用の軸点」たる中央銀行金属準備の「矛盾に満ちた性格」とマルクスが記したものを媒介にして、両者はまた密接に結びついているようにも思われる。

ところで中央銀行を想定する以上、これに付随する金融政策主体は、宇野のいう産業資本の「私的性格」と貸付資本の「社会的性格」の間に身を置き準備金を介してコントロールを行なうものと考えなければならないが、これを宇野は、商品の矛盾「価値と使用価値との対立」を貨幣が解決するというロジックとパラレルであると指摘している(『資本論五十年』下、一〇一一頁)。バジョット翻訳(一九四一年)の後、宇野が戦後まもなく処女作の問題に立ち返り、価値形態論に「人間」を導入することを提唱したのは決して偶然ではないのである(宇野弘蔵・向坂逸郎共編、『資本論研究—商品及交換過程』、河出書房、一九四八年)。

五　価値形態論における「人間」(一九四八年)
——近代化批判のかなめ——

宇野は価値形態論をめぐる弁証法的展開を進めるうち

に、その論理がベーム＝バヴェルクによって「蒸留法」と批判されたマルクスの労働価値説の論証と必ずしも折り合わなくなることに気づき、労働価値説の論証を冒頭部分から資本の生産過程の論理段階へと移すことで、マルクスの方法的特性をマルクス以上に徹底させる。

　宇野原理論はこうして価値形態論の弁証法的展開を冒頭に説き、そこで商品所有者の欲望の契機を前景化しながら、きわめてユニークな貨幣発生論を説くことになる。しかしそのために宇野の価値形態論は、使用価値に対する欲望に特化した自立的経済人という近代的人間像の想定から貨幣を導き出す、新古典派メンガーのような貨幣発生論とかえって親和的と見なされることがある。しかしこの点に関しても、システムからの要請を反映した価値表現・価値実現の契機を主要な契機と見なし、これと使用価値に対する欲望との「矛盾」を、資本主義を駆動する基本的原動力と見なしたマルクスの認識を、宇野は見逃すことがない(6)。たとえば「物神性」を話題にした折にも、価値による使用価値（実体）の「否定」を商品形態に認めるような「商品の物神性論」が疎外論的なのに対し、物神性は貨幣で初めて説けるとして宇野は次のようにいう。

「…商品は相手［等価形態］にとっては使用価値なんだ、持っているほう［相対的価値形態］は価値なんだ。分裂しているわけでしょう。ところが貨幣形態になると、使用価値そのものが価値なんだから、あらゆる人にとって価値になっちゃう。これが物神をなすわけでしょう。…等価形態はいわば物神性の形態的根拠になるんです。それを商品論でやるからむずかしくなる。貨幣形態ではじめて物神といえる。昔、左右田喜一郎氏が山崎覚次郎先生を批評したのはそれですよ。貨幣に限界効用があるかというやつ。貨幣にはないですよ。効用説では貨幣は説けない。」（宇野『資本論五十年』下、七一一頁、強調引用者）

　注目すべきは、貨幣に限界効用がないという論点が商品における二要因の分裂ないし貨幣の物神性に結び付けられ、その際、ヴェーバーとともにリッケルトの偉大な弟子とされた新カント派「経済哲学者」左右田喜一郎が援用されている点である。「カント的な分析論理の立場を徹底的に追及し、その限界のもとで挫折することによって他ならぬこの限界を身をもって暴露し、そこにこの限界超越のための空間を開いた」（武藤光朗）と形容される左右田貨幣哲学の白眉は、初期の代表作『貨幣と価値』（一九〇九年）で展開された貨幣発生論である。愛着価値から対象価値へ、そこで成り立つ「評価社会」を起点にさらに媒介価値へと至る左右田の貨幣発生論の道筋は分化発生論をとりながらも、それが含意するのは、貨幣概念は個人から決して導き出されえず、しかもなお個人に向かって方向と意味を与える形式的な「嚮導概念」としてアプリオリに前提されなければならないというものであった。このような構成は、マルクスの価値形態論解釈においても、使用価値に対する欲望を起点に媒介に媒介を重ねたところで、形式的な価値概念抜きでは結局貨幣概念にはたどり着けないのではないか、という示唆を与える。

ところでこうした形式と内容の関係は、左右田によって数学上の極限概念と系列の各項との関係にも擬えられ、さらにこの関係は、のちに宇野を閉口させた新カント派的「文化哲学」(『文化価値と極限概念』、一九二二年)にも影を落としている。つまり左右田が貨幣概念を嚮導概念として経済学的認識の対象界を統一的に認識しようとしたのは、じつは彼が最終的に目指す「文化価値」という非対象的なものを分析論理の立場から何とかして対象化しようとした、その苦闘の軌跡として見ることもできるのである。

たしかに非対象的で超越的な「文化価値」と、対象的で内在的な「貨幣概念」とのあいだには、後継の杉村廣蔵も指摘するように質的断絶、「ディレンマ」が存在していることは事実である。そして杉村自身は、西南学派から影響を受けた左右田と違い、同じ新カント派でもマールブルク学派の影響、あるいはメンガーの影響を相対的に強く受けながら経済学的対象界にむしろ問題を絞り込む。しかし、カント的分析論理の二元性は、われわれがいかに合理化の道を進んでも、出発点を非合理が基礎づけている以上、われわれに世界総体の認識を求めて「無限彷徨」を強いると、左右田自身が述べている。宇野に示唆を与えた一九一七年の論稿「貨幣論上の限界効用学説」(左右田、『経済哲学の諸問題』所収、岩波書店、一九七二年)で左右田は、貨幣に限界効用説が成り立ちそうで成り立たない理由として、貨幣は「凡ゆる方面に走れる目的の絲をたどって其の多岐多様の尖端に彷徨左右して遂に適帰する所を知らぬといふやうな心理状態」に陥るからだと述べているが、このことは貨幣物神に至ってもなお、合理的経済人に刻み込まれた「二元性」、「分裂」が「無限彷徨」として発現することを意味している。

カント的な分析論理の立場に徹することは、それが徹底的であればあるほど、私に対して世界を、また世界内で私を、いわば浮遊状態にもたらす。左右田が、経済学的認識のアプリオリとして、経済学的認識の対象界の一切の対象性を条件づける認識目的を問い、そのような認識目的として「文化価値」を定立したのも、その哲学的意義は、経済学的認識の対象界をこのような浮遊状態にもたらすことにあったといわなければならない。すなわち、左右田による経済学の認識論的批判は、経済学的認識の対象界の限界に思いを致すことなくそのうちに安住しようとする思想態度に警告し、経済学的認識の対象界の対象性を限界づけるものに視線を向けることによって、その限界を超越しようとする哲学的要求を覚醒しようとしたものと見るべきであろう。

そう考えると、ヴェーバーの認識批判的経済政策論の場合とは逆に、左右田のこうした認識は宇野自身の純粋資本主義論にも、影響を与えているのではないかと思われる。宇野は観念的抽象によって純粋資本主義論を理念型として立ち上げ、これを理論的基準として多様な資本主義を分析するためのクライテリアをそれに要求したのではない。カントの看過すべからざる契機は、非対象的な「認識目的」を設定することによって対象を把握しようとすることが、同時に対象の限界を炙り出し、対象を浮遊状態におとしいれ、限界を超越しようとする意味を同時に担っている、という点であろう。

資本主義という対象認識の「客観性」と同時にその「否定性」をもともに見据えることのできる「認識拠点」を探ろうとした梅本が、資本主義分析そのもののうちに社会主義への革命戦略を織り込もうとして、その結節点を「人間的立場」（唯物史観）に求めたのに対し、宇野が社会主義イデオロギーによる「消去作用」を強調したのもこの文脈において理解されなければならないだろう。

政治的無気力が蔓延るなかで、いまや理念こそ必要とされていることは間違いないが、それは絶対的理念である必要はなく、差し当たりは未規定空欄であってよい。また早急に空欄を埋める必要もなく、基準自体がそのつど改良されてもよい[7]。そうした柔軟な理念という意味合いを「消去作用としての社会主義」は担っているように思う。少なくとも宇野の「科学とイデオロギーの峻別」は、科学のイデオロギー中立性を意味するのではない。左右田のいう文化価値は斥けられなければならないにしても、宇野の社会主義イデオロギーもまた、純粋資本主義という認識対象の限界を炙り出し、これを浮遊状態に陥れ、この限界を超越するための「嚮導概念」ないし「認識目的」として、原理論成立の強力な条件をなしているということはできるだろう。

結語

原理論は多様な現実を測る「基準」をその本質としつつも、それに絞り込めない側面が少なくともふたつある。第一に、社会主義イデオロギーは原理論の内容に混入してはならないが、原理論の条件として（宇野のいう消去作用として）つねに対象を浮遊状態にもたらすものでなければならない。つまり、経済学的認識の対象を限界づけるものに視線を向けるために認識目的を設定するというカント的な「理念」は、原理論においても尊重されるべきである。「純粋資本主義」が資本がたえず分泌する理念であるとするなら、それは自らを消去する社会主義イデオロギーというもう一つの理念を不可欠とする。

第二に、純化傾向が逆転するという意味での移行の弁証法は、循環の弁証法と区別されながらも、両者の関係がほかならぬ原理論の中で再考されなければならない。つまり、法則定立の科学と個性記述の科学の峻別になぞらえて、原理論と段階論の峻別を説く新カント派的な「区別主義」は再考されるべきである。

第一の問題は科学とイデオロギーの峻別、第二の問題は論理と歴史の峻別にかかわる問題であるが、それぞれは峻別を必要としながらも、あらためてその関係が探られなければならない。しかもそれは原理的問題であると思われる。

こうして循環の弁証法と移行の弁証法とは峻別されつつも、あらためて相互の関係が探られなければならないと思われるが、そのときふたつの弁証法の結節点は、貨幣・信用論的な矛盾により強く現れると考えることはできないだろうか。具体的には、自由銀行原理と中央銀行原理を分かつ準備金の矛盾、あるいは価値形態論冒頭に位置する商品所有者の価値表現欲望と使用価値欲求の分裂という点が、労働力商品化の無理と並んで資本制社会の基礎的矛盾を形成しているのではないか。労働力商品化の無理が資本と賃労働の矛盾を表わし、内的競争の対立が資本と資本の矛盾を表わすのだとするなら、貨幣・信用論的矛盾は、いわば資本と社会の矛盾を表しているとはいえないだろうか。

以上、本稿は宇野理論形成の思想的背景のいくつかを探ってきたが、同時に、日本資本主義に固有とされた後進的二重性を近代資本主義一般にも通じる二重性と解釈するだけでなく、さらに貨幣の二重性、経済人の二重性をもそれに関わるものとして解釈し、これらを通じて原理像再解釈の糸口を探ろうと努めた。

［註］

（1）『社会科学と弁証法』、二二一〜二二三頁。宇野は「逆転」という比喩に対して、いままで純化していたのが突然不純化するという意味ではなく、資本の生産力の増進が強すぎるために、不純なものを残しつつ、さらに資本主義が発展する、ということをかりに「不純化」と呼んだとしている。

（2）『現代日本の革新思想』下、二〇二頁参照。ここでの丸山の発言は措くとしても、たしかに原理論と段階論との区別は、それだけでは法則定立の自然科学と個性記述の文化科学とを区別する新カント派の方法と区別がつかない。

（3）イギリス、フランス、アメリカのような欧米の近代化の道筋も、封建的要素から急進的かつ全面的な断絶を行ない、単線的に発展してきたのではない。たとえば、一九世紀のイギリスとドイツで見られる企業家―土地貴族間の相互浸透、フランスに見られる封建的要素・国家官僚制とブルジョア的インタレストの相互補完的な作用、アメリカ北部の工業資本主義部門と黒人奴隷制に基盤を置く南部の農業資本主義部門間の共生関係などが指摘できる。

（4）小幡道昭氏は「原理論のうちに複層性を意識的に埋め込んでゆこうとする立場は、帝国主義段階への移行を契機に、マルクス経済学が核として取り込んだ市場的要因と非市場的要因の関係を、今日の観点から再構築するこころみである」としている（小幡「グローバル資本主義と原理論」、SGCIME編『資本主義原理像の再構築』所収、御茶の水書房、二〇〇三年、一四頁）。またバーシェイは、仮に現代資本主義の三段階論分析を行なうとした場合、宇野が未完の段階論や現状分析に転置してしまった偶然的事件を「新しい原理論セット」のうちに理論化する歴史的時期にわれわれは移行しているのではないかと問い、グローバル化された経済は、三つのレベルが「横」転されて同時的に作用する共時的アプローチを要請しているという（バーシェイ、『近代日本の社会科学―丸山眞男と宇野弘蔵の射程』NTT出版、二〇〇七年、二〇八〜二〇九頁）。

（5）ヴェーバー解釈とヴェーバー自身の主張とは、もとより区別される必要がある。

（6）価値概念に不可欠の「同質性」について、その内容を即座に労働実体に還元することはできないが、その形式は資本を最初から駆動していると考えることができる（拙稿「マルクスとアリストテレス」参照、『社会システム研究』第八号、二〇〇五年）。さらに価値概念にはまた、ヨコの相互関係のみならずタテの上下関係、一種の権力関係が最初から刻印されているのではないかと思われる。

（7）こうした理念の「形式性」は、宇野において価値概念の「形式性」と同型であると思われる。

＊本稿は、宇野弘蔵没後三〇年研究集会（二〇〇七年十二月一日、武蔵大学）での基調報告をもとに、拙稿「宇野弘蔵の『純粋』―戦前・戦中の思想形成―」（『批評空間』第Ⅱ期第二〇号、太田出版、一九九九年）、および「貨幣に顕れた近代の光と闇―近代日本の経済学者―」（『大航海』六四号、新書館、二〇〇七年）を参考に、これに加筆・訂正を施したものである。

第2章　宇野三段階論の保存＝封印
——宇野原理論の多層性とそのアンバンドリング——

新田　滋

はじめに

十余年程前、わたしは宇野学派の状況について、「純粋資本主義論と世界資本主義論との間でのようなコップの中での解体ではなく、もはやコップそのものの溶解過程」（拙著［一九九八年］四八四頁）にあると述べたことがあった。そのため、戦間期以降のパクス・アメリカーナ期の現状分析については、さしあたり世界システム論を中心として新制度学派その他の諸理論を無手勝流に使いながら、方法論的な体系性の本格的な再構築は一九九〇年代以降に現在進行形であった世界史的な転換期の推移をよく観察したうえで取り組むべき課題であると考えてきたのであった。

ようやく、先般の宇野弘蔵没後三十周年記念研究集会における討論に触発を受けることによって、今までさまざまな機会に局所的、分散的に考えてきた宇野三段階論体系のさまざまな部分の組み換えを、改めて全体的に整合化させる作業に取りかかってみようと思い立つに至った。それには、ソ連・東欧崩壊以降の世界史的激動の諸過程がようやくほぼ一巡しつつあるかにみえる時点にまできたという認識もある。

はたして、戦間期以降のパクス・アメリカーナ期の資本主義的社会構成においては、宇野三段階論はそのまま有効性をもつのであろうか。以下では、紙幅の制約からさしあたり原理論の次元に照準を絞り、従来、宇野原理論の中に無自覚のうちに折り畳まれてきた範疇論的な層、循環法則論的な諸層、経済原則論的な諸層、論理的発生論的な層を明示化しアンバンドリング——一括提供されてきた財やサービスを分解——することによって、パクス・アメリカーナ期にも可能なのは循環法則論等であり、狭義の宇野原理論は範疇論としてパクス・ブリタニカ期に保存＝封印されるべきであることを明らかにしたい(1)。

一　宇野三段階論組み換えの第一次接近

戦間期以降のパクス・アメリカーナ期においては、経済審級において産業技術構造の変化、日本・東アジア・中国経済の台頭による「貿易グローバリゼーション」、証券投機化による「金融グローバリゼーション」、少子高齢化による福祉国家の危機、等々が政治審級、イデオロギー審級における経済政策思想のヘゲモニーに変動をもたらし、それによってまた経済政策が変化することによって経済審級にさらなる変動がもたらされてきた（さしあたり、拙稿［二〇〇四年］、同［二〇〇八年ａ］、参照）。

このように、戦間期以降のパクス・アメリカーナ期には一時的にそうではない局面があるかにみえても、基本的には過渡期としての混合経済が研究の対象となる。(2) たしかに、ケインジアン的な管理通貨制はインフレに帰結したので、マネタリズム以降の管理通貨制は通貨価値の安定を至上命題するようになっている。だが、財政・金融政策によって景気循環の変動幅を抑制しようとしていることに変わりないことは、二〇〇七年夏以来のサブプライム・ローン破綻、〇八年秋のリーマン・ショック以降のＦＲＢ（米国連邦準備制度理事会）をはじめとする欧・米・日および新興工業諸国の政府・金融当局の対応をみればあきらかであろう。

したがって、パクス・アメリカーナ期の現代資本主義を分析する上では経済審級と政治審級、イデオロギー審級との重層的決定(3)を視野に入れることが不可欠となる。たとえば、経済審級、政治審級、イデオロギー審級の重層的決定によって、財政・金融政策が経済過程そのものに埋め込まれ景気循環の構造的変容が定着している。しかし、イデオロギー審級におけるマクロ経済学の主流派の移動によって、管理通貨制のもとでの財政・金融政策のあり方も、ケインジアン、マネタリズム、ニューケインジアンへと変容してきている。(4)

それゆえ、純粋資本主義社会の原理論を要石とした宇野三段階論が依然としてそのままのかたちで有効であるとは考えにくい。だが他方で、混合経済とはいえ資本主義的市場経済があくまでも圧倒的な比重を占めているのであるから、宇野原理論であるか近代経済学であるかを問わず、経済学的なアプローチの重要性が減少するわけではない。

したがって、たんに資本主義的な社会構成体（＝歴史構造体としての世界システム）が大きく変容したからといって、ただちに宇野三段階論の全体を放棄するという発想は粗雑にすぎよう。他方で、永遠なる「過渡期」をただ、宇野三段階論との対照関係で無手勝流に「現状分析」すればよいというのも、それがなくともエコノミスト、国際政治学者、社会学者などの「現状分析」がいわゆる宇野学派に比してはるかに多産的になされていることを直視すれば、もはや無効である。すなわち、宇野三段階論そのままのかたちではないが経済学的なアプローチが重要であるというとき、どのような再構成が必要となるかが問題となってくるのである。

ここで改めて考えなくてはならないのは、宇野原理論の一定の部分、すなわち実体規定と形態規定のような抽象的な部分と金融機構・景気循環のような機構論的な部分については、パクス・アメリカーナ期においても「分析基準」として無効となるわけではないということである。このように宇野原理論には、パクス・ブリタニカ期とパクス・アメリカーナ期にまたがって共通する論理が存在するということは、いくつかの社会構成に共通する論理（＝循環法則論）、あらゆる社会構成に共通する論理（＝経済原則論）、パクス・ブリタニカ期にのみ特有の論理（＝商品・貨幣、資本の範疇論）、等々を仕分けして考える必要性があるということを意味しているのではないだろうか。

二　資本主義的循環法則論について

そこでまず、資本主義的循環法則論についてどのように考えられるべきかを検討してみよう。

周知のように、宇野の考え方では、社会科学において循環法則論をもちうるのは原理論だけであった。そうであるならば、もしかりにパクス・アメリカーナ期の社会構成についても循環法則が認められるとすれば、そこにパクス・ブリタニカ期とは異なったタイプの原理論が認められなくてはならなくなるのではないだろうか。

もちろん、宇野は純粋資本主義社会においては、株式会社、独占・寡占もなければ公的機関と公的ルールによる規制もないものとしていた。これらが存在すると、「永久に循環するかのように」という循環＝構造的なものが存立しなくなると考えられていたからであった。

しかし、二一世紀初頭までの時間幅をとって資本主義的社会構成を観察してみると、そのような考え方は以下のような諸点から妥当ではなかったことがわかる。

①株式会社の企業組織・産業組織は、それ自体、外部市場においては利益の最大化を追求する経済主体にかわりがないが、組織内部的にはどうであろうか。組織は外部市場と

は異なる権威的ヒエラルキーや共同体的人間関係から構成されるが、それらも機能面からみれば「内部労働市場」などという観点にみられるように、純粋資本主義社会に「内面化」することは可能である（拙稿［一九九三年］、同［一九九四年］、参照）。

②独占・寡占が存在しても、それは恣意的に価格決定をできるわけではなく「参入阻止価格」のようなメカニズムの規制を受ける。しかし、それも無限に続くわけではなく、いずれはアウトサイダーによる競争によって自由競争へと回帰する（拙稿［一九九八年］、三八六―三八七頁、参照）。

③独占・寡占は価格カルテルと生産制限によって独占的停滞を引き起こす。これは周期的恐慌に比べて「長くて深い」恐慌を構造化するものだが、論理的な次元では、いつかは独占・寡占から自由競争へと回帰することによって底を打つものである（同前、参照）。

④独占的停滞にたいして財政・金融政策のような公的機関による経済介入が行われる。ここには、二つの問題がある。人為的な経済政策の介入によって「永久に循環するかのような」経済法則は貫徹しなくなるという問題と、国家の経済介入によって原理論的な純粋資本主義社会の前提とは異なるものとなるという問題である。しかし、商品経済的な利益の最大化をもとめる主体によって構成される公共選択過程を純粋資本主義社会の市場的関係として「内面化」することは自体は可能である（同前、九二―一〇三頁、参照）。問題となるのは、そのようにすることによって、市場機構そのものが多様な変化へと開かれてしまい、「永久に循環するかのような」経済法則が貫徹しなくなるのではないかということにある。しかし、確かに、たとえば財政・金融政策が恣意的に行われることによってインフレーションが発生したり、資産バブルが発生したりしてきたが、そうした恣意的政策は現実によって補整されざるをえない。補整までのプロセスが非常に長期化されてみえにくくなっているにすぎない。財政・金融政策が行えることは、あくまでも金融的変動に対する限定された範囲内での激変緩和措置にすぎず、「永久に循環するかのような」経済法則が貫徹しなくなったわけではないのである。戦間期以降、独占的停滞にたいして行われるようになった管理通貨制的なスペンディング・ポリシーのメカニズムと、それに対するケインズによる理論化、一九七〇年代以降、グローバル大競争下での変動相場制への移行とマネタリズム以降のマクロ経済政策の変化という歴史過程は、政治審級における国家の政治過程を、商品経済的な行動原則による公共選択過程へと「内面化」することによって、資本主義的循環法則論として設定される「分析基準」が十分にカバーできるものな

のである。

以上のように考えると、資本主義的循環法則論は、労働あるいはより広く人間的諸活動のストック(「死んだ労働」)とフロー（「生きた労働」）が社会的再生産過程において配分される循環的機構の特殊資本主義的なあり方についてはもちろんのこと、市場的関係と組織的関係、自由競争と独占・寡占の循環＝構造、自由放任と公的介入の循環＝構造を対象として包括する、より広範囲のものとして再定義される必要が生じることになるであろう。そこでは、競争機構、金融システム、景気循環の多様なパターンについて法則理論的に扱うことができるようになる。

だとすると、パクス・アメリカーナ期にもいわば第二類型の原理論が成り立つと考えられるべきなのであろうか。

それについて性急に結論を出す前に、宇野原理論におけるその他の諸層についても考察を進めておく必要があろう。

三　範疇論について

宇野原理論における最も重要な特徴は、商品・貨幣、資本などの諸範疇(＝個々の科学での論理的基礎となる観念)が研究者の主観的思惟によって構成されるものではなく、歴史的過程自身によって客観的に与えられてきたものだとする点にある。すなわち、十九世紀イギリスにおける資本主義的市場経済の自立化傾向（経済政策の消極化＝自由化・規制緩和）にもとづく商品・貨幣、資本などの諸範疇の原理論的な構成を可能とする特殊歴史的な過程である。(5)

そもそも、マルクス経済学以外では、「資本」という範疇を必要不可欠な基本概念として用いている社会科学は会計学だけであろう。――会計学でいう「資本」は貨幣資本形態、「資産」は生産資本形態と商品資本形態および金融債権、「負債」は金融債務に対応している。――

近代経済学や経営学はもちろんのこと、歴史学、政治学、社会学、等々においても「資本」概念は使われることがあったとしても、いくらでも他の概念――生産財、貯蓄・資産、企業組織、経営資源、経済的権力、等々――で代替可能なものとしてでしかない。近代経済学の内容は財・サービス、生産財、貯蓄・資産といった概念があれば、商品・貨幣、資本などの概念がなくても展開可能である。しかし、当然ながらそのような場合には、資本主義的商品経済を特殊歴史的なものとみる解釈枠組みは存在していないことになる。

商品・貨幣、資本が論理的に必然的なものとして要請される基礎範疇であるということは、宇野が厳密に展開した「純粋化傾向にもとづく方法模写説」の論理構造からしか出てこない論理である。それゆえ、商品・貨幣、資本を基礎範疇とした歴史・社会の分析も、宇野原理論における範疇論的な規定を基礎とした体系においてしか可能ではないことになる。そのような方法論的手続きをはずせば、アドホックに主観的問題関心にもとづく歴史対象の切り取りが無限に多様になされるしかなくなるし、それで一向に構わないということにならざるをえないのである。

ところで、そもそも宇野の純粋資本主義社会の原理論は、経済審級だけの原理論なのか、それとも政治審級、イデオロギー審級が意識的に不活性となっていた純粋資本主義的「社会構成」の原理論なのか。このことは常に曖昧であった。

宇野がつねに「純粋資本主義社会」といって「純粋資本主義」とはいわなかったことにどのような含意があったのかは不明確であるが、宇野原理論は「純粋資本主義的社会構成」の範疇論的原理論と考えるべきなのである。また、そうしたほうが、ヘーゲルの家族―ブルジョア社会―政治的国家論やマルクスの社会構成理論との関連のもとに宇野三段階論を位置づけることが容易になるであろう。

十九世紀のパクス・ブリタニカ期における特殊歴史的な局面を対象とすることによって、商品・貨幣、資本のみならず、ブルジョア単婚家族、私民/公民的個人、議会制民主主義、官僚制、世論的公共圏におけるヘゲモニー・集合的無意識・共同幻想、等々といった各審級のすべてにわたる諸範疇が垂直的に串刺しにされるようなヘーゲルの家族―ブルジョア社会―政治的国家論、マルクスの経済学批判体系、宇野の三段階論が構築されることができたのであった。これらは、近代社会の古典的ともいえる典型的状態について「本質規定」を与えたものであった[6]。

このような問題を考えるにあたって、かつてプーランツァスが行った指摘は有益である。プーランツァスが強調したのは、マルクスの『資本論』が明らかにしたのは、経済審級における商品・貨幣、資本による社会的再生産の自立的過程が想定できるような、特殊な社会構成体なのであって、経済審級だけを切り出して分析対象としたものではなかったという点である。(――なお、プーランツァスはここでいう社会構成体のことを「生産様式」と呼んでいることには注意を要する。また、プーランツァスはアルチュセールの影響のもとに、ヘーゲル、初期マルクスのブルジョア社会―国家論の位置づけについて正しく理解せずに抹消しようとしていることにも注意を要する。)

「［一九六頁］人はしばしば、『資本論』のなかに経済に対する自由主義国家の種差的な非介入についての記述を読みながら、それを私的資本主義の段階の一研究として見てきた。実際には、『資本論』は、資本主義国家の概念の構築のいくつかの鍵をわれわれに与える。そこに見出されうるものは、私的資本主義の段階の経済における自由主義国家形態の種差的な非介入なのではなく、［一般的に］M・P・C［資本主義的生産様式のこと――引用者］を種差化する政治と経済のそれぞれの自律性である。私的資本主義に対する国家――自由主義国家――の非介入についての記述としてしばしば解釈されてきたものは、この生産様式の限界内でのある一つの段階の国家形態のあらゆる介入形態に先立つ資本主義型の国家と経済の自律性に関する分析でしかないのである。」（プーランツァス［一九七八年］）

プーランツァスが指摘したように、自由主義政策による国家からの経済過程の自立化という特質をもつ資本主義的社会構成体の原理論と考えても宇野原理論と同じ像となる。しかも、経済審級における商品・貨幣、資本の諸範疇だけではなく、政治審級、イデオロギー審級の諸範疇についても、それが純粋化された状態で抽象化されることも可能となるのである。

四　経済原則論の諸層について

次に、宇野原理論におけるあらゆる／ほとんどの社会構成に共通する経済原則論の諸層を腑分けしておく必要がある。

第一に、従来の宇野原理論が限定して扱ってきた、労働・生産過程、経済原則がある。しかし、これは経済原則の第一レベルとして位置づけることができる。というのは、次にみるように第二レベルの経済原則も考えられるからである。

すなわち第二に、そもそも数学のようにア・プリオリな人間の思惟の法則性（悟性形式）として超時空間的に成立すると考えられる普遍法則がある。これと類比的にいうと、ヒトまたは生命体であるかぎり普遍的に成立すると考えられるレベルの法則性というものもある。これらはミーゼスのいう人間行為論的な視角からとらえられたミクロ的行動様式であり（Mises［1949］, Human Action. 邦訳、六一―六四頁、参照）、端的に言えばフロイトのいう生命原則としての快／不快原則である（Freud［1920］、邦訳、一一五頁、一一九―一二〇頁、参照）。じつは、近代経済学のミクロ理論が対象とするような効用最大化・費用最小化の行動パターンは、本質的には、あらゆる社会構成の人間行為に共通するどころか、あらゆる生命体に共通する生命原則であり快／不快原則なのである。これらは経済原則の第二レベルとして位置づけることができるものである。

宇野は、経済原則を資本主義的市場経済に特有な経済法則と区別した。しかし、経済原則は非資本主義的市場経済に一般的に妥当する普遍的な循環法則にほかならなかったのである。

五　ほとんどの社会構成に共通する循環法則論について

ところで、今日の科学観からすれば、原理論は「永久に循環するかのように」説かれなければならないとする宇野の科学方法論にたいする思い込みは、もはや意味がないように思われる（前掲、拙稿［一九九四年］、一一六―一二三頁、参照）。とはいえ、宇宙法則にしてもビッグバンから熱死に至るまでの過程は「永久に循環する」ものではないにしても、一定の時空間の範囲内においては循環法則が成り立っている。生物の進化過程においても種、個体、細胞等の一定の範囲内において構造的な循環法則は成り立っている。それだけではなく、ほとんどの社会構成に共通する超歴史的な循環法則というのも考えることができるであろう。そのような、ほとんどの社会構成に共通してみられる超歴史的循環法則には、たとえば次のようなものがあげられるであろう。

治世↕乱世
上昇局面↕下降局面
自由↕規制・保護
グローバル化↕反グローバル化（覇権・帝国循環）
格差化↕平準化
エリート化↕民主化（政体循環）（エリート周流）
都市化↕郊外化
政治化↕内向化（ポリス民主政期↕ヘレニズム期）
世俗化↕宗教化

これらは一概に通俗的な「歴史は繰り返す」の如き経験則として否定されるべきものではなく、新しい社会科学的な方法論から光を当てられていくべきものではないだろうか。

六　論理的な発生・進化論について

さらに、情報不完全な環境のもとでヒトという種に特定された程度の限定合理的な諸主体が行う消費的生産と生産的消費の循環過程は、環境条件との実践的・活動的な相互作用によって生産力・生産関係・社会構成を慣習・組織・制度・社会システム的なものとして自己疎外／物象化するということも、あらゆる社会構成に共通する論理としてとらえられる（拙稿［二〇〇六年］、参照）。その諸パターン、諸類型に関する「本質規定」も論理的な次元で扱うことが可能である。

そこでは、純粋な市場ドメイン以外の多様なドメインの諸制度も論理的な次元で取り扱うことが可能となる。宇野学派が精緻化してきた純粋な資本主義市場経済の論理は、他の多様な諸ドメインの諸制度の論理と絡まり合うことによって多様なパターンの制度的進化を展開する（同前、二〇〇頁、二一四頁、参照）。むろん、これはただちに歴史的現実の次元となるわけではなく、あくまでも論理的な次元の問題である。歴史過程と論理過程が一致するか否かは、マルクスが『経済学批判序説』で述べたように、「こととしだいとによる Ca depand」（マルクス「経済学批判序説」）。

しかしながら、このような理論領域は宇野原理論の範囲を超えているといわなければならない。それは、経済原則的原理論の問題ではなく、それとは別次元の社会的諸関係にかんする論理的な発生・進化論に位置づけて考えられるべき問題であり、それはむしろ、「唯物史観」ともいわれた歴史-社会理論に属すると考えられるべきものであろう。[7]なお、宇野は「唯物史観」は経済学研究の「導きの糸」になるにすぎないとしていた。[8]しかし、それはより広く歴史科学、歴史―社会理論[9]の「導きの糸」、「作業仮説」としてとらえ返されるべきであろう。

七　宇野原理論の多層性のアンバンドリングと範疇論的原理論の保存＝封印

以上の諸考察から、循環法則論にはパクス・ブリタニカ期、パクス・アメリカーナ期それぞれに固有な循環法則論、あらゆる資本主義社会構成に共通する資本主義的循環法則論の層、超歴史的循環法則論の層とがあることになる。さらに、労働・生産過程論、人間行為論という、「あらゆる社会に共通な」要素に関するあらゆる社会構成に共通する経済原則論（普遍的循環法則論）の諸層と、社会的諸関係の論理的な発生・進化論の層とがある。それらに対して、範疇論としては、パクス・ブリタニカ期に固有の商品・貨幣、資本の範疇論の層がある。したがって、――

㈠宇野のように、循環法則論は資本主義的市場経済の原理論においてのみ成立するものとして狭く限定してしまうことは誤りであった。その点が明確にされると、そもそも原理論としての原理論（＝範疇論）と循環法則論（普遍的循環法則論／超歴史的循環法則論／資本主義的循環法則論）とは切り離して考えられなければならないことになる。

このように考えることによって、パクス・アメリカーナ期にも別種の原理論が可能のように考えられる場合には、じつはパクス・アメリカーナ期の資本主義的循環法則論について考えられているのであり、他方、パクス・アメリカーナ期には原理論は適用できないと考えられる場合には、原理論としての原理論（＝範疇論）――それは必然的に三段階論＝純粋化傾向論＝方法模写説とワンセットである――について考えられているのだということが分別できるようになるであろう[10]。

それとともに、――

㈡このように、商品・貨幣、資本といった基礎的な諸範疇が純粋に現出した歴史的な局面――パクス・ブリタニカ期――は、たしかに特権化されるべき社会科学方法論的な根拠があるのであった。それをもとに構築された宇野原理論は特殊歴史的な条件に制約されているものでしかないと同時に、社会科学方法論的に特権的な意義をもっている。これは、パクス・アメリカーナ期の資本主義的社会構成はもとより、あらゆる社会構成を歴史‐社会理論的に分析するための基礎的な解釈枠組みを与えるものなのである。

したがって、本来の意味での宇野原理論は、パクス・ブリタニカ期に固有でありながら、同時に、解釈枠組みのための基礎範疇の構成を可能とする特権的な範疇論として保存＝封印されなければならないのである。そのことはまた、当然の論理として、宇野三段階論＝純粋化傾向論＝方法模写説の総体をパクス・ブリタニカ期に固有かつ特権的な論理構造として保存＝封印しなければならないということをも意味しているであろう。

［註］

（1）拙稿［二〇〇八年b］では宇野三段階論の全体像について再構築を試みた。まだいくつかの点で試行錯誤の余地を残しているが、いずれ別の機会に発表したい。

（2）このことを宇野学派において重視したのは、大内力［一九七〇年］の管理通貨制論と侘美光彦［一九九四年］の大恐慌回避体制論であった。大内の枠組みは宇野三段階論の枠組みを維持しながら、帝国主義段階論に国家独占資本主義論を接ぎ木するものであった。他方、侘美は膨大な実証研究を踏まえてどのような枠組みを提示するのか期待されたが、それを果たせぬまま急逝した。これらに対して、河村哲二［二〇〇七年］は、「パックス・アメリカーナ段階」におけるアメリカの資本蓄積体制の精力的な実証分析をもとに、「パックス・ブリタニカ段階」からの資本蓄積体制の変容に重点をおいている。そのため、両「段階」の移行は、共通の原理論の範囲内に収まるものと考えられているようにも見受けられる。

（3）諸審級の重層的決定については、Althusser［1965］、Althusser, Balibar［1965］、Poulantzas［1968］等を参照。

（4）最近のアメリカの主流派におけるマクロ経済学のスタンダードな教科書である、Mankiw［2000］の終章「わかっていること、わかっていないこと」、Olivier Blanchard［1996］第三〇章「マクロ経済学の歴史」、等参照。

（5）なお、今日の研究水準において留意すべきことは、宇野が考えていた以上に、たんなる商品・貨幣経済だけでなく、賃金雇用を行う資本主義的商品経済も、部分社会的な個別ミクロ的存在としてはきわめて歴史の古いものであって、古代ローマ帝国にも漢帝国にも奈良時代の日本にもみられるということである。古代ローマにおいては、佐藤篤士［一九六三年］一〇七頁によると、雇傭関係は共和制後期には被解放自由人と旧主人、被保護者と保護者、貧民化した市民と富裕市民との関係に限定されていたが、元首政時代になると、自由人の労務も、貨幣を仲立ちとした雇傭関係の色彩を帯びてくることになったとされる。漢帝国においては、宮崎市定［一九九一年］によると、史記巻四八、陳渉世家の索隠に、「広雅に云う、傭は役なり、力を役して雇直を受くるを謂うなり。」とあり、賃労働者を雇う場合について一般的に「傭」と言ったとある。日本の奈良時代においては、福井県編［一九九三年］第五章第一節「初期荘園の成立と経営／二　直接経営をめざした初期荘園―桑原荘―／耕作以外の労働力」によると、東大寺領荘園である桑原荘の記録において、「建物や垣の造作・修理・運搬には、雇傭労働力が用いられた。雇傭労働者には人別一日につき稲一束（白米五升、現在量では約二升）の賃金と稲四把（現在量では白米八合）の食料があてがわれた。」とあるとのことである。したがって、あくまでもマクロ的に社会的再生産を資本主義的商品経済が包摂してしまうということが特殊近代的な事件であったのであって、ミクロ的次元では、「労働力の商品化」はさまざまな社会構成の周辺部分にみられたのであった。したがって、十九世紀イギリス資本主義から抽象されながら、ほとんどの社会構成に共通する範疇論的な原理論の層として、商品・貨幣・商人資本だけではなくミクロ的な産業資本をも考えておくべきであろう。

（6）「［六七頁］……人類の文明の外在史と、内在的な精神史が均衡して過不足なく融け合っている稀な状態……の時期を近代と定義してもいいくらいだ。すくなくとも歴史が哲学として成り立ったり、歴史の分類原理を成立させたりできる時期のことを、逆に近代と定義することはできる。歴史を抽象化してもよかった時期が近代であり、それ以前あるいは以後では歴史はある限られた地域と時期に起った出

来ごとの総体とみなすよりほか成立しえない概念だといえる。」（吉本隆明［一九九八年］）

（7）拙稿［二〇〇八年b］では、これを経済原則論的原理論の第三レベルに位置づけて考えていた。しかし、その後、資本主義的市場経済に関する経済法則とは異なるあらゆる社会に共通する論理だからといってそれをすべて経済原則に位置づけるのは適切ではないと考えるようになった。

（8）宇野弘蔵［一九六二年］一〇五―一一五頁（同［一九七四年］九九―一〇八頁）、参照。

（9）「形成途上にある新しい科学と、科学が生い立つ『地盤』を占拠する前科学的な理論的イデオロギー」とをわかつ「認識論上の切断」によって、「われわれはマルクスが新しい科学、すなわち『社会構成体』の歴史科学を建設したことを断言できる。」（Althusser［1965］一八頁）

（10）この点が、拙稿［二〇〇八年b］では明確化できていなかった。そのため、そこでは、パクス・アメリカーナ期の社会構成においても循環法則論が可能である以上、別種の「原理論」を想定せざるをえないという見解をとっていた。

【参考文献】

宇野弘蔵［一九六二年］『経済学方法論』東京大学出版会（同［一九七四年］『宇野弘蔵著作集　第九巻』岩波書店）

大内力［一九七〇年］『国家独占資本主義』東京大学出版会

河村哲二［二〇〇七年］「『段階論』構成の方法と資本主義の諸カテゴリーの現実態―『純化』・『不純化』論をこえて（未完）」（宇野没後三十周年記念集会コメント要旨、二〇〇七年一二月）

侘美光彦［一九九四年］『世界大恐慌』御茶の水書房

佐藤篤士［一九六三年］「ローマ共和政後期における雇傭関係――locatio conductio――のありかたと雇傭関係」『早稲田法学会誌』第一三巻 法律編

新田滋［一九九三年］「市場プロセスと人間行為」、『茨城大学教養部紀要』第二六号

新田滋［一九九四年］「経済学における企業組織、公共機関、自生的秩序―市場原理と現代経済学―」、『茨城大学教養部紀要』第二七号

新田滋［一九九八年］『段階論の研究』御茶の水書房

新田滋［二〇〇四年］「現在の世界資本主義――『グローバル資本主義』の構図」上・下、『情況』二〇〇四年一一月号、一二月号

新田滋［二〇〇六年］「市場経済を読み解く方法としてのフロー・ストック・スパイラル――市場・制度の発生・進化モデルの要約表現――」、SGCIME編『現代マルクス経済学のフロンティア』［マルクス経済学の現代的課題・第Ⅱ集　現代資本主義の変容と資本主義　第三巻］、所収

新田滋［二〇〇八年a］「新自由主義の虚像と実像」『情況』二〇〇八年一／二月号

新田滋［二〇〇八年b］二〇〇八年三月における「マルクス経済学の現代的課題研究会（SGCIME）」研究会合宿報告「宇野三段階論の再構成（第一稿）」

福井県編［一九九三年］『福井県史』福井県

宮崎市定［一九九一年］『宮崎市定全集 三』岩波書店

吉本隆明［一九九八年］『アフリカ的段階について』春秋社
Althusser, Louis [1965], Pour Marx, La Decouverte/Maspero. アルチュセール［一九九四年］『マルクスのために』河野健二・田村俶・西川長夫訳、平凡社ライブラリー
Althusser, Balibar [1965], Lire le Capital, tome II, Francois Maspero. アルチュセール／ランシエール／マシュレー／バリバール／エスタブレ［一九九七年］『資本論を読む』今村仁司訳、ちくま学芸文庫
Poulantzas, Nicos [1968], Pouvoir Politique et Classes, Fracois Maspero, Editeur. プーランツァス［一九七八年］『資本主義国家の構造——政治権力と社会階級』Ⅰ・Ⅱ、田口富久治・山岸紘一訳、未来社
Mankiw, N. Gregory [2000], Macroeconomics, fourth Edition. マンキュー［二〇〇三年］『マクロ経済学Ⅱ 第二版』東洋経済新報社、終章「わかっていること、わかっていないこと」
Blanchard, Olivier [1996], Macroeconomics. ブランシャール［一九九九年］『マクロ経済学』下、東洋経済新報社、第二〇章「マクロ経済学の歴史」
Mises, Ludwig von [1949], Human Action. ミーゼス［一九九一年］『ヒューマン・アクション』村田稔雄訳、春秋社
Freud, Sigmund [1920], Jensetis des Lustprinzips. フロイト［一九九六年］「快感原則の彼岸」、『自我論集』ちくま学芸文庫、竹田青嗣編・中山元訳、所収

第3章　純化傾向と体系的純化

小幡道昭

かつて宇野弘蔵は、「純化傾向」と「体系的純化」の区別について論じたことがある（宇野［一九六二］）。この区別自体はいまでも、方法論上、クリティカルな論点を含んでいる。ただ、その照準は、自由主義段階から帝国主義段階への転換に向けられていた。この著書が発表されてから、すでに半世紀近くがたち、歴史的状況は大きく様変わりした。今日の時点であらためてこの区別に光を当てたとき、どのような意味が浮びあがってくるのか、これが本稿で考えてみたい問題である。はじめに、少し大まかな話になるが、現在進行中の新たな大転換をどのように理解したらよいか、私の考え方を簡単に述べ、この現状に即して「純化傾向」と「体系的純化」の背後に隠された変容論の意義を探ってゆくことにしたい。

一　新自由主義とグローバリズム

「現在進行中の新たな大転換」ということで、はじめに明確にしておかなくてはならないのは、新自由主義とグローバリズムの関係である。二〇〇八年九月一五日のリーマン・ブラザーズの倒産は劇的であり、新自由主義の幕引き役となった。たしかに、これに先立ってすでに合衆国における住宅価格は低迷していたし、サブプライムローンの焦げ付きは西ヨーロッパの銀行破綻を生んでいた。後から考えれば「くるべきものがきた」ということになるが、二〇〇八年秋の金融恐慌は流れを決定づけた。イデオロギー状況は一変し、ブッシュ政権の唱えてきた新自由主義の支持者は、いつの間にかどこかへ消えてしまった。そんなに慌てて逃げださずとも、新自由主義だってそれほど捨てたものではないと思う人も少なからずいるはずなのだが。

新自由主義のイデオロギーは、一九七九年第二次石油ショックを契機に、イギリスのサッチャー政権、アメリカのレーガン政権のもとで先行して展開されたが、当初は必ずしも順調に進んだとはいえない。しかし、一九八〇年代半ばに福祉国家型社会のメリットを追求してきた西ドイツがまず後退し、ついで八〇年代末のバブル崩壊後、独自の雇用慣行などを維持しながら相対的に安定した発展を遂げてきた日本も停滞に陥ってゆくなかで、新自由主義は先進資本主義諸国全体を覆うようになった。このような新自由主義の全面化は、しばしばグローバリズムとよばれ、両者は表裏の関係にあると見なされてきた。グローバリズムという用語を目にするようになったのは、ソ連、東欧の社会主義諸国が次々に瓦解していった一九九〇年代に入ってからである。こうした流れからすれば、新自由主義の帰結がグローバリズムだと考えられても無理はない。

しかし、新自由主義とグローバリズムは表裏一体のものであろうか。今回の世界金融恐慌が新自由主義に終止符をうったとすると、グローバリズムも方向転換することになるのか。もちろん、こうした問題を本格的に論じるには、新自由主義とグローバリズムの概念をもう少し精確に規定しておかなければならない。ただここで問題にしたいのは、もっと大まかな話で、ただこの両者は別の次元に属する動きであり、一方の新自由主義が挫折しても他方のグローバリズムの流れは進むということまでである。たしかに、二〇〇八年の世界恐慌は先進資本主義諸国において、政府の経済への関与を再び避けがたいものとし、財政規模の拡大を引き起こし、新自由主義から福祉国家型資本主義へ回帰が進んでいるように見える。しかし、中国、インド、ブラジルなどにおける、資本主義的な発展がその外で進んでいる。その点で、戦後の高度成長期における福祉国家型資本主義とは環境が違っている。グローバリズムというのはこのような世界経済全体の環境の変化を指している。このプレートのうえで、三〇年ばかりの新自由主義の興亡という地殻変動も発生している。ネーミングの問題はともかく、大きなプレート（グローバリズム）と、そのうえでの地殻変動（新自由主義）という二重の運動が分離できれば、新自由主義が終わってもグローバリズムは止まらないことになる。

二　帝国主義とグローバリズム

「今日の資本主義」の基本問題は、グローバリズムという大きなプレートにある。この新たなプレートは、「帝国主義段階」と名づけられたプレートの沈み込みと交替するかたちでせり上がってきたものだ。長期の歴史的発展のなかで捉えれば、一九世紀末からはじまり、そのうえで幾たびか、地殻変動を生みだしながらも、連綿と二〇世紀の底流を形づくってきた帝国主義というプレートそのものの交代期にさしかかっているのである。

これに対して、宇野弘蔵が『資本論』について、方法論的に再検討する必要を強く感じたのは、この帝国主義というプレートの下に、自由主義というプレートが沈み込んでいったという事実を直視したからである。このプレートの交替を、宇野はどのように経済学方法論のうちに反映させようとしたのか。一言でいえば次のようになる。資本主義はその発展期においては、「純粋な資本主義」にますます接近する傾向を示した。ところが、一九世紀末に後発資本主義国が重化学工業をベースに資本主義化するなかで、この純化傾向は逆転したのだ、と。いわゆる純化・不純化論である。

このように宇野の純化・不純化論自体は、一九世紀末から二〇世紀初頭の西ヨーロッパの資本主義の変容をベースに考案されたアイデアだが、それは二〇世紀の後半に尾を曳き、むしろ二度の大戦をへて形成されていった冷戦期の資本主義にピッタリする面をもっていた。宇野自身は、第一次大戦以降は社会主義への「過渡期」といってよい、と考えていたようだが、これは宇野になお残されたイデオロギー的勇み足で、冷戦構造のもとで不純な資本主義は本格化した観がある。アメリカ合衆国では産軍複合体制のもとで国家予算の規模は拡大し巨大技術が開発され、また、西ヨーロッパも雇用維持や農業保護などを通じて国家の介入規制がますます顕著となっていった。こうしたかたちで、二〇世紀後半の資本主義は対外投資をめぐる植民地争奪戦といった古典的帝国主義の限界をこえて、「国家独占資本主義」「福祉国家体制」といったかたちでバージョンアップされていった。ただし、それらはいずれも、一九世紀末までに資本主義化した諸国・地域における、資本主義の不純化の現れとして概括し、すべて「帝国主義段階」という大きなプレート上の地殻変動とみなすことができたのである。

ところが、二十世紀末にはじまった冷戦体制の崩壊は、このプレートそのものの大転換であった。新たなプレートを突き動かすマグマは、冷戦体制のもとで西からも東からも低開発を強いられてきた地域・国家における資本主義的発展であった。先にグローバリズムと呼んだのは、この新たなプレートであった。そして、旧社会主義諸国の崩壊や先進資本主義国における新自由主義の台頭は、みなこの同じプレート上での地殻変動であった。二〇〇八年のサブプライムショックは、新自由主義からの転換を迫るものではあっても、グローバリズムというプレートを転換するものではない。要するに、資本主義の歴史的変容は、二度、そして遡ればさらに何度か、繰り返されてきたのであり、一度限りの「不純化」に還元すべきものではない、これが大まかな話の結論ということになる。

このような新たなプレートの交替に対して、なお一九世紀末にはじまった不純化の継続という認識枠を維持することには無理がある。純化・不純化論にしがみつくと、グローバリズムを過去への逆流とみなしたり、福祉国家型社会と新自由主義の反復運動と捉えるほかなくなる。固有な構造変化、新たな変容として捉えるべき現実を、純化か不純化かで色分けするには無理がある。眼前に展開されているグローバリズムという大転換は、純化でも不純化でもないのである。

しかしまた、二色では足りなからといって、資本主義の多様性をただ類型化すればよいというものでもない。接近し離れるという純化・不純化論の認識には、ともかく資本主義の変容を捉えようとする視角が隠されている。それは、資本主義にもさまざまなタイプがあると指摘するだけの比較類型論をこえる。資本主義諸国・諸地域はそれぞれ「違う」ということとは、相互の比較で基本的に明らかになるのであり、原理論との比較は必ずしも必要ないのである。

このような混迷や後退は、「純化傾向」は原理論では扱えない問題だと、原理論から切り捨てた、宇野自身に責任がある。原理論は純粋な資本主義なら自立的に発展できるということを示すだけで、純化・不純化はそれ以上抽象化されることなく、発展段階論に丸投げされたのである。しかし、プレートの交替が繰り返されるとすれば、変容の契機の少なくとも半分は原理論に属する。必要なのは、純化・不純化論のなかに眠る変容論を呼び覚ますことなのである。

傾向と体系

自由主義段階から帝国主義段階への転換をふまえて、経済学の方法をどのように組み立て直そうとしたか、多くの留保を重ねつつ論じられている宇野の説明を、簡単にまとめると必ず遺漏が生じるのは覚悟で敢えていえば、そのコアは歴史的な「純化傾向」から原理論の「体系的純化」を分離したところにある。この分離に関しては、グローバリズムをめぐるラフな話とは違って、薄皮を剥ぐように慎重にみてゆかないと何もわからない。打って変わって微細な話になるが、ここでは、「体系的純化」の必要性を論じた箇所と、そのあとすぐに、それでも「純化傾向」がなお無視できない、と論じたテキストを分析してみることにする。

マルクスにとっては、資本主義は発展すればする程、理論的に想定せられる純粋の資本主義社会に近似するものとして、その経済学の原理論に客観的根拠を与えることになったのであるが、しかしこの資本主義の傾向が、十九世紀末には種々なる事情によって、必ずしもそういうように一面的には展開されなくなるということが明らかになってこないと、経済学の原理論の体系的純化は決して完成しえないのであった。（中略）特に発展期の、いわゆる産業資本の時代の諸現象は、すべて原理論的に解明されるべきもののようにも考えられることになる。『資本論』のいわゆる窮乏化説は、その点をもっともよく示している。すなわち十九世紀中葉のイギリスの具体的諸現象が、直ちに原理的に解明されうるかのように規定されたのであって、折角のマルクの偉業をなす人口論も、そのために十分に展開されなくなったのであった。かくて『資本論』のような原理論が、恰も資本主義の発展段階としての産業資本の原理であるかのように考えられることにもなるのであるが、それでは原理論の体系的純化を完成するわけにはゆかない。（宇野［一九六二］三七―三八頁）

この引用の前半では「理論的に想定せられる純粋の資本主義社会に近似する」という傾向の存在を指摘した後、この「純化傾向」が逆転することで「体系的純化」を分離して認識することが可能になるという。「純化傾向」が「一面的には展開されなくなる」ということを「不純化」とよぶとすれば、不純化が現れる局面で、純化傾向と体系的純化が並行して走る別のレールであったことがはじめてわかるというのだ。そして後半で、この分離が明らかになることで、「産業資本の時代の諸現象」も振り返ってみれば「すべて原理的に解明される」わけではないことが明らかになるという。歴史的事実に過度に寄りかかっていては、窮乏化説のような原理的に説けない現象を排除できない。総じて、「純化傾向」は『資本論』のような原理論の形成に必要な条件ではあったが、それだけは逆に純粋な資本主義の原理論をかえって誤らしめる。このようなネガティブな側面をあえて指摘することで、だから「純化傾向」からもう一歩踏み込んで、「体系的純化」が不可避なのだという、かなり屈折した論理になっている。

では、「体系的純化」が完成し、いったん純粋な資本主義が構成できれば、「純化傾向」はあとは外してもかまわない梯子なのか、それは原理論に馴染まない、余計な現象を予め除去する予備作業に過ぎないのか、というと、こちらは微妙なところだが、やはりそれ以上のポジティブな意味を「純化傾向」に見いだしている。

> それ「純化傾向が限界をもつこと」は商品経済が共同体と共同体との間に発生し、共同体の内部に滲透していって、労働力をも商品化することによって、始めて一社会を支配する資本主義社会として確立せられたということと関連するものといってよいのではないかと思うのであるが、経済学の原理に特有なる抽象性と一般性とを示すものである。それは資本主義に一般的に通ずる原理ではあるが、しかし資本主義の発展の各段階の諸現象をすべて包括的に規定するというようなものではない。その発展の各段階では、非商品経済的な、あるいは非資本主義的な要因によって、その原理の展開は、常に多かれ少なかれ阻害されているのである。資本主義の発展が、原理論の想定しなければならない純粋の資本主義社会に益々近似した状態を示すというのは、この原理の展開を阻害する要因が排除されることにほかならないが、それは単に機械的に排除されるものではない。商品経済的に統一的な社会を形成するものとしての純化の過程である。したがってまたそれは十八、九世紀のイギリスの、いわゆる産業資本の時代によって始めて体系的な展開を可能ならしめられたには相違ないが、ただ単にその時代の諸現象から抽象されたものというのではない。それは十七世紀以来の資本主義的商品経済の発展の過程の内に認められる、商品経済的純化の傾向に基いて抽象されるのであって、いわゆる産業資本の時代の商品経済的諸現象をとって、その攪乱的要素を除去した、いわば平均的なるものとしての原理をなすわけではない。（宇野［一九六二］四〇―四一頁）

「Aではあるが、Bではない」という構文のオンパレードでいささかまいるが、まず広い意味でのAを提示し、だがそのAは実はBとは違うのだと限定を加える論法で、形式的にいえば、集合Aのうち非Bの部分集合Xを抽出するかたちになっている。このXに積極的規定が与えられないまま、同じ論法が積み重ねられているために、要するに何だ、と正面から問い返すとわからなくなる文章構成になっている。そうした形式的問題はあるにせよ、内容に即してみれば、歴史的な純化傾向の延長線上に原理論を作りあげることはできない、しかしそうかといって、その足りない部分を「体系的純化」で補えばよいかというと、それだけではやはり足りないといっていることまではわかる。

では、何が足りないのか。一言でいえば、「非商品経済的な、あるいは非資本主義的な要因」すなわち外的条件による「阻害」の問題であろう。ポイントは、この「阻害」が「体系的純化」だけでは「排除」できないところにある。原理の展開は外的条件によって、「常にに多かれ少なかれ阻害されている」。それは商品経済的な論理を、アクティブに「阻害」する方向に作用する。この「阻害」は、純粋の資本主義を想定したとしても、つねに外部から作用し続ける。それを資本主義がどう処理するのかという問題が、最後まで残る。たとえば、ここで指摘されている「労働力の商品化」などは、純粋な資本主義においても、最後まで商品経済的な処理を「阻害」する外部性を保持する。同様の外部性は、絶対地代を生成する可能性のある土地所有にも妥当すると私は考える。それはともかく、純粋な資本主義をとってみても、積極的な「阻害」要因が存在し、その排除は原理論に内在した「体系的純化」ですべて片がつくわけではない。この排除には、「産業資本の時代」だけではなく、さかのぼって「十七世紀以来の資本主義的商品経済の発展の過程の内に認められる、商品経済的純化の傾向」に沿ってなされる必要があるというのである。宇野の場合も、こうしたかたちで、「体系的純化」に解消されない「純化傾向」の意義が指摘されていることまでは確認できる。

純化傾向

ここから、いよいよ本題にはいる。まず「純化傾向」の中味について、はっきりさせておこう。単純な「歴史的現象」をいっているようにも思えるが、次の引用をよく読んでみればわかるように、「純化傾向」というのはけっこう複雑な「概念」なのである。

> 資本主義は一六、七世紀に、イギリスにその基地をえて以来、特に一八世紀後半のいわゆる産業革命以降は、発生期の政治的助力をさえ必要としないで、いなむしろかえってかかる助力を障害として排除しつつ、自力をもって「従前の経済的状態の残滓による資本主義的生産様式の不純化と混合と（を）除去」してきたのである。（宇野［一九六二］一七頁）

ポイントとなるのは、「政治的助力」と「自力」の関連である。すでにふれたように宇野の場合、「純化傾向」自体は、この引用では「一八世紀後半のいわゆる産業革命」

で区切られているが、ともかく「重商主義段階」と「自由主義段階」という二つの段階を貫いて、一六、七世紀から一九世紀末まで基本的に貫徹しているとされている。問題はこれに「政治的助力」と資本主義の「自力」がどう関わるかにある。「政治的助力」と「自力」が作用する対象をはっきりさせないと理解しにくいだろう。ここではとりあえず、引用文中の「不純化と混合」が労働力の商品化に関するものであることをふまえて、作用対象をこれに限定して考えてみよう。

さて、このように労働力の商品化を例とすれば、「政治的助力」というのは、『資本論』第一巻第二四章「いわゆる資本の原始的蓄積」でマルクスが詳細に論じている商品経済外的な強制（ゲバルト）ということになる。これに対応する「自力」を考えるとすれば、市場に起源をもつ資本が、外部の生産や消費の領域に進出し、それを資本主義的な関係に変えてゆくという浸透作用、すなわち形式的・実質的包摂を指すことになろう。もっとも「自力」ということで宇野が念頭においていたのは景気循環を通じた労働力商品の維持機構かもしれない。しかし、それは「不純化と混合を除去」するかたちで外部にはたらきかける「自力」ではなく、「純粋な資本主義」の自立性を維持する内的な力である。ただ、このような資本の浸透作用に関して、宇野が距離をとろうとしていたのは事実である。このアクティブな作用は、商品流通は共同体と共同体の間に発生したという、社会的再生産に対する市場の外面性に抵触する可能性があるからである。市場があれば商人資本が登場することまではいえるが、この資本の「自力」で労働力の商品化も実現できるとしたのでは、資本主義の歴史的条件を見損ない、「商品経済史観」に陥るというのが宇野の持論だった。しかし逆に、労働力の商品化が偶然的に外部的条件として与えられたから、商人資本が産業資本に転じたというわけもはない。資本自身にもともと、価値増殖を求めて、生産過程や消費過程を取り込んでゆこうとする包摂の動機はあるはずだ。ただ、それが社会的再生産の全体を組織する形態になるかどうかは、たしかに別次元の問題である。だから正確には、後者の全面化の問題に、個別資本の浸透力の積分で答えようとする「要請論」が誤りなのである。

さて、このように労働力を例に「政治的助力」と「自力」とを分けて捉えてみると、問題の所在がみえてくる。資本主義の「自力」だけを問題にするのであれば、「産業革命以降の」「いわゆる産業資本の時代」だけで片がつくはずだ。「体系的純化」一本で問題ない。産業革命以前にさかのぼって、重商主義段階から貫く「純化傾向」を論じる必要があるとすれば、両段階を通じて「常に多かれ少なかれ」阻害する外的条件に対して、「政治的助力」がやはり「常に多かれ少なかれ」必要だからだということになる。

ところが、宇野自身は一方でこう指摘しながら、他方で自由主義段階に至ると「政治的助力」は邪魔なものとなり、「自力」だけで「純化傾向」が貫かれるという。それならやはり「体系的純化」に手が届けば「純化傾向」は「いらない梯子」だ。「体系的純化」だけではなく、重商主義段階から一貫して進む「純化傾向」を強調した意味は不明となる。こうして、「純化傾向」はその概念が明確に規定されぬまま、純化・不純化という歴史的現象として原論の外部に放逐されるのである。外部からはたらく「助力」と資本主義の「自力」という二つのモメントは、必ずしも労働力商品化に限定されるものではない。先にもふれたように、土地所有など、商品経済がその外部の社会関係を取りこんでゆく諸局面で広く一般に観察される。「純化傾向」のうちに眠るこの力学をもう少し掘り下げてみようと思うが、そのまえに、これと対をなす「体系的純化」の中味のほうも洗いなおしておこう。

体系的純化

「体系的純化」のほうの問題点は、それを実現するための方法が積極的に示されていないことにある。宇野は「純化傾向」をただ延長するだけでは不充分だ、と否定形で必要性を強調する。だが、ではその先、「理論的に想定せられる純粋の資本主義社会」をどう構成するのかを明示しているわけではない。

こうなる原因の一つは、窮乏化論を例に挙げたことにかかわる。宇野はマルクスの窮乏化論を「十九世紀中葉のイギリスの具体的諸現象が、直ちに原理的に解明されうるかのように規定された」結果だと断ずる。しかし、窮乏化論は「具体的諸現象」を論じたものではない。資本構成の高度化が累進的に進むという強い仮定のもとに、資本主義的蓄積の帰結を推論した、れっきとした理論である。宇野は、この不断の高度化という仮定が固定資本の制約を無視したものだと批判する。そういってよいが、それは理論の前提条件の適否に関わる問題である。そして、このような前提の取捨なら、「純化傾向」にもとづいておこなうことができる。「純化傾向」だけでは不充分で、さらに「体系的純化」を独自に進めなくてはならない例として、窮乏化論は適切ではないように思われる。

「体系的純化」に固有の意義なら、株式資本を取りあげるほうがはっきりする。宇野は、株式資本がいろいろな産業に広く普及するという現象は、原理的には説明できない、株式資本自体は商品経済的な原理を逸脱する、という。この点に、歴史的な発展過程をたどり、それを延長するだけではすまない、「体系的純化」独自の意義はある。一九世紀末に、現実に株式資本が普及しても、それは「純化傾向」とはいえない、と積極的に主張する根拠は、原理的にそれが説けないというかたちで与えるほかない。宇野に即していえば、このようなかたちで、「純化傾向」とは別に、「体系的純化」は役立てられる。これは前提条件の適否の問題ではない。商品経済的な観点だけで導出できるかどうか、という原理的推論の可否の問題である。資本主義の歴史的現象のうち、商品経済的な原理だけは説明できないものを判別するところに、原理論の体系を純化する積極的な効果がでてくる。こうして、純化・不純化を識別するうえに、「純化傾向」に還元されない固有の「体系的純化」が欠かせないものとなるのである。

しかし、ここから先が大問題となる。株式資本は宇野の主張に反して、原理的に説明できる可能性がある。ここでは方法論が問題なので、原理論の中味には踏み込まないが、もし株式資本が説明できると想定すると、「体系的に純化して構成した純粋の資本主義では説明できない株式資本が支配的になった、故に、現実の資本主義は不純化した」という宇野の方法論にどのような影響が及ぶのか、が問題なのである。

一つの方向は、純化・不純化という考え方を捨てることで、株式資本を「純粋な資本主義」を構成する要素として原理論の内部に収める行き方である。原理論は「純化傾向」とは次元の異なる理論の世界であり、そこでは商品経済的に説明できる要素を集めればよい、現実の資本主義は株式資本も含め、多様に多様なのだ、というかたちで、類型化するという方向である。しかし、もう一つの方向が考えられる。すなわち、現象としての純化・不純化をさらに抽象化して、株式資本とともに原理論にもちこむ行き方である。すなわち、一回限りの純化・不純化として捉えることをやめ、変容一般の契機を導入する方向で原理論を拡張する行き方である。このような拡張は、資本概念を原理的に再構築することで、たとえば、個人資本家と結合資本（株式資本）の分岐条件を明らかにするかたちで実装される。個人資本家が本来の資本であり、株式資本は不純な資本とみるのではなく、どのような契機が二つの資本の形態を分岐させているのか、その一般原理を分析し、外的条件のあり方でいずれが支配的になるのか、判定する基礎とするのである。

このような原理論の問題領域は、株式資本のほかにもある。たとえば、商品から貨幣の分化を振り返ってみよう。たしかに価値形態論を通じて、貨幣形態に至る道筋を追うことはできる。しかし、貨幣商品の決定には独自の問題がある。「体系的純化」という観点からいえば、こうした展開を通じて、たとえば「国家紙幣」のようなフィアットマネーは原理的に説明できない、という否定形の命題を導くことはできる。しかし、そこから必ず金貨幣になるという命題を導くことはできない。信用貨幣が貨幣商品の位置につく可能性もあるからである。Aではないが、BかCかである、という分岐構造を抱えている。

商品の二要因を基礎に、内的な論理でそこから貨幣や資本という独立した形態が分かれてくるという展開方法は、一般に分化発生論とよばれる。これと同型の理論展開は、個別産業資本を出発点にその一部の機能が分離独立した資本として商業資本や銀行資本を説明するかたちで、原理論の後半部分でも再現する。分化発生論は「体系的純化」をどのように進めるかについて、「純化傾向」では除去できない過剰な非商品経済的な要因を排除する強力な推論エンジンとなる。しかし、それだけで「体系的純化」が完成できるのかというと、不足が生じる。この不足が生じる領域に外的条件が追加されることで、はじめて原論体系は確定する。たとえば、金属貨幣を軸とするか信用貨幣を軸とするか、貨幣制度をめぐる分岐に外的条件がスカウトされるのである。

不純化論から変容論へ

「不純化」という現象に強い関心を抱いていた宇野は、機械的に「純化傾向」から「体系的純化」を切り離し、純粋資本主義をひとまず商品経済的論理で再構成すればよいというように、はじめから考えていたわけではない。しかし、（1）「純化傾向」を生みだす背後の力に分析のメスを入れず、また（2）「体系的純化」が商品経済的論理のみで完遂できるとみていたため、けっきょく、次のような結論に落ち着く。

> 元来、資本主義の発展は、旧来の封建的な社会関係を排除しつつ行われてきたのであって、その歴史的過程は、単なる資本家的商品経済の発展とはいえない。いわば異質的な要因を多かれ少なかれ含む過程である。したがってまた純粋化の傾向自身は理論的体系の展開の内に含まれないのがむしろ当然といってよい。（宇野［一九六二］二〇頁）

「理論的体系」すなわち原理論は、「純粋化の傾向」も、当然不純化への転換も、総じて変容という契機はすべて、その展開のうちに含まれない、そうした問題は「資本主義の発展」を扱う段階論にゆずればよい、というのである。

こうして、原理論と段階論の分離という宇野の方法論の骨格は固まる。資本主義の変容は、一度かぎりの純化と不純化という「歴史的過程」に封じ込められ、変容への理論的関心は衰滅する。このような目で見るかぎり、二〇世紀末における帝国主義段階とよばれてきたプレートの沈み込み、グローバリズムという新たなプレートの胎動を捉えることはできない。資本主義はもともと「多様に多様なのだ」という類型化に後退するか、競争的な資本主義に逆流したのだというか、あるいは新自由主義と福祉国家型資本主義の間を往きつ戻りつするしかないのだとみなすか、いずれにしても純粋資本主義論にこだわるかぎり出口がみえない状況にあることはすでに述べたとおりである。

しかし、「純化傾向」にも「体系的純化」にも、資本主義の変容を説明する萌芽を見つけることができる。たしかに「純化傾向」そのものをそのまま丸ごと原理論の内部で説くことはできない。それ自身は不可逆的な「歴史的過程」である。しかし「純化傾向」を引き起こす「助力」や「自力」の構造や、その力がどこにどのようにかかるのか、変容の一般的原理は考察可能であるし、また欠かせない。原理論の内部からみて、変容を引き起こす契機が作用する部分を開口部と呼ぶとすると、それはこれまでの考察からみて、二つのかたちに分かれる用に思われる。

そのうち一つのタイプは「純化傾向」と結びついている。ここでは、商品経済的な作用が外的条件に対して分解作用（自力）を及ぼす。資本の浸透作用がはたらくのである。そしてまた、逆に、外的条件の作用が強まり、商品経済的な原理を制約する方向に反作用することもある。土地所有に関しても同じような開口部がみられるが、労働力をめぐる開口部が、このタイプの典型である。労働力は、流通過程においては商品として競争的に売買されるが、労働過程においては個別労働がバラバラに遂行されるのではない。多かれ少なかれ、資本によって組織された集団力として利用される。労働過程の組織性と労働力売買における個別性は対極的な関係にあり、ここに労働市場の変容の契機がある。このような開口部は資本主義が対等な商品売買に還元できない階級的対立を根底にかかえていることの現れである。この種のアクティブなタイプの開口部は、いわばスイングドアのような構造をしており、商品経済的な原理で外的条件を分解し外側に押し開くこともあるが、逆に外的条件によって商品経済的な原理が抑制され、非競争的な市場に変容することもある。

これに対して「体系的純化」の検討からみえてくる、もう一つのタイプの開口部がある。すでに述べたように、分化発生論は、それ自身、商品経済的な原理で市場構造が多型化する関係を示す強力な論理である。しかし、その節々に、そしてとりわけ終端に、たとえば金属貨幣を基本にするのか、信用貨幣を基本にするのか、といった大きな分岐が現れる。この開口部には、商品経済的な関係の要請によって外的条件が導入される。この種の開口部は、いわばスライドドアのような構造をしており、右に開くか左に開くかの違いはあるが、分化発生論で構成された基本的な関係に対しては、おおむね中立性を保つ。

すべての開口部が、このような二つのタイプに分類できるかどうかはまだわからない。そもそも、開口部の存在自身が、理論的な考察対象として認知されてこなかった。原理論は外的条件に左右されない資本主義の本質だけをまず明らかにする領域であるという純粋資本主義の神話がずっと信じられてきたのである。資本主義の変容を引きおこす諸契機の理論化は、まだ緒に就いたところである。宇野が最後までこだわった純化・不純化論は、単にイデオロギー的残滓と斬って捨てるわけにはゆかない。そのイデオロギー性を除去した後に現れるのは、資本主義の変容に対する理論である。一方向的な不純化の累進というかたちでは捉えられなくなったグローバリズムの現実には、変容の原理に焦点を当てた理論の再構築をもって答えるほかないのである。

〔参照文献〕

宇野弘蔵『経済学方法論』一九六二年、東京大学出版会、Ⅱ-一「原理論の体系的純化と段階論の必然性」

第4章　小幡道昭の宇野理論批判

山口重克

本稿では主として小幡道昭「純粋資本主義批判—宇野弘蔵没後30年に寄せて—」（東京大学『経済学論集』第七四巻第一号、二〇〇八年四月）を取り上げ、小幡の宇野批判を検討する。

この小幡稿は、「はじめに」、「段階論的批判」、「原理論的批判」、「変容論の可能性」の四節から成っているが、紙数上の制限があるため、本稿ではとりあえずこの内の「はじめに」と「段階論的批判」だけを検討する。

この部分の小幡稿の宇野理論批判の内容は、宇野理論に対する牽強付会の誤解釈にもとづく方法論批判と、いわゆる資本主義の逆流＝「大地殻変動」論にもとづく新方法論の提唱であるといってよい。本稿は主としてこの二つの問題を検討の対象にする。

本稿での引用文の出典は本稿末に一括して掲げ、引用文の所在は引用文直後にたとえば（小幡②七六頁右）のように示す。本稿の小見出しは小幡稿の小見出しに従っている。

はじめに

小幡は、宇野理論批判を始めるにあたり、まず、「宇野の主張を再批判すること…が必要な歴史的現実に、今日直面しているように思われる」（小幡②七六頁左）とその必要性の理由を述べ、この批判されるべき「宇野の主張の核心」は「段階論を原理論から分離する独自の方法論である」（同上）という。そしてこの方法論について、これは「『資本論』の収斂説的資本主義像を倒立させるかたちで実装された」（同上頁右）ものであるとし、マルクスが「資本主義はその純粋な姿に近づくほど内的な矛盾を深め、やがて崩壊せざるをえない運命にあると唱えた」のに対して、宇野は「もし資本主義に限界があるとすれば、現実の資本主義が純粋な姿をとりえなくなるからだと主張した」（同上）という対比論を提起している。

確かに、資本主義はある時期までの純粋化傾向を逆転させて多様化する傾向を示したと捉えた点に、宇野が原理論から段階論を分離できた根因があったということはできよう。しかし、「宇野は…もし資本主義に限界があるとすれば、現実の資本主義が純粋な姿をとりえなくなるからだと主張した」というのは小幡の誤読である。そして、小幡が今日の資本主義は宇野批判が必要な歴史的現実に直面しているとみることには、この誤読による宇野理解が一つの原因になっているとみてよいだろう。

小幡はこのマルクスと宇野の対比を、別の論考では、たとえば、「純粋化の傾向が鈍化・逆転した資本主義の歴史的発展段階の出現は、資本主義が没落期に達したことを意味すると主張した。純粋化＝崩壊論に対する不純化＝没落論である」（小幡①一頁）というようにもいっている。マルクスにはいろいろな側面があって、その解釈は簡単ではないが、自動崩壊論的な側面がある点でいえば、マルクスは純粋化＝崩壊論であるといってよいかも知れない。しかし、自動崩壊論者でない宇野にとっては不純化は資本主義の限界ないし没落を意味するものではない。資本主義の没落は、宇野によれば資本主義世界の構成員の主体的な行動如何によって生じるものである。ここでは詳論しないが、この問題については「必然性」についての宇野の三類型論も参考にするとよいだろう。資本主義はいままでその不純化＝多様化ゆえに、あるいは不純化＝多様化にもかかわらず、延命している。その意味ではあえて定式化していえば、宇野説は不純化＝延命論であろう。

なお、宇野は「ロシア革命後＝社会主義への過渡期」論を主張したというよく流布されている宇野批判があるが、これも同類の誤読によるものである。小幡はこの解釈を採用している（小幡②八四頁右）ので、不純化＝没落論とみるのはこの解釈によるのかも知れないが、これも宇野の段階論の無効性を言い立てるための仕掛けとしての為にする誤解釈であるといってよい。これが誤読であることについては本稿の最後で改めて論じる。

さて、「はじめに」で小幡は、続いて、宇野批判がどうして必要であると考えるのかという問題を、今日の資本主義の変容を捉えるための経済理論としての宇野理論の限界という観点から論じている。

たとえば、小幡は、宇野批判が必要な歴史的現実に今日直面していると述べたあと、「われわれは重商主義・自由主義・帝国主義という段階論の枠組みでは捉えきれない世界に迷い込んでしまったようだ。…宇野が原理論を基準に構築した資本主義の歴史像の埒外に彷徨いでてしまったのだ。…根底が変わってしまったのである。問題は宇野の提示した資本主義の原理像にかかわる。宇野の段階論で捉えきれない世界には、原理論そのものの再構築を通じて再接近するほかない。…宇野の三段階論を原理的に支えてきた純粋資本主義論そのものを批判の俎上に載せてみるべきときなのである」（同上、七七頁左）。「問題は（一）原理論の根幹に手を入れずに、段階論で増築を繰り返すというのは、ちょっとできない相談だということ、逆に原理論の主要命題を改訂すれば、資本主義の歴史的発展像も自ずと変容せざるを得ないこと…、（二）そして、どうやらわれわれは今日、こうしたレベルにおける資本主義の歴史的変容を目撃しているらしいということ…、この二点である」（同上頁右）と述べている。

本稿では、以上の宇野批判必要論の論拠をひとつずつ検討していくことにする。

一　段階論的批判
グローバリズムと新興経済圏の台頭

右で小幡が「段階論の枠組みでは捉えきれない世界」、「原理論そのものの再構築」が要請されるほど「根底が変わってしまった」資本主義、といっていたのはどういう世界のことかについての小幡の理解がまずこの項で示される。すなわち、「一九八〇年代以降、新自由主義の圧力が徐々に高まるなか、九〇年代にはいると資本主義の大地殻変動が顕在化した。四半世紀を経過した長期的観点から振り返ると、グローバリズムの基底をなしていたのが、中国、インド、ブラジルといった諸国に代表される新興経済圏の台頭につながる緩やかな地滑り現象であったことがわかる。先進国の外形に倣いながら、後発国が先発国を実力で凌ぐという歴史は今にはじまったことではない。グローバリズム＝新興経済圏基底論である。…新興経済圏の興隆は、長期の歴史的観点から見ても、もう一度後戻りすることがあるとは思えないのである。このグローバリズム＝新興経済圏基底論は、宇野の段階論の枠組みに根本的な見直しを迫る契機となる。…宇野の段階論もまた、「マルクスが一九世紀末以降の資本主義についてそうであったように」この〈世紀末以降の変化を予想することはできなかった〉といえよう。この変容は、重商主義段階と帝国主義段階に、それぞれ再解釈を迫ることになる」（同上、七八頁左～右）。

小幡も認めているように、「後進国が先進国を実力で凌ぐという歴史は今にはじまったことではない」だけではなく、現在進行している「後戻りすることがあるとは思えない」現象も同様「いまにはじまったことではない」といえよう。それでは、どこが根底的に変わってしまっているのか。ドイツとかアメリカといった後発国が先進国イギリスに追いつき、追い越した歴史が資本主義多様化論としての宇野段階論の基底にあるのは確かである。九〇年代以降の「資本主義の大地殻変動」なるものは、この歴史の中国やインドによる再現ではないのか。したがって私には、このことの認識にとって、宇野の多様化論＝段階論の枠組みは依然として有効なのではないかと思われる。「何も変わっていないと見えるほど、根底が変わってしまったのである」（同上、七七頁左）というレトリックではすまない。段階論だけでなく、原理論までも「見直し」が必要とされるほどの「大転換」なるものの正体が、続く小幡の論述の中でどのように説明されるのかに注目して検討を続けよう。

二　起源の二重性

小幡は、「世紀末以降の…この変容は、重商主義段階と帝国主義段階に、それぞれ再解釈を迫ることとなる」としたあと、まず、重商主義段階の「再解釈」のために「起源の二重性」の問題の検討に移る。「今世紀に入って急進するグローバリズムの動きは、…資本主義の起源問題を再提起する」というのである。

ここではまず、この起源について『資本論』に（一）商業革命をベースとした規定と（二）産業革命をベースとした規定との二重の記述があるとし、マルクスが、発達した商業は資本の成立の歴史的前提をなすと述べている文章や、ヨーロッパ諸国民のアメリカ、東インド、アフリカ、などでの商業的活動、地球を舞台とする商業戦争について述べている文章を引いた上で、それにもかかわらず「『資本論』はそのコアにおいては、このような商業的発展は価値増殖の内的根拠を欠くものとして、資本主義の原理像から排除する」（同上、七九頁左）というマルクス解釈を示す。

また、宇野についても、「宇野自身の資本主義像では第二の起源がその根本をなしている。…宇野が描いた資本主義の歴史像のベースは、第二の起源を基礎とした純化・不純化論にあった」（同上、七九頁右）とし、「しかし、今日のグローバリズムは、第二の起源に過度に力点を置いた資本主義像ではとらえきれない面を持つ。『資本論』が明確に示した、労働力商品を基礎に社会的生産を全面的に商品経済で処理するという資本主義の原理像は、資本主義の歴史的発展の内にどう位置づけるべきかが問われる」（同上）というのである。

便宜上、（一）を流通主義、（二）を生産主義と名付けることにしよう。小幡は、このようにマルクスないし宇野理論をあえて生産主義だと決めつけることによって、この両者には今日のグローバリズムを捉えきれない限界があることをいい立てたいようであるが、しかし、マルクスについても宇野についても、その資本主義像は「第二の起源がその根本をなしている」というのは批判のための仕掛け的な為にする誤解釈である。

ここでは、宇野についてみよう。宇野理論が生成当時から主流派から流通主義と呼ばれたことからもある程度推測できるかと思うが、宇野は、マルクス同様、一六世紀から一八世紀にかけての商人資本の活躍による世界市場の展開がイギリスに世界貿易の生産拠点を確立したことによって、イギリスを中心とした資本主義世界が生成したという歴史認識を持っていた。ヨーロッパの中で封建制が比較的に脆弱であったイギリスに流通関係が浸透して行ったことによって、労働力の商品化が促進されたとみたわけである。このような資本主義の起源における流通の役割の重視を宇野の流通浸透視角と表現した人もいた。この資本主義認識は、理論体系の問題としては、原理論において流通論を生産論から独立させた点に現れている。

また、そもそも流通主義と生産主義を二律背反的、二者択一的な起源論だとみて裁断を下すのはこれまた為にする短絡的な議論であるといえよう。両者は一体となって相互補完的に起源をなすと見ていのがマルクスないし宇野の起源論である。

小幡は続けて「商品経済は歴史的に古い起源を持ち，しかも、それは繰り返し〈世界市場〉という交易システムを生み出し、センターを形成してきた。…イギリス資本主義が、社会的再生産を全面的に組織することができたのは、こうした機構化された商品経済が、イタリア、スペイン、オランダといった地域で先行して準備されてきたことに強く依存している」(同上、七九頁右~八〇頁左) というきわめて常識的な事実を述べている。マルクスも宇野も、もちろんこの小幡のいわゆる超長期の世界市場とそこにおける商業機構、金融機構の発展が資本主義の生成を準備したことを随所で指摘しているだけでなく、むしろその点を強調・重視しているのであって、その証拠は枚挙に暇がないといえよう。

にもかかわらず、小幡はここでも、このような「世界市場をベースとした商品経済的な発展」がイギリス資本主義を準備したという「こうした歴史を強調することは、マルクス経済学の伝統では…タブー視されてきた」(同上、八〇頁左) と勝手にきめつけ、「今日の新興経済圏はある意味では…古い商業社会の復活という性格を持つ」(同上) のであるから、「商業経済そのものがもつ固有の組織性、商業、金融の機構的発展の独自性が、原理的にも解明される必要がある」という。小幡は、このような必要が提起された点に「新興経済圏の台頭の第一のインパクト」（同上）が認められるというのである。『資本論』ないし宇野理論の生産主義の枠組みではこの問題の解明は不可能であるということによって、今日の現状に対する宇野理論ないし『資本論』の分析力の限界を言い立てたいのであろうが、以上述べたことからも明らかなように、このようなマルクスや宇野に対する一面的な解釈にもとづく非難ないし限界指摘は的外れであるといえよう。

このように、生産主義的な起源論だということはマルクスないし宇野の批判にはならないのであるが、彼らが起源問題をどう考えていたかを別にして、小幡が生産主義では今日のグローバリズムは捉えきれないということによって何が言いたいのかを見ておこう。

小幡は、先に引用した商品経済のよく知られている歴史についての叙述に続けて、「市場自体は、さまざまな生産様式のうえに立ちながら、それ自体の固有の論理で独自の機構的発展を遂げ、商業機構や信用機構、さらには資本市場までも生み出す傾向を示すことは存外無視できない」（同上、七九頁右～八〇頁左）といっている。これを、やはり上で引用した「今日の新興経済圏はある意味では…古い商業社会の復活という性格を持つ」のであるから、「商品経済そのものがもつ固有の組織性、商業、金融の機構的発展の独自性が、原理的にも解明される必要がある」という文章とあわせて読むならば、小幡がいいたいことは、今日の新興経済圏の台頭によっていわゆる流通論次元での、つまり生産論を前提しない次元での市場機構の解明の必要が提起されているということになりそうである。

私もいわゆる流通論次元で商業機構や金融機構をもう少し詳しく展開することは必要であるし、可能でもあると思っているが、流通論といえども何らかの様式で生産された商品の流通を論じるものである以上、その商業機構も金融機構も、さまざまな生産様式における生産者の生産を何らかの仕方で促進・補足する役割を担っているものと考えられるであろう。とすれば、資本主義以前のいわば前期的商品経済における諸市場機構の「固有の」役割、機能を解明する場合も、「生産」との関連を度外視しないほうがよいように思われる。（原理論での問題は小幡稿後半の九五頁右～九六頁左で論じられているので、別稿で改めて論及する。）

それに、この「固有の」役割・機能の解明は資本主義以前の商品経済を対象にする場合にも当然必要であるし、またある程度は可能なことであるから、何も「今日の新興経済圏の台頭」によるインパクトを必要とすることではないであろう。また、資本主義以前の商品経済の解明に際しては、資本主義におけるそれら諸市場機構の役割・機能を参考にし、それに対して「固有の」条件を勘案して考察を進めれば、得られる成果も大きいであろうと思われるから、従来の原理論を基準にするという方法を全く排除する必要もないであろう。従来の原理論の内容を多少微調整すればすむ話で、この点に関しても従来の原理論の見直しが必要であるというほどの問題であるとは思えない。

三　資本主義の部分性

続いて小幡は、このような「新興経済圏の台頭を歴史的な視座で捉えようとすると、一九世紀末から二〇世紀初頭における資本主義の変容に関しても、再解釈が求められる。帝国主義という段階規定の再考問題である」（同上）と述べて、以下のように「新興経済圏の台頭が段階論に与える第二のインパクト」なるものを論じていく。

まず、小幡は「ドイツ＝典型説が、宇野の帝国主義段階論の核心」（同上、八〇頁右）であるとし、さらにこの「ドイツ＝典型説」が「資本主義の部分性という認識につながる」、あるいは「対内的には農民層や独立小生産者を温存すると同時に、対外的には他の諸国の資本主義化を抑圧するという…内的不純化と外的部分性、これがドイツ＝典型説から導出される帰結であった」（同上）として上で、「全世界がすべて資本主義になることはない」（同上）というこの「資本主義の部分性」認識は二〇世紀末までは「たしかに妥当性を有した」が、「しかし、世紀末以降のグローバリズムは、状況を一変させた。この大転換がなぜ生じたのか…はともかく、生じた事態は帝国主義の〈部分性〉命題に対する世界史的転換であった」（同上、八一頁左）という。そして、この「転換」の内容を続いて、「対内的」には福祉国家政策から「新自由主義に変質」した点と「対外的」には「新経済圏の台頭」による「資本主義の部分性の転換」という二点で説明し、「こうして、段階論の内部構成が問い直されることになる」（同上）と結論するのである。

従来の資本主義世界の内外で資本主義がいわば逆流しているこの現況が、おそらく小幡のいいたい「帝国主義的現象を越えた新たな状況」、「三段階論が予期しなかった新興経済圏の台頭という状況」であり、これを説明するためには「段階論の見直し」「問い直し」が必要であるといいたいのであろう。そして、ここで「三段階論が予期しなかった新興経済圏の台頭」といっているのは、冷戦期の資本主義を没落期とみていた宇野段階論では新しい資本主義の台頭は予期できなかった事態だったということなのだろう。しかし、前述したように、また後述するように、宇野の「没落期説」ないし「過渡期説」は誤解釈であるし、また、ここで「資本主義の全世界化」という楽天的な信仰の論拠として小幡があげている「新興経済圏の台頭」がはたして「全世界がすべて資本主義になる」ことを保障する事態なのだろうかという点にも疑問が残る。

なお、この見直しの必要を提言する際に、小幡は「帝国主義で結構する既存の三段階をそのままにして、第四段階を継ぎ足そうとするのはいかにも安易に過ぎる」（同上）と忠告している。第四段階論者は誰のことなのか明示されていないが、大内力の国家独占資本主義論が念頭にあるのかも知れない。しかし、宇野はこの国家独占資本主義論には否定的であったし、継ぎ足し論も考えてはいなかった。よく取り上げられる宇野の『経済政策論（改訂版）』の「結語」と「補記」とで現代資本主義は新しい段階規定の対象にならないと述べていることはよく知られているところであろう。このテキストはあとで取り上げる。

さらにこのあと小幡は、「それ［ドイツ＝典型説］は日本資本主義の分析において有効であったが、だからといって、中国を中心とした東アジアの新興経済圏の台頭の説明にも有効だとはいえない。想定外のグローバリズムには、…新たな枠組みを用意すべきなのである」（同上、八一頁左～右）と続けているが、「ドイツ＝典型説」がどういう点で「日本資本主義の分析において有効であった」と考えているのかが明確にされないと、「東アジアの新興経済圏の台頭の説明にも有効」だといえないかどうかも明確にはいえないだろう。現在の中国やインドなどの新興経済圏の台頭とかつてのドイツ、アメリカ、日本などの台頭のどこがどう違うのか、かつての植民地抑圧と現代の中南米やアラブ諸国やアフリカなどに対するアメリカ覇権主義の抑圧のどこがどう違うのか、が説明されなくてはならない。あるいは、小幡のいう「世界史的転換」を論拠に宇野の段階論を批判するためには、今日の状況が、宇野段階論の帝国主義段階の規定のどの点を越えているのか、という問題を宇野本来の段階規定に立ち返って批判することが必要であろうと思われる。

これらのことにとって参考になるのは、最近刊行された宇野の『資本論と私』に収録されている「経済学の方法について」という一九六三年に行われた座談会（宇野の報告と質疑）の記録である。たとえば「なにか後進国が出ると、いまの後進国では新しい段階論ができるんじゃないか、また、たとえば資本主義も変わってきているので、現代資本主義として新しい段階論ができるんじゃないか、という議論があるようですが、あるいはできるかもしれないのですけれども、私自身の考えでは、何も新しい資本形態が出ているわけじゃないから、段階論のときにアメリカなりイギリスなりによってやった以上のことをやらなければならないということはないんじゃないかと考えるんですが、どうでしょうか」（宇野③二一八頁）といった興味深い発言がある。ここで語られていることからいうと、宇野が新段階説に否定的なのは、要するに、現状から「なにか新しい資本概念でも出てきているのだろうか」（同上、二三八頁）という疑問があるからである。（宇野④一八二～三頁も参照されよ。）

四　合衆国とソビエト連邦

小幡は次いで今日の「大地殻変動」に対する新たな代替的枠組みの提示という問題に進むが、その際にまず、宇野の帝国主義論は二〇世紀の段階で「すでに大きな限界を抱えていた。それはアメリカ合衆国と、ソビエト連邦に対する理解に端的に現れる。宇野は、合衆国を典型国ドイツに続く、帝国主義の諸相の一つと位置づけ、ソ連邦の誕生をもって、世界史的には社会主義への過渡期に入ったとして、この考察を段階論の埒外においた」（小幡②八一頁右）という宇野批判を述べる。要するにこれも現代資本主義に関する宇野理論は過渡期論であるという理解からの批判であるといってよいであろう。そして、この「合衆国とソ連邦の問題」について、「ドイツ＝典型説」にかわる「合衆国＝ソ連邦仮説」（同上八二頁左）なる独自の説を提示する。この仮説はどうやら「二〇世紀の世界を構成する合衆国とソ連邦という枠組みは、共通の基底の上に形成され、類似した内部構造を抱えたペアと位置づけることができる」（同上）と見ていることに拠っているようである。この「合衆国とソ連邦の類似」という問題は次のようにも説明されている。「たしかに、ドイツと合衆国の間に、基軸産業を重化学工業にすえ、金融資本的蓄積を基本形態とするといった意味で帝国主義としての共通性を指摘することは可能である。…しかし、…いかに表面的に対立しようとも、実は合衆国の類型はソ連邦をおいてほかにないのである」（同上頁、右）。

私にはこの両国の類似性の指摘の理論的意味が全く理解できない。また、小幡がこの「仮説」を提示するに当たって披露しているいくつかの具体的事実についても理解できないものが多いが、具体的に疑問を述べるだけの知識を持ち合わせていないので、ここでは抽象的な方法論についての私の考えだけを述べておきたい。

この類似論の少し前で小幡は、「ソ連邦は資本主義に対抗して、資本主義とは異なるかたちで産業的発展を指向する第三世界の先端部という性格をもつ。その意味で…資本主義と社会主義という枠組みだけで、ソ連邦を資本主義の段階規定から分離してしまうことは行きすぎであった」(同上、八二頁左〜右)という宇野批判を述べている。ソ連邦を世界経済の現状分析から分離してしまうということであれば、それはもちろん、行きすぎというよりも誤りであろう。当然、ソ連邦を取り込んだ分析が行われなければならない。しかし、本稿の最後でももう一度取り上げるが、宇野が「補記」で述べていることは、社会主義と並存している資本主義について、金融資本的蓄積様式以外の何か新しい蓄積様式が規定できるとはいえないのではないかという意味で、第一次大戦後の資本主義は段階論の新たな対象にはならないといっているだけなのである。

私が、宇野の段階論をどのように継承したいと思っているかをここで簡単に述べておくことにする。私は、段階論には支配的資本の蓄積様式論と世界経済の構造ないし枠組み論という二つの基本的規定要因があると考えており、この両者の関係については、資本主義の世界史的発展段階を前者によって三段階に区切り、後者によってその中をさらにいくつかのサブ段階に分けてその特徴を類型化するというような方法を考えている。

たとえば、一九世紀末から現代までの資本主義は金融資本的蓄積様式が支配的な段階という意味で、金融資本段階と名付けることにし、その段階をさらに、(1)一九世紀末から二〇世紀初頭にかけてのドイツ資本主義を積極的(=攻撃的)基軸とする多極化構造、(2)二〇世紀の二〇年代、三〇年代の米国を積極的基軸とする多極化構造、(3)二〇世紀後半の米ソ共存=冷戦構造、(4)二一世紀初頭の現在の米中を積極的基軸とする多極化構造への移行過程、といったサブ段階にわけてそれぞれにおける金融資本の行動様式の特徴を類型化して考察するというアプローチを考えているわけである。

この場合、世界経済の構造ないし枠組みは、各国の金融資本が活動する場ないし条件の性格を規定し、その活動に影響を与える要因になるという点で、段階を規定する重要な要因ではあるが、経済学的には主役はあくまで資本=金融資本であって、構造ないし枠組みはその活動の舞台をしつらえる役割を果たすに過ぎないものと私は考えている。合衆国=ソ連邦なる枠組み論=冷戦論もしかりである。

五　迷い込んだ世界

「合衆国とソビエト連邦」に続けて小幡は、近年の「グローバリズムの契機は、この冷戦構造の行き詰まりと瓦解にある。アメリカ経済もソビエト経済もともに成熟し、停滞局面に入ったことがグローバリズムの外因である。ただこれはあくまで外因であり、新興経済圏の多元的な興隆を説明する内因ではない。第三世界のなかから、独自の工業化の動きが芽生えてきたこと、これがグローバリズムの積極的な契機をなす」（同上、八三頁右）と述べることからこの項を始めている。

このようなグローバリズムに関する契機論、内因論、外因論は、ごく常識的なエコノミスト的な評論を出るものではなく、ここには特に目新しい論点はない。ただ、小幡が続けて述べているところを見ると、この「工業化の動き」の端緒が「都市国家的な規模で始動」（同上、八三頁右）し「徐々にその範囲と規模を増していった」（同上、八四頁左）点に近年の経済発展の独自性を求めようとしているようにも見える。

しかし、その小幡も続けて、「その発展は商品経済を基礎に利潤を追求する資本の旺盛な活動に支えられていた」のであり、「こうした都市、地域は先進国に対する輸出産業で潤った。…それはアパレル、雑貨などの軽工業をベースに、低賃金を武器として先進資本主義国の国内市場に食い込むかたちで出発」（同上、八三頁右〜八四頁左）したと述べている。後進地域のこのような発展の仕方は、「都市国家的な規模で始動」したという点以外は、特に独自なもののようには思えない。

ところが、続けて小幡は「この種の経済発展を見るとき、帝国主義段階をもって資本主義の地理的拡大は限界をもち、極東の日本がかろうじて資本主義化しえた最後の国であるといったテーゼは無効となる。しかも、新たな資本主義化の兆候は、国民国家の形成を契機とするものでも志向するものでもなかった。こうした個別分散的な資本主義化が、新興経済圏の基盤をなす」（同上、八四頁左）というのである。

ここでいわれている「帝国主義段階をもって資本主義の地理的拡大は限界をもち、極東の日本がかろうじて資本主義化しえた最後の国であるといったテーゼ」なるものは誰のテーゼなのであろうか。少なくとも宇野のテーゼではない。これはおそらく先に紹介したように、小幡が宇野説を「不純化＝没落論」と見ていること、あるいは「第一次大戦後＝社会主義への過渡期」論と見ていることと関連するのであろうが、そこでも述べたように、これは小幡のいわば為にする誤解釈である。

　また、「しかも」以下で言われているように、「新たな資本主義化の兆候は、国民国家の形成を契機とするものでも志向するものでもなかった」と言い切れるものなのかどうかにも疑問があるが、それは措くとして、仮に「個別分散的な資本主義化が、新興経済圏の基盤をなす」としても、そのあとの経済発展の仕方と結果に「大転換」とか「大地殻変動」と見うるような何か独自な点があるといえるのかについては、とくに説明はない。歴史的な現実が違えば発端や基盤はもちろん、経路にもある程度の相違があるのは当然であるが、発展を主導した資本の蓄積様式ないし活動様式と、その結果出来上がりつつある構造の特徴は何なのであろうか。これについては小幡は「それは国家に主導され隅々まで統括された一枚岩的な経済ではない」（同上）といい、そこには「局所的な発展動力と集権的コントロールが分化した二重構造的性格」ないし「地方・地域がこの間に介在した多層構造」（同上、八四頁右）が観察されるといって、これをもって今日の新たな資本主義化の特徴と見ているようであるが、このような性格ないし構造は、今日の「新興経済圏の形成・発展に共通の特徴」というよりも、そもそもすべての資本主義経済体制の「形成・発展」に共通の特徴ではないのだろうか。

　にもかかわらず、小幡は、現在進行している「グローバリズム」を「新たな資本主義化の流れである」とし、「これが私の目には見慣れぬものに映る、迷い込んだ世界のスケッチである」（同上、八四頁右）というのであるが、私には既視感の方が強く、むしろ見慣れた光景に映る。小幡が見慣れていたのはどのような光景だったのだろうか。

　なお、このような新たな「世界」のことを小幡は、「ドイツ＝典型説の再現には還元できない世界」（同上）といっている。ここでも宇野段階論の無効性をいいたいようであるが、「ドイツ＝典型説」ということで何が言いたいのか、よく分からない。宇野の段階論にはいくつかの側面があるが、「ドイツ＝典型説」というレッテルに何か意味があるとすれば、次のようなことであろう。すなわち、一つは、一九世紀末から二〇世紀初頭にかけてのいわゆる帝国主義段階における支配的な蓄積様式が金融資本的蓄積であり、金融資本の展開はドイツ、イギリス、アメリカに見られたが、それが典型的に展開されたのがドイツ資本主義においてであったというのが「ドイツ＝典型説」なるものの一つの意味であろう。現在は二一世紀であるから、当時のドイツ資本主義が再現されえないのは当たり前の話であるが、当時のドイツ的特徴を捨象したような一般的な金融資本的蓄積様式の理論を現代の資本主義の理解に適用できないかどうかという問題は考えてみても良い問題であろう。

宇野段階論のもう一つの側面は、宇野自身が必ずしも明確に述べているわけではないが、世界経済の枠組み、編成構造から段階を規定する面である。宇野は金融資本の諸相としてドイツ金融資本、イギリス金融資本、アメリカ金融資本の三類型を取り出したが、これは同時に、当時の世界経済編成の基軸の多極化の様相を示すものとして解読できるものであった。この点で、「ドイツ＝典型説」なるものに意味があるとすれば、ドイツを最も積極的な基軸国として世界が編成されていたという意味に解することが出来るかもしれない。現在は二一世紀であるから、現代のドイツをそのようなものと見ることが出来ないのは当然であるが、ここでも、多極化している基軸国の様相を、資本の蓄積様式から説き起こすという方法があるかないかを検討してみることは必ずしも無駄なこととはいえないであろう。

小幡は、先に紹介したように二〇世紀末の冷戦構造の「崩壊のなかから台頭した新たな資本主義化の流れ」を「見慣れぬ」世界、「迷い込んだ世界のスケッチ」として提示したあと、この項の最後で、宇野段階論批判を次のように総括する。すなわち、まず「帝国主義論の核心」としての「ドイツ＝典型説」について「遅れて資本主義化したドイツは、…非商品経済的な関係を取り込んで独自の発展を遂げる。それは爛熟期の資本主義の典型をな」（同上、八四頁右）すという説だと述べたあと、「さらに、第一次大戦後の資本主義の発展は、新たな段階を画するものではなく、世界史的に見ると、すでに社会主義への過渡期に入っているとみるべきだというのである。ドイツ典型説は、社会主義＝過渡期説と一体となって、宇野による二〇世紀の歴史像を形づくっていた。もし、この世界から彷徨いでてしまったとすれば、この歴史像を支えている資本主義の原理像から再考するほかない。けだし、ドイツ＝典型説は純粋資本主義を基礎としているからである」（同上）という。

ここでも、宇野の段階論は第一次大戦後の資本主義の発展について「社会主義＝過渡期説」を主張している点でその限界を露呈しているという批判を繰り返しているわけであるが、ここで、この「宇野による二〇世紀の歴史像」を支えているのは「資本主義の原理像」であるとか「ドイツ＝典型説は純粋資本主義を基礎としている」というのはどういう意味なのであろうか。別の箇所では「宇野の三段階論を原理的に支えてきた純粋資本主義論」（同上、七七頁左）というような言い方もしている。

宇野理論の考え方では、ドイツ資本主義ないし金融資本の概念は純粋資本主義論を基準にすれば不純な資本主義であり、原理論では説けない資本概念である。しかし、ドイツ資本主義が帝国主義段階の典型であるとされるのは、別に純粋資本主義論＝原理論を「基礎にしている」からではない。宇野によれば、帝国主義段階の「典型」の基準は「事実の問題」（宇野①一一一頁）、すなわち、資本主義世界の現実分析を基礎にしているものである。他の段階についても同様である。重商主義段階も自由主義段階も、原理論では説けないという意味での不純な資本である商人資本や産業資本が支配的資本であるという点では、各段階の不純性＝多様性は原理論を基準にして確定されているとはいいうるにしても、それは不純は純粋を基準にしているというだけのことである。原理論をこのような意味で基礎にしている帝国主義段階論が仮に破綻しているとしても、つまり不純化が再逆転して純化が再進行しているとしても、だから原理論の見直しが必要になるというのは、私には全く理解できない理屈である。そもそも小幡は宇野が段階論を原理論から「分離」している点、すなわち原理論が段階論から「孤立」している点を批判していたはずであるが、原理論の見直し必要論はこの批判とどう整合するのだろうか。

しかも、仮に三段階論に原理論が間接的にせよ何らかの役割を果たしているとしても、原理論は三段階論を基礎にしているわけではない。したがって、現実が変化して仮に三段階論で説けない現実になっているとしても、だからといって、そのことから原理論を見直さなければならないということにはなるまい。地殻変動なるものは純粋資本主義論とは関係なく生じているのである。もっとも、小幡の宇野批判の根底には、理論は歴史を反映すべきものであるという論理＝歴史説のドグマにたいする潜在的な信仰があるのかも知れないとも思われるが、いずれにせよ、従来の原理論を基礎にした理論ではこの地殻変動の分析はできないということがどうしてもいいたいのであれば、何か帝国主義論の破綻という理由以外の、別の論理＝歴史説の理屈を工夫することが必要であろう。

最後に、過渡期説について。小幡が典拠と見る宇野の『経済政策論・改訂版』の「補記」の文章が小幡稿九九頁左に引用されているが、そこで宇野が述べていることは、（一）「第二次世界大戦後の資本主義諸国の発展は顕著なるものがあった」が、それは（二）「社会主義諸国の建設を阻止するもではなかったようであり」、（三）その資本主義諸国の発展に「新たなる段階を画するものがあるとはいえないのである。結局、段階論としての政策論に新たな展開を規定することはできない」（宇野②二六三頁）ということに尽きる。要するに、第二次大戦後の資本主義の発展は新たな発展段階を画するものとはいえないということである。この宇野の文章の（二）で、資本主義は顕著な発展を示したが、「社会主義の建設を阻止する」ような発展ではなかったといっていることを以って、「過渡期説を積極化させた」（小幡②九九頁左）と断じるのはいかにも為にする議論であるといわざるをえない。というよりも、実は小幡自身がかつて過渡期説に迷い込んでいたのを、宇野のことのようにいって宇野をおとしめることによってアリバイ作りをしようとしているのかも知れないと思われる。

なお、小幡は引用していないが、宇野の「補記」の最後は「かくて第一次世界大戦後の資本主義の発展は、それによって資本主義の世界史的発展の段階論的規定を与えられるものとしてでなく、社会主義に対立する資本主義として、いいかえれば世界経済論としての現状分析の対象をなすものとしなければならない」（宇野②二六七頁）という文章で締めくくられている。「社会主義と対立する資本主義」の「発展」というのがどうして「社会主義に移行する過渡期の資本主義」と読めるのであろうか。移行するかも知れないし移行しないかも知れない時期のことは普通「過渡期」とはいわない。（前出『著作集第二巻』も参照されよ。）

以上の検討の結果として、ソ連・東欧社会主義の倒壊を契機に途上国ないしかつての第三世界の各国の資本主義的発展が急展開しているということ、あるいは資本主義の多様化、とりわけ製造業資本主義と金融資本主義の多様化が地域的に拡大しているということは、資本主義世界のいわば蘇生・再建ないし地域的新展開であると見うるとしても、むしろだからこそ資本主義の原理論の変更が必要とされるような大転換、大変動ではなかったと結論してよいのではなかろうか。

以上が小幡稿の前半の検討の結論である。後半の検討は別の機会を得たい。

［引用文献］

宇野弘蔵①［一九六七］『経済学を語る』東京大学出版会
宇野弘蔵②［一九七一］『経済政策論 改訂版』弘文堂
宇野弘蔵③［二〇〇八］『「資本論」と私』御茶ノ水書房
宇野弘蔵④［一九七三］『宇野弘蔵著作集第二巻』岩波書店
小幡道昭①［二〇〇七］「段階論から孤立した原理論—宇野原理論の問題点」http://www.gssm.musashi.ac.jp/uno/obata
小幡道昭②［二〇〇八］「純粋資本主義批判—宇野弘蔵没後30年に寄せて」東京大学『経済学論集』第74巻第1号

第5章　制度派マルクス経済学の歴史的アプローチ

横川信治

はじめに

この論文では、歴史学派や旧制度学派（以下、歴史・制度学派）の「歴史的アプローチ」をマルクス経済学に統合することによって、マルクス経済学に含まれる「還元主義」と「目的論」を取り除き、また宇野派経済学における歴史と理論の分断を解決する方向性を提起する。宇野弘蔵にとって歴史学派とマルクス理論の統合は奇異な問題ではない。そもそも宇野の段階論そのものが歴史学派の「歴史的アプローチ」とマルクス理論を統合するという問題意識から成立したものである。宇野（一九七〇）は、段階論でマルクスと並んでリスト（歴史学派の先駆者）、シュモラー（新歴史学派）、ウエーバーとゾンバルト（ヤング歴史学派）、バジョット（イギリス歴史学派）を重要視している。宇野派経済学の国際化とジェフ・ホジソンやハジュン・チャンによる制度学派や歴史学派の再発見が、宇野派の三段階論と「歴史的アプローチ」に関する国際レベルの論争を生み出しているのである。[1]

チャンはドイツ歴史学派の「歴史的アプローチ」を、（1）「永続的な歴史的な型の探索」、（2）「それを説明する理論の構築」、（3）「現代の問題へのその理論の適用」の三点に整理した（チャン、二〇〇九、一〇頁）。（1）と（2）に関しては、カルドアの「様式化された事実 Stylized facts」とそれを説明する特殊中間理論と同じものだと考えられる。しかしながら、チャンや歴史学派はその理論をより一般的な中間理論に統合することはせず、むしろその特殊中間理論を（3）で政策や制度の形成にあてはめることに関心を持っている。私の問題関心は、様式化された事実を説明する特殊中間理論を、資本主義の進化を説明する中間理論に統合することである。この統合された中間理論は、原理論と現状分析の中間的な理論である宇野派の段階論に近い。

この論文ではまず現代制度学派のホジソンによる「還元主義」と「目的論」批判を紹介し、続いて、「還元主義」と「目的論」の視角から宇野の体系を見た場合、二つの歴史観が併存することを明らかにする。そのうち宇野の第2の歴史観は、ホジソンの批判をクリアし、その点では「歴史的アプローチ」を統合する条件を満たしている。

続いて、原理論と段階論の関係をめぐる山口—小幡論争を中心に、宇野の理論における歴史と理論の分断の問題点を明らかにする。最後に、宇野の中心課題である資本蓄積構造について、「歴史的アプローチ」に基づいて、歴史上みられる様式化した事実を抽出し、それを解明する三つの特殊中間理論を導入し、理論と歴史の分断を解決する方向を探る。

一　歴史・制度学派のマルクス批判と宇野の二つの歴史像

まず最初に、制度派のマルクス批判からみよう。ホジソン（Hodgson 2001 一三一—四頁）によれば、マルクスの理論は「目的論」と「還元主義」を基礎としているので、「歴史的アプローチ」をとる制度派（したがってそのもととなった歴史学派）と相いれない。

マルクスの唯物史観は、人間社会は生産力の増大の結果必然的に社会主義的生産様式に発展するという点で、（ヘーゲルと同様に）歴史がそれに向かって進んでいく単一の目的を想定しているので、確かに目的論的である。『資本論』が目的論に陥った一因は、理論的枠組みと歴史分析が一体化し、すべての資本主義がイギリスと同じ発展過程をたどり、最終的には社会主義に行き着くと予測したからである。ヴェブレンはダーウィンの進化論を論拠にマルクスの目的論を批判し、経済発展は経路に依存し、また歴史がそれに向かって進んでいく単一の目的というものはないと主張した。

「還元主義」とは、複雑な現象を1レベルまたは1タイプの理論で全面的に説明可能であるとする考え方である（Hodgson 2001 三四頁n）。マルクスの『資本論』は理論的な展開と歴史的な発展を区別せずに一つの統一的な理論で説明している点で、還元主義にも陥っている。

宇野の三段階論は多くの点でマルクスの理論よりは「歴史的アプローチ」に近い。したがって、「目的論」と「還元主義」の弊害も少ないが、完全に免れているとはいえない。宇野は、理論的枠組み（純粋理論）と歴史分析（段階論）を分け、「純粋理論」から目的論を取り除いた。しかし、

「段階論」では、資本主義社会の次は社会主義であるという目的論が見られる。また宇野の三段階論は多層的分析であり、還元主義には陥っていないが、問題は原理論における「純粋資本主義」の想定である。ホジソン（同書）の「非純粋性原理」では、文明的な人間社会ではメインの生産制度のほかに複数の生産制度がサブシステムとして存在し、これら複数の生産制度の補完関係の結果、社会的再生産の継続が可能になる。例えば、資本主義市場経済は、メインシステムの資本主義企業と市場（あわせて資本主義市場経済）を、家族と国家などのサブシステムが補完することによって成立している。資本主義市場経済だけでは、社会の存続を説明することは不可能なので、ホジソンは、宇野の「純粋資本主義」を「還元主義」の一例として批判した。

目的論と還元主義批判の観点から宇野の歴史像を見直すと二つの相異なる歴史像が現れてくる。宇野の歴史像には、労働力の商品化の無理に焦点を当て、内生的に資本主義の発生・発展・没落の過程を見る第1の視点と、労働者―資本家―地主の三大階級の多様な関係に焦点を当て資本主義の外生的進化を見る第2の視点が併存する。

資本主義の発生・発展・没落の内生的発展過程を見る宇野の第1の視点は、『経済学方法論』に次のように表現されている。

発生期の資本主義が、自らの発展のために必要な労働力を、いわゆる資本の原始的蓄積の過程を通して確保したのに対して、発展期の資本主義は、周期的な景気の循環を通してではあるが、資本の構成の高度化による相対的過剰人口の形成によってこれを確保し、これによって自ら必要とする労働力を自ら供給するものとして、自立しうることになったのである。ところがまた資本の構成のさらにいっそう急激なる高度化は、生産力の増進をともないつつ、自ら必要とする以上に過剰の労働力をつねに供給しうることになるのであって、いわゆる中小企業を残しつつ純粋化の傾向を逆転し、金融資本の時代をその末期的現象とともに現出することになるのであった。

（宇野、著作集第九巻、二八頁）

この第1の視点では、資本の有機的構成の高度化によって内生的に資本主義が非純粋化し、さらには没落する。ここには、「目的論」の要素がはっきりと認められる。また、発展期の資本主義が資本主義市場経済のみによって労働力商品を再生産できることが、資本主義の自立性の根拠となっている点に還元主義の要素を見出すことができる。さらに、宇野は「もちろん資本主義も、一社会を全面的に商品経済をもって支配しうるものとして歴史的社会をなすものであり、」（同書、五二頁）と完全に純粋な資本主義が社会として実在しうると考えている。新旧の共同体に補完されてはじめて成立する資本主義社会の再生産を、資本主義市場経済のみで自立可能だとする点で還元主義に陥っている。

他方では、資本主義の進化を目的論的ではなく進化論的に扱う視点、および資本主義経済の多様性を重視する視点も存在する。進化論的で多様性を重視する第2の視点については、同じく『経済学方法論』に次のような叙述がある。

まず目的論の排除については、次のような指摘が存在する。

（1）「マルクスが『資本論』を執筆した当時にはほとんど予想を許さなかったような発展が、資本主義のその後に見られることになったのであって、我々は、もはや単純に資本主義の発展はますます純粋の資本主義社会に近似してくるとはいえなくなっている。」（同書、二一二頁）

この視点では資本主義の非純粋化は、理論的には予測不可能な、外生的な発展によってもたらされる。言い換えると、第1の視点では帝国主義への移行は内生的（目的論的）であり、第2の視点では外生的（進化論的）である。

さらに『農業問題序説』では、資本主義の没落と社会主義の形成が必ずしも必然的ではないという、非目的論的視点がみられる。

（2）「資本主義が金融資本を最高形態として、その矛盾を解決し得ないために必然的に崩壊するものとは言えないであろう。」（宇野、著作集第八巻、二八六頁）

宇野によれば「資本主義は民主主義によって新たなる資本の形態を展開しない限り、ソヴィエトの社会主義に対しても、その存続を主張し得ない」（同書、二九一頁）のであるから、資本主義が生き延びたのは「新たなる資本の形態」が発生したからだと考えざるをえない。宇野の第1の視点には、資本主義社会の次は社会主義であるという目的論が見られるが、「新たなる資本の形態」の発生の可能性を認める宇野の第2の視点は、目的論を排除したものと考えることができる。

また第2の視点は、市場経済と共同体の歴史的関係を重視する点で非還元主義的である。宇野が引用（1）で問題にしているのは、帝国主義期に入って資本主義が家業的な中小企業や農業などの家族的生産制度を資本主義化して解体せずに、それを資本主義市場経済の外部に残存させることによって、純粋の資本主義以外の資本主義が出現する点である。この新しいタイプの資本主義はドイツ等のイギリスに遅れて工業化した国で発生するのであり、純粋の資本主義が内生的に変化した物ではない。第2の視点で見られる資本主義像は、共同体と資本主義市場経済の多様な歴史的関係を前提する多様な資本主義像である。宇野は『農業問題序説』でさらに進んで、「先進国イギリスが、農業をも資本主義化することになったのは、むしろ先進国としての特殊な歴史的事情によるものといってもよい。」（宇野、著作集第八巻、九三頁）として、イギリス・アメリカ・ドイツのような多様な資本主義像を、「純粋資本主義」と「不純な資本主義」という関係ではなく、同等に「資本主義」の多様性として扱う視点を示している。このような多様性が発生するのは、新しい生産制度の発展が古い生産制度を代替する形で行われるのではなく、古い生産制度の上に新しい生産制度が重なり屋上屋を重ねる形で、新旧の生産制度が補完的な制度として再構成されていくからある。例えば、「基本的社会関係は、残存する社会関係を、その必要があれば比較的容易に変革してゆくものである。」（同書、一九頁）ここには、資本主義社会においても、メインシステムとしての資本主義市場経済がサブシステムとしての旧来の生産制度（家業や村落共同体）を再構成することによって社会的再生産が可能になるという視点が示されている。この多層的見解は、現代制度学派のホジソン（Hodgson 2001 三三八頁）の「非純粋性原理」（多層的再生産制度の原理）に通じるものである。

以上みてきたように、宇野の理論には「還元主義」と「目的論」を排除する第2の視点が存在し、この点では歴史・制度学派の「歴史的アプローチ」を宇野の理論に統合することが可能である。

二　段階論と原理論の関係

一九九九年から二〇〇二年にかけて山口と小幡の間で行われた原理論と段階論の関係に関わる論争が山口（二〇〇六）の出版と宇野没後30年研究集会での小幡の報告をきっかけとして再開された。「歴史的アプローチ」の観点からこの論争を再整理しよう。山口も小幡も「目的論」を否定する点では共通しているが、原理論における還元主義の取り扱いで違いがある。山口が原理論のカバーする範囲を制限することで原理論が還元主義に陥ることを防ぐのに対して、小幡は原理論に制度を取り入れる余地を作ることによって還元論に陥ることを防いでいる。また山口が宇野と同様に理論と歴史を分断するのに対して、小幡は理論と歴史の再統合を「変容論」として試みている。

(1)山口重克の経済理論としての純粋理論と社会理論としての中間理論

山口は『市場システムの理論』序章（一九九二年、山口二〇〇六所収）で、「抽象的な純粋資本主義論と現実の具体的な資本主義との間を架橋する中間理論」（二〇〇六、三五頁）として「類型論」を提唱した。純粋資本主義論は「構成員が経済人的行動だけを」行うことによって形成されているモデルである（同書、三七頁）。それは、「19世紀のイギリス資本主義の自由化の傾向を拡張するという手続き」と「演繹の過程での分析者による不純物の意識的な除去」（同書、二一頁）の二重の純化によってえられる。

純粋資本主義論で意識的に除去された不純物は「ブラックボックス」に入れられる。不純物には「国家ないし法制、慣習、道徳、宗教、共同体」等の非商品経済的制度と、自然、技術が含まれる。これらの不純物は、「純粋の資本主義経済から見ると不純化要因であるが、現実の資本主義市場経済にとってはいわば補完要因である。」（同書、七三頁）中間理論は、これらの不純物が原理論に反映されることにより、歴史的発展段階を明確にする縦の類型論と、同一の歴史的段階における資本主義の多様性を明確にする横の類型論として形成される。

山口は、『類型論の諸問題』（二〇〇六）では、純粋資本主義論を「資本主義市場経済をあたかも自立しうる経済システムであるかのようにして展開して見せる理論的構築物」（九六頁）であるとしていた。横川が同研究集会と同研究集会のNewsletter(2)で、制度派マルクス経済学の観点から、制度的な補完性なしには資本主義の自律性を証明できないと主張したのに対して、Newsletter(4)への投稿で、「原理論に制度を持ち込むことになると、原理論と段階論の境界がなくなり、この理論は宇野理論ではなくなる」と批判し、純粋資本主義論を「社会理論」と区別された「経済理論」として展開すべきであると主張した。資本主義市場経済には国家ないし法制度がなくても存在出来る側面があり、それを取り出すのが「経済理論としての原理論」だと論じた。山口はそのように整理したうえで、純粋資本主義の本質は自律性ではなく不安定性・不確定性であると主張した。純粋資本主義で資本主義の自律性が論証できなくなったことで、山口の中間理論は縦と横の類型論のほかに「社会理論」として資本主義の自律性を明らかにするという役割も担うことになった。

(2)小幡道昭の「変容論」

小幡(一九九九)は、原理論、中間理論、現状分析で構成される山口の三段階論に対して、原理論と中間理論を分断することができるかという根本的な疑問を呈した。純粋資本主義が成立するためには、労働力の商品化、貨幣制度などが必要であり、それらが家族制度や国家などの非商品経済的な制度によって外的に与えられていることを根拠に、商品経済的要因だけで形成される原理論と、非商品経済的要因が付加されて形成される中間理論という山口の区別を批判した。小幡は原理論の「開口部」の概念を提唱し、原理論には経済人的行動だけでは決定できないいくつかの「開口部」があり、「原理論を支えている隠された条件」がそこに入れられることによって初めて資本主義経済の自立性が実現されると論じた。

小幡(二〇〇一)は、原理論の現状分析への直接適用の可能性を論じ、「原理論の直接適用の可能性を探れば、原理論の内部構造や展開方法の見直しが必要になる」(同書、五一頁)として、従来段階論の問題として切り捨てられていたものを、「開口部」を通じて原理論に繰り込んだ。このように取り込まれる外的条件の中には「資本主義の原理像を変容せしめる」(同書、七頁)ものが存在するので、原理像の変容の動力を原理的に説明することが原理論の目的になると主張した。小幡は、山口の「不変の原理論」と「ブラックボックスに入れられるさまざまな要因」で形成される類型論の組み合わせでは、「変容の動力についての一般的考察も原理論から追い出す」ことになると批判した。

研究集会における小幡の報告を、小幡(二〇〇八)で補足しながら整理しよう。小幡によれば、マルクスが『資本論』において示した純粋資本主義像は、すべての資本主義はイギリス型の発展をたどるという「歴史的収斂説」に立脚したものであった。宇野の純粋資本主義論はマルクスの歴史的収斂説に対する批判として展開されたものである。それにもかかわらず、宇野の「純粋資本主義」が『資本論』以上に単一資本主義像を強調する内容になっている点を、小幡は、宇野の「論理的収斂説」として批判した。

ここで小幡が提案した重要な概念は「状態論」と「傾向論」である。すなわち、純粋資本主義という状態と、それへの近接と離反の傾向の区別である。マルクスの場合には近似傾向の結果純粋資本主義に到達するので、状態論と傾向論は一致するが、宇野の場合には近似した後に離反するので状態論と傾向論は一致しない。この関係を整理する二つの方法がある。

第1の方法は傾向論を原理論から排除し状態論に一元化する方法である。小幡によれば、山口は状態論に一元化することによって、「本質論としての原理論」にたどり着いた。その結果は、宇野の「論理的収斂説」をさらに徹底させるものであり、傾向論に潜在していた資本主義の変容の側面が原理論から消滅した。

第2の方法は傾向論を「変容論」として再構成する方法である。小幡は、商品経済的な論理のみでは貨幣は金貨幣となるのか信用貨幣となるのか、また資本は個人資本となるのか結合資本となるのか説明できないので、原理論には理論化できない空白領域（開口部）が複数存在すると主張する。宇野の純粋資本主義は「こうした開口部に対して特定の条件を外挿するかたちで構成されてきた」ので、純粋資本主義とは「こうした外的条件のセット」の一つに与えられた名称である。従って、純粋資本主義は、「資本主義の一つの態様を理論的に明らかにするものと解釈することもできる」。また、「外的条件のセット」は複数ありうるので純粋資本主義が「単一像を結ぶという命題は成りたたなくなる」と主張する。

小幡の「変容論アプローチでは、原理論は単一の〈状態〉を対象とするのではなく、複数の〈状態〉を内包する〈世界〉を対象とするものになる。」（二〇〇八、九六頁）小幡は「開口部相互の間にはたらく制約関係」と「社会通念」によって外的条件のセットは限定されると付け加えた。

以上みてきたように、小幡のアプローチは歴史と理論を再度統合しようという点で、私の歴史・制度学派の「歴史的アプローチ」とマルクス理論を統合しようというアプローチにある程度近いと考えられる。小幡が、原理論から演繹的このような統合を果たそうとするのに対して、私は段階論から帰納的に、歴史と理論の関係を再統合しようとする。次に「歴史的アプローチ」による中間理論の方法論を検討しよう。[2]

三　「歴史的アプローチ」と中間理論

(1) 循環的恐慌・構造的恐慌・システミック恐慌

「歴史的アプローチ」による中間理論の有効性を宇野派経済学のもっとも重要な理論である恐慌論を例にとって確認しよう。宇野弘蔵がマルクスの恐慌論を労働力の価値法則として再構成して以来、原理論的恐慌と現実の恐慌との関係は、理論的に大きな問題となってなってきた（宇野一九五三、横川二〇〇八）。現実の恐慌は、3つの形態に分類することができる。

第1は、循環的恐慌であり、一八二〇年代から一八六〇年代のイギリスや、一九五〇年代から一九六〇年代に先進諸国で周期的に起こった恐慌である。宇野の原理論における恐慌に最も近い形態の恐慌である。

第2は、循環的恐慌が繰り返される中で、資本蓄積構造に限界が生じ、その特定の資本蓄積構造の危機をもたらす構造的恐慌である。19世紀末の大不況期や一九七〇年代の利潤圧縮型恐慌がこれに当たる。

構造的恐慌後に変質した世界資本主義システムでは、新しい資本蓄積体制は国ごとに、歴史的・社会的条件によって異なる場合が多い。20世紀初頭の第1次グローバリーゼーションでは、実体経済の中心地は独・米に移り、覇権国であるイギリスは国際金融の中心地としてのみ世界を支配した。新産業（重化学工業）の生産性が急速に伸びたことを反映して、独・米でほぼ10年周期の資本の過剰蓄積による循環的恐慌が起こった。両国の生産性上昇率は、資本輸出によって資本の過剰蓄積が解消され、恐慌が起こらなかったイギリスよりも急速に上昇した。

一九八〇年代からの第2次グローバリーゼーションにおいても、生産の中心地は独・日・東アジアに移り、覇権国であるアメリカ合衆国と旧覇権国のイギリスは金融的支配を拡大した。一九八〇年代以降は、先進国では資本の過剰蓄積による恐慌は発生していない。先進国では労使の所得分配をめぐる対立はいくつかの方法（労働組合の無力化、社会民主主義、協調的労使関係等）で解決され、景気循環の主役ではなくなり、金融主導によるブームとバストが景気循環の主役となった。

第3は、特定の資本主義世界システムの崩壊をもたらすシステミック恐慌である。一九二〇年代末には、イギリスは金融においても世界経済の調整の役割を果たせなくなり、国際通貨体制が崩壊した。その結果、アメリカ合衆国の恐慌を出発点とする世界恐慌は、システミック恐慌にまで発展し、イギリスを中心とする世界資本主義システムが崩壊した。現在のサブプライムローン危機は、金融主導型恐慌の繰り返しの結果形成された構造的恐慌であるが、これがシステミック恐慌に発展するかどうかはまだ不明である。

(2) 様式化された事実と特殊中間理論

一八二〇年代から60年代にイギリスで見られた循環的恐慌は、宇野（一九五三）の恐慌論に基づけば、資本の過剰蓄積によって説明可能である。資本蓄積によって、労働需要が労働供給を上回り、失業率が低下することから、賃金が上昇し、その結果利潤が減少し、恐慌が発生する。賃金と利潤の対立は不況期の新生産方法の導入によって解決され、好況が再開される。

歴史的アプローチからみると宇野の恐慌論には3つの問題点がある。第1に、産業予備軍が大量に存在するときに、宇野の理論のように好況末期に賃金が全般的に上昇することを説明するのは困難である。第2に、宇野の恐慌論では、利潤の減少が恐慌を引き起こすメカニズムで、金流出や利子率上昇が重要な役割を果たしている。宇野（一九五〇）の信用論では、信用は流通期間を短縮し遊休資本を節約する働きをし、また社会的貯蓄を産業資本に信用仲介することによって、遊休貨幣資本を活動資本化する役割を果たす。信用は、他方ではバブルをもたらし、金融引き締めを通じて恐慌をもたらす。しかし、宇野の信用論では前者が強調され、後者が十分に理論化されていないので、信用が恐慌を引き起こすきっかけとなるメカニズムが十分説明できない。第3に、宇野の恐慌論では、景気循環があたかも永遠に続くことになる。そのため原理論と資本主義の歴史的展開（進化）が理論的に分断されている。

宇野が想定したように資本主義世界システムの形成がただ一度限りの歴史的過程であれば、資本主義世界システムの生成・確立・没落の過程を理論化することはできない。しかし、イギリスを中心とする資本主義世界システム（市場資本主義）の後に、資本主義は崩壊したのではなく、新たにアメリカ合衆国を中心とする資本主義世界システム（管理資本主義）が形成された（表1）。それが確立さらには変質の過程をたどっているのを見ると、この様な歴史的過程に共通する「様式化された事実 stylised facts」を見つけ出し、それを説明する「特殊中間理論」を作る必要があると考えられる（横川、二〇〇七）。特殊中間理論を統合した中間理論は、原理論レベルの問題である「変容」にも新しい理論化の視点を与えると期待できる。

表1　資本主義世界システムの時代区分

	発生	確立	変質	危機
市場資本主義	重商主義段階	自由主義段階	第１次 グローバリゼーション期	大戦間期
管理資本主義	大戦間期	黄金時代	第２次 グローバリゼーション期	2001年 以降

ここで、恐慌の形態との関係で様式化された事実として次の3点を挙げることができる。

①景気循環を通じて経済成長が継続し、賃金が上昇した。

②経済成長通をじて、キャッチアップが行われ、コンバージョンが進んだ。その結果構造的恐慌が起こった。

③構造的恐慌後の変質した資本主義世界システムでは、覇権国の役割が変化した。これまでの歴史的経験では、覇権国の金融支配が強化された。この過程で、金融構造の脆弱化が進み、システミック恐慌が起こった。

これらの様式化された事実は次の特殊中間理論を使って説明することが可能である。

①ボーモルのコスト病
②動学的比較優位説
③累積的な金融不安定化

四　制度派マルクス経済学の特殊中間理論

(1)ボーモルのコスト病と賃金のラチェット効果

産業予備軍が大量に存在するときにも、生産性成長率と生産の拡大率の大きな産業(以下、ダイナミック産業)では、好況末期には特定の労働力が不足し賃金が上昇する。ダイナミック産業では、生産方法の改善が常に行われているので、恐慌後の不況期に新固定資本が導入されることによって、一人当たり労働者の生産する付加価値は増大し、利潤も増大する。この部門では利潤の減少は新生産方法の導入によって解決されるので、賃金は不況期においてもあまり下落しない。景気循環は、ダイナミック産業の資本蓄積によって支配される。

景気循環を通じて経済成長が続き、産業予備軍が減少すると、ダイナミック産業に労働力を奪われないために、その他の産業でも賃金を上げざるを得なくなる。これらの産業では生産性上昇率が低いので、賃金上昇分は価格に転嫁される(Baumol 1967 ローソン、二〇一〇)。生産性上昇率の低い産業で賃金が上昇し、価格に転嫁されるのが、ボーモルのコスト病である。この結果、賃金は好況期に全般的に上昇することになる。コスト病が発生すると、上昇した賃金は不況期においてもあまり下落せず賃金のラチェット効果が働く。次節で見るように賃金のラチェット効果が循環的恐慌を構造的恐慌に変えた。

(2)単位労働生産額と動学的比較優位説

ハジュン・チャン（二〇〇九）によれば、現在の富裕国のほぼすべてが、発展途上にあったときに、幼稚産業育成のために介入主義的な産業・貿易・技術政策（以下、ITT政策）を積極的に使った。また、これらの国は最先進国の仲間入りを果たすと自由貿易と自由市場を支持し、発展途上国の保護主義を禁止することによって発展途上国が後追いできないように「はしごを外した」。現状を前提に自由貿易の有利を説くリカード（Ricardo 1817）の静学的比較優位説に対して、産業構造の高度化を前提に保護主義の優位を説くフリードリッヒ・リストやチャンの理論を動学的比較優位説と特徴付け、特殊中間理論を形成し、チャンの発見した様式化された事実を理論的に説明しよう。

産業構造の高度化と保護主義（積極的ITT政策）の関係を検討しよう。リストやチャンが対象としたのは収穫逓減の農業中心の経済から収穫逓増の工業への産業構造の高度化であった。それでは、19世紀後半のいずれも収穫逓増産業である綿工業から重化学工業への高度化に関しては、どのように説明できるであろうか？

ここで重要な概念として単位労働生産額を導入し、動学的比較優位を定義しよう（図1）。単位労働生産額とは1単位の労働によって生産される製品の量と製品単価の付加価値部分を掛けたものである。生産性の上昇によって単位労働生産量は増大する。製品価格は、その製品が普及するまでは下落しないが、普及にしたがって下落する。したがって、単位労働生産額は、生産の進歩・普及に伴って、最初は上昇し続いて下落する逆U字型を描く。動学的比較優位は単位労働生産額と賃金の差額によって決定される。

景気循環の繰り返しで経済成長が続くと、一方では現存のダイナミック産業が陳腐化し、他方ではコスト病が起こり、動学的比較優位が減少する。それに対する対応は2つ考えられる。第1は、生産性上昇率の高い、よりダイナミックな産業に移行することである（産業構造の高度化）。新産業がすでに先進国で発展しているキャッチアップ国ではこの対応がとられ、いわゆる雁行型発展が起こる（赤松、一九六五）。最先進国では、新産業育成のコストとリスクからこの対応はより困難である。第2の対応は、利潤の獲得先を海外や金融部門に移行することである。覇権国である19世紀末のイギリスや20世紀末のアメリカ合衆国ではこの対応がとられた。

図 1. 単位労働生産とダイナミック産業

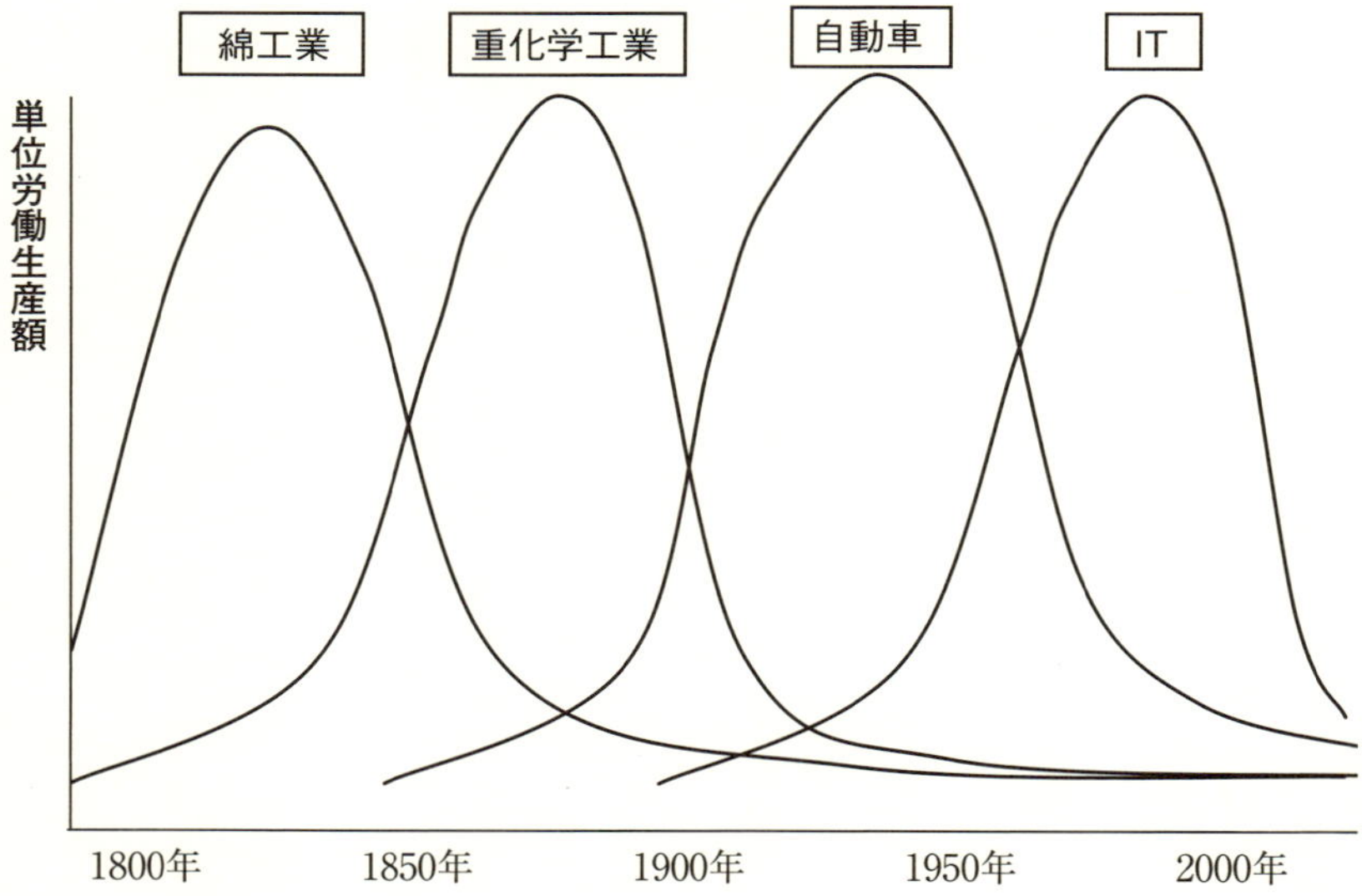

図 2. 保護主義

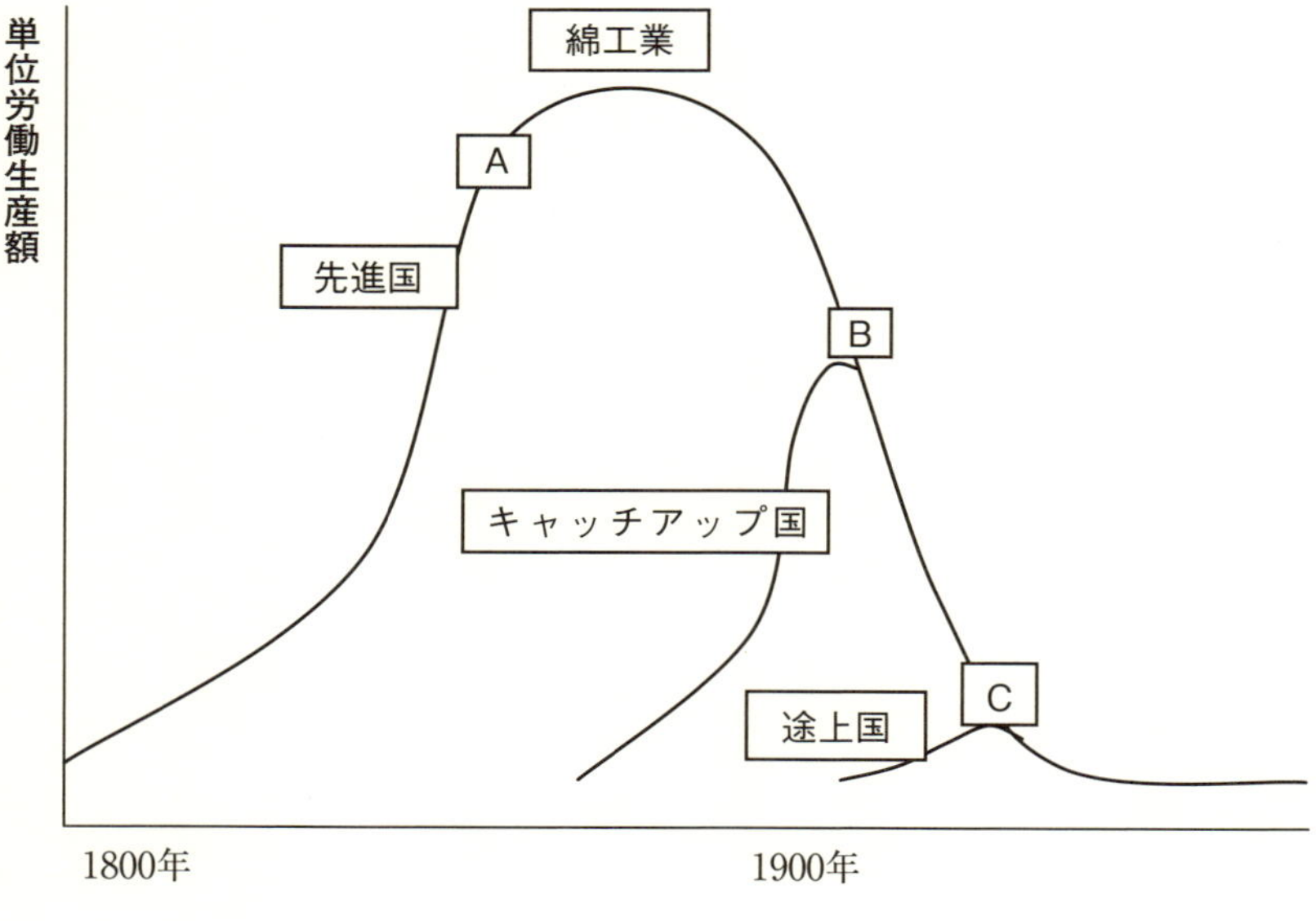

産業構造の高度化とは、生産性上昇率の大きな最もダイナミックな産業分野に移行していくことだと定義できる。先進国は逆U字型の前半（図２のA）に特化し、キャッチアップ国は先進国を追いかけ、単位労働生産額が下落し始めたところ（図２のB）で輸出国になる。キャッチアップ国の保護主義とは、先進国との単位労働生産額曲線の格差であらわされる生産性の差をＩＴＴ政策・制度と低賃金で補い、国際競争力を確保する政策であると定義できる。安い賃金を目的にした海外直接投資では、開発途上国は生産性上昇が見込めない産業（図２のC）に特化し（またはさせられ）、安い製品を先進国やキャッチアップ国に供給することによって、輸入国の相対的剰余価値の生産に貢献することになる。(3)

(3) 構造的危機

19世紀後半には、綿工業における単位労働生産額がピークに達した。キャッチアップ国の参入で単位労働生産額が減少し始めると、ボーモルのコスト病で賃金の高い最先端国では利潤がキャッチアップ国以下になり、動学的比較優位を失うことになる。これがこの資本主義世界システム（市場資本主義）の構造的危機（利潤圧縮型恐慌）をもたらした。新興産業である重化学工業では単位労働生産額が飛躍的に増大しているので、イギリスが最先端国の地位を維持するためには、重化学工業に早い段階からから特化する必要があった。イギリスではなく、ドイツとアメリカ合衆国がこのダイナミック産業に特化したため、イギリスは、工業部門における優位をドイツとアメリカ合衆国に奪われることになった。

ここで重要なのは、新産業が軌道に乗るまでは、新産業の単位労働生産額が旧産業よりも低くなる可能性である（図１の重化学工業の単位労働生産額曲線が綿工業のそれの下に位置する期間）。社会の利益と個別企業の利潤の間に矛盾が生じるので、新産業の初期にはその産業を保護し、産業構造の高度化に伴う費用とリスクを社会化する必要がある。したがって先進国も新産業保護を次々に行う必要がある。成功している先進国（たとえば20世紀のアメリカ合衆国）は、状況の変化に対応して次々とＩＴＴ政策・制度を適応させ続けてきたのである。

イギリスが、キャッチアップ国との相対的生産性の格差が縮小した時に、介入主義的なＩＴＴ政策に頼れなかった原因の一つは、自由主義イデオロギーである。リカードの静学的比較優位論は、国際的関係の現状維持が可能である事を前提に、自由主義がイギリスに最も有利な政策であることを証明して、自由主義の後押しをした。また保護主義は旧来の産業や農業で強く、新産業である重化学工業を保護しようという勢力は弱かった。その結果、イギリスは自由主義を選択し、産業構造の選択を市場にゆだねた結果、現状で比較優位のある旧産業を維持し、現状での利潤率が国内投資よりも高い海外投資を増大させ、（第1次）グローバリーゼーションを進めたのである。

工業における最先端国になったアメリカ合衆国は、重化学工業だけではなく、次のダイナミック産業である自動車・電気機械工業でも最先端を維持したが、第2次世界大戦までＩＴＴ政策と銀行・法制度・官僚制度などの制度整備を通じて保護主義（リスクの社会化）を続けた（チャン、二〇〇九）。第2次世界大戦後の長期高度成長の結果、先進国では賃金のラチェット効果で、賃金が生産性上昇率以上に上昇した結果、利潤圧縮型の構造的恐慌が起こった。[4] これが資本主義世界システム（管理資本主義）の構造的危機をもたらした。キャッチアップ国との相対的生産性格差が縮小すると、アメリカ合衆国は現状を維持するために新自由主義を採用し、貿易・資本輸出を通じて第2次グローバリーゼーションを進めた。しかし、イギリスと異なってアメリカ合衆国は、次期のダイナミック産業であるＩＴ産業等の保護を莫大な軍事支出によって進め、一九九〇年代にＩＴ産業等が軌道に乗ると工業（およびサービス）での優位を取り戻した。

(4) ミンスキーの金融不安定化仮説と利子率のラチェット効果

一八二〇年代から一八六〇年代のイギリスの景気循環や、一九五〇年代と60年代の現在の先進国における景気循環では、労使の所得分配をめぐる対立が景気循環の主役を務め、金融は補助的役割を果たした。構造的恐慌後の一九八〇年代以降は、先進国では労使の所得分配をめぐる対立は景気循環の主役ではなくなり、金融主導によるブームとバストが景気循環の主役となった（グリン、二〇〇七）。ミンスキーの金融不安定化仮説には、不況からの回復に必要な制度が存在する場合に循環的恐慌を引き起こす金融不安定化仮説と、[5] 大恐慌期のようにそのような制度が存在せず恐慌からの自律的な回復が不可能な場合の理論が存在する。後者を拡張することによって、金融主導型の景気循環のメカニズムを明らかにする特殊中間理論を形成しよう。

ミンスキー（Minsky 1982 一一〇頁）は、不況期に「投資財の需要価格」（投資で得られる利潤の合計の現在価値）が下がり続け、「投資財の供給価格」以下になることを「現在価値の逆転」と呼んだ。この場合、投資をしても利潤を得られないので投資は起こらない。投資財の需要価格は期待利潤率に比例し、利子率に反比例するので、投資が再開されるためには、期待利潤率が上昇するか利子率が下落する必要がある。一九七〇年代には、期待利潤率を財政政策によって引き上げる試みがなされたが、一九八〇年代以降は、金融の規制緩和によって期待利子率を引き下げる試みが中心になった。

「現在価値の逆転」は経済が「流動性の罠」に陥り、利子率がさらに下落しないことから引き起こされる。ケインズ（Keynes 1936）の理論によれば、証券や土地のような資産の理論価格は配当や地代を利子率で資本還元することによって得られる。利子率が下落すると予想されると、証券等の需要が増大（貨幣需要が減少）し、証券価格が上昇して利子率が下落する。その結果、利子率と投機的貨幣需要の間で右下がりの投機的貨幣需要曲線が描かれることになる。利子率が低くなり、これ以上利子率が低下しないと予想されると、証券価格の下落が予想されるため安全のために貨幣選好が増大し、貨幣の供給がいくら増大しても利子率が下落せずいわゆる「流動性の罠」に陥ることになる。

好況期における金融緩和と異なって、不況期における貨幣供給の増大は有効需要の増大を容易にもたらさない。不況期においてはまず流動性の罠を解消することが必要である。金融の規制緩和による景気刺激策は、流動性の罠の解消を目的としていると考えられる。より安全と思われる金融商品の開発、より安全と思われる投機手法の開発、（規制緩和とは逆行するが）政府による損失補償、さらには報酬を増大させるためにより多くのリスクをとる機関投資家の増大などが、投機的貨幣需要曲線を下方にシフトさせ、流動性の罠を解消したと考えられる。

金融主導の景気循環のメカニズムを次のように説明できる。景気の上昇は、2つの原因から投資が増大して起こる。第1に、金融の規制緩和によって投機的貨幣需要曲線が下方にシフトすると利子率下落予想が成立する。その結果、一方では資産価格が上昇し、資産売却益や借入機会増大によって可処分所得が増大するため、消費需要が増大し、それにこたえて投資が増大する。第2に、他方では、利子率の下落から、投資財の需要価格が上昇し、投資財の供給価格を上回ることによって、投資が増大する。このようにして好況とブームがもたらされる。投資と消費需要の増大はバブルを拡大し、それに対する金融当局の金融引き締めが景気を下方転換させる。金融緩和政策が、バブルの崩壊後に再び景気刺激策となりうるためには、利子率がさらに下がるという予測を成立させる必要がある。このためには、流動性の罠がさらに低い利子率で起こるように、投機的貨幣需要曲線をさらに下方にシフトさせる必要がある。

投資財の需要価格と資産価格の上昇による景気刺激策は、利子率が上昇するという予測が成立すると、景気回復の基礎がすぐに崩壊するため、一度下がった利子率を以前の水準まで上昇させられない。このため「利子率のラチェット効果」が生じる。この場合、利子率がゼロ近くまで下がると、この資本蓄積体制はさらに利子率を下げられないので、不況からの回復メカニズムを失うことになる。

アメリカ合衆国では、一九八〇年代初頭に利子率が前代未聞の水準にまで上昇したが、その後利子率のラチェット効果で下落し続けた。ＩＴバブル崩壊後の二〇〇三年には、期待利子率の目安となるフェデラル・ファンド・レートは１・００％まで引き下げられ、これが住宅ローン・ブームを引き起こした。二〇〇六年に５％まで引き上げられると、住宅価格は下落し、二〇〇七年からサブプライム・ローン危機が発生した。二〇〇八年以降２％まで引き下げられているが、景気刺激策としては機能していない。この点ではサブプライム・ローン危機は「利子率のラチェット効果」による構造的恐慌であると位置づけることができる。

サブプライム・ローン危機を一九三〇年代の大恐慌のように、覇権国の交代を伴う資本主義世界システムの危機と位置付けるには時期尚早であるが、アメリカ合衆国一国を中心とする世界資本主義システムの再建も考えられない。第１に、この恐慌が新自由主義政策に終止符を打つであろうということは、かなり明らかになって来ている。第２に、新自由主義的な金融政策が働かないとすると、景気回復には新自由主義によって破壊された堅固な財政・金融制度を含む世界的な資本蓄積体制を再建する必要がある。そのような国際的制度を、アメリカ合衆国一国を中心に再構成することは不可能であり、中国とインドの台頭を考えると、新しい国際体制は、米・欧・日の先進国と中・印等の発展途上国を中心に多極的な世界システムとして再建されるほかはないであろう。

終わりに

以上みてきたように「歴史的アプローチ」に基づく中間

理論は大きな可能性を持つ研究プログラムであり、マルクス＝宇野派の経済学に有意義な作業仮説を提供する。特殊中間理論は新しい事態を解明するための作業仮説であり、その正しさは実証分析によって確認されなければならない。そのようにして実証された特殊中間理論が中間理論として統合されるに従って、歴史理論としてのマルクス＝宇野派経済学の現実説明能力も拡大していくと期待できる。

【註】

（1）Hodgson, Itoh, Yokokawa eds.（2001）「序章」、チャン著横川監訳（二〇〇九）「訳者解説」参照。

（2）宇野弘蔵の三段階論を基礎にする「中間理論」を方法論として初めて世に問うたのは野口真（一九九〇）である。野口は中間理論の概念を社会学者のマートンの中範囲の理論 theories of middle range から得た。「社会学理論がもし著しく前進しようというのなら、互いに関連しあった次の局面を進まなければならない。（1）特殊理論を開発して、そこから経験的に研究できる仮説を導き出すこと、（2）特殊理論のいろんなグループを統一整理するにたる、より一般的な概念図式をおいおい順を追って展開すること。」（Merton 1967 三頁）

中間理論と宇野の「原理論」の方法との論理整合性について、野口は、市場の浸透性の部分性を重要視し、資本主義社会が非市場的関係（歴史と制度）に依存するという一面を資本主義の基本原理の中にどのように組み入れるかを原理論の重要課題とした（伊藤、横川、野口編『マルクスの逆襲』一〇頁）

（3）ローソン（二〇一〇）によれば、先進国の一人の労働の生産物に対して、途上国の6人の労働の生産物が交換される。したがって単位労働生産額は先進国の6に対して途上国では1である。

（4）利潤圧縮型恐慌は19世紀末にはデフレーション、一九七〇年代には賃金・物価スパイラル（インフレーション）をもたらした。これは前者が金本位制と自由主義、後者が管理通貨制度とケインズ主義をとっていたためである。

（5）循環的恐慌の発生を説明する宇野の信用論の弱点を補うためには、ミンスキー（Minsky 1982）の金融不安定化仮説が有効である。ミンスキーの（1）ヘッジファイナンス、（2）投機的ファイナンス、（3）ポンチファイナンスは、それぞれ（1）好況期における生産拡大のための産業資本への信用、（2）賃金上昇をきっかけに好況が変質期を迎えた時点で、商業資本による投機への融資、（3）価格上昇が頂点に達し、売り抜け困難から返済のための支払い手段を求める信用と考えることができる。金融構造がポンチファイナンスまで脆弱化するとショックに対する脆弱性が増大し、金融引き締めによって、ブームは簡単に崩壊し、恐慌がもたらされる（横川、一九八九）。

【参考文献】

Baumol, W. J. (1967), "Macroeconomics of unbalanced growth : the anatomy of urban crisis," ***American Economic Review***, Vol. 57, 451 - 426.

Chang Ha-Joon (2002) ***Kicking Away the Ladder – Development*** Strategy in Historical Perspective, Anthem Press. 横川信治監訳（二〇〇九）『はしごを外せ―蹴落とされる発展途上国』日本評論社。

Glyn, A. (2006) ***Capitalism Unleashed***, Oxford, Oxford University Press. 横川信治・伊藤誠訳（二〇〇七）『狂奔する資本主義―格差社会から新たな福祉社会へ』ダイヤモンド社。

Hodgson, G. M. (2001) ***How Economics Forgot History***, Routledge.

Hodgson, Itoh, Yokokawa eds. (2001) ***Capitalism in Evolution : Global Contention – East and West***, Edward Elgar.

Keynes, J. M. (1936) ***The General Theory of Employment, Interest and Money***, Macmillan. 塩野谷祐一訳（一九九五）『雇用・利子および貨幣の一般理論』東洋経済新報社1。

Merton, R. K. (1957) ***Social Theory and Social Structure***, The Free Press.

Minsky, H.P. (1982) ***Can It Happen Again?*** New York : M. E. Sharpe. 岩佐代市訳（一九八八）『投資と金融』日本経済評論社。

Ricardo, D. (1817) ***Principles of Political Economy***. 堀経夫訳（一九七二）『経済学および課税の原理』雄松堂。

ボブ・ローソン（二〇一〇）「中国とインドの再台頭―先進国への影響」横川信治他編（二〇一〇）『中国とインドの工業化の衝撃』所収、お茶の水書房。

赤松要（一九六五）『世界経済論』国元書房。

伊藤誠、野口真、横川信治編（一九九六）『マルクスの逆襲：政治経済学の復活』日本評論社。

宇野弘蔵（一九四七）『増補農業問題序論』、『宇野弘蔵著作集』第８巻（一九七四）所収、岩波書店。

宇野弘蔵（一九五〇）『経済原論』上・下、岩波書店。

宇野弘蔵（一九五三）『恐慌論』岩波書店。

宇野弘蔵（一九六二）『経済学方法論』、『宇野弘蔵著作集』第９巻（一九七四）所収、岩波書店。

宇野弘蔵（一九七〇）『経済政策論』『宇野弘蔵著作集』第７巻（一九七四）所収、岩波書店。

小幡道昭（一九九九）「原理論における外的諸条件の処理方法―山口重克「段階論の理論的必然性」に寄せて―」東京大学『経済学論集』６５―２。

小幡道昭(二〇〇一)「原理論の適切性と展開方法―山口重克「中間理論としての類型論」に接して―」東京大学『経済学論集』６７―３。

小幡道昭（二〇〇八）「純粋資本主義批判―宇野弘蔵没後３０年に寄せて―」東京大学『経済学論集』７４―１。

野口真（一九九〇）『有効需要の理論』社会評論社。

山口重克（二〇〇六）『類型論の諸問題』お茶の水書房。

横川信治（一九八九）『価値・雇用・恐慌―宇野学派とケンブリッジ学派』社会評論社。

横川、野口、伊藤編（一九九九）『進化する資本主義』日本評論社。

横川信治（二〇〇七）「制度派マルクス経済学」、小幡道昭他編『マルクス理論研究』御茶の水書房。

横川信治（二〇〇八）「宇野理論を現代にどう活かすか研究集会」『季刊経済理論』45―1。

Ⅲ　段階論と現状分析

第1章　宇野理論と現代資本主義論

段階論との関連で

柴垣和夫

一　問題の所在

周知のように、宇野弘蔵は『経済政策論』（一九五四年）結語の注記で「段階論」の範囲を第一次世界大戦までの資本主義に限定して「ロシア革命後の資本主義の発展は、—現状分析としての世界経済論の課題ではないか[1]」とし、また、一九七一年の同書改訂版の補記では、より積極的に「第一次世界大戦後の資本主義は、社会主義に対立する資本主義として、いいかえれば世界経済論としての現状分析の対象をなすもの[2]」と結論した。その論拠は、「その後（第二次大戦後—引用者）の資本主義諸国の発展は顕著なるものを見せながら、それはこれらの社会主義諸国の建設を阻止しうるものではなかったようであり、しかもその発展に新たなる段階を画するものがあるとはいえない[3]」点にあった。

しかし、右の改訂版刊行から三十年近くが経過するなかで、一時は共産主義への移行期に入ったと自称していたソ連とその衛星東欧諸国の社会主義が崩壊し（一九八九～九一年）、中国が「社会主義市場経済」と称する共産党主導の資本主義経済を創出した。他方資本主義世界も、七〇年代までのケインズ主義による福祉国家志向から八〇年代以降の市場原理主義による新自由主義《ネオリベラリズム》経済への転換、さらに九〇年代以降の経済のグローバル化のなかでのその破綻（二〇〇八～〇九年金融・経済危機）という具合に、「段階」転換ともいえそうな顕著な変化を遂げてきている。このような現実の経過は、明らかに右に引用した宇野の論拠を否定するものであり、そのことが宇野のロシア革命をもってする段階論と現状分析論の区分に、さまざまな論議を巻き起こすことになったのは当然であった。

本稿は、それにもかかわらず、宇野による段階論と現状分析の区分を、部分的な修正を付与しつつも基本的に踏襲し、その上で、ソ連崩壊以後の資本主義の展開の歴史的位相を確認しようとする試みである。そのためにまずは、宇野のいう「社会主義に対立する資本主義」の内実を、それ以前の古典的資本主義との対比で解明してきた代表的な業績について、宇野理論の到達点として確認しておくのが便利であろう。それは数え上げればきりがないが、紙幅の制約から、ここでは現代資本主義をその経済的本質において規定した大内力の「国家独占資本主義論」、並びに政治的側面を含めてより具体化した加藤栄一の「福祉国家論」をとりあげておこう(4)。

二　大内「国家独占資本主義論」と加藤「福祉国家論」

一九世紀初頭に産業革命が完了してイギリスに資本主義が確立して以降、資本主義の世界史における最大の画期をなした事柄として、政治的には二度にわたる世界大戦（その副産物としてのロシア革命と中国革命）、経済的には一九二九年秋に始まる世界大恐慌を挙げることに大方の異論はないであろう。この三者を含む両大戦間期を過渡期として、第二次大戦後に資本主義は宇野のいう「社会主義に対立する資本主義」、つまり現代資本主義に転化したのだが、大内力の国家独占資本主義論は、この現代資本主義のメルクマールを、戦争と大恐慌による資本主義の危機を媒介として生じた金本位制の終局的停止＝管理通貨制の形成と定着に求め、その本質を、その下での政府のケインズ的財政金融政策による通貨価値の権力的操作（インフレ政策）が、金本位制下の資本にとって絶対的制約であった労働力商品化の無理、そこから必然化する恐慌を含む景気循環を微温化し、労資の階級対立の緩和を実現したこと、に求めたのであった。この大内國独資論は、古典的資本主義一般に対する現代資本主義の区別の一般論、ややラディカルにいえば、現代資本主義の資本主義の原理を基準としての変容――宇野の言葉を借りれば「骨髄を抜いた資本主義」――を示したものとして、今日でも通用性を保っている学説といえよう(5)。

大内が資本主義の原理を基準として現代資本主義のネガティブな「原理」を説いたとすれば、加藤栄一の福祉国家論(6)は、大内国独資論を基礎としつつ、資本主義のもう少し具体的なレベル、いわば段階論を基準として、現代資本主義が社会主義的要素を取り込むことによって社会主義に対抗するに至った福祉国家の生成と展開を描きだしたものである。ここで社会主義的要素とは、私の解釈も交えていえば、労働基本権の公認や男女平等の参政権にみられる労使・男女の間の同権化、「完全雇用」を目標とする経済政策や「経済計画」の導入、生存権に基づく社会保障制度の確立などである。これらの諸要素は、資本主義が一元的に社会を支配した古典的帝国主義の段階までは存在し得なかったが、一方で、世界大戦という「総力戦」を行うに際しての帝国主義国家が、労働者階級や女性を動員する必要から、他方では、帝国主義段階以降組織化され政治化されてきた労働運動と社会主義運動への支配階級の妥協の必要から、さらには世界大恐慌からの経済的回復の必要から政府によって追求され、第二次大戦後一九五〇~六〇年代の資本主義の成長と繁栄を支えた、とされる。この加藤の理解も、七〇年代頃までの現代資本主義を鋭く解剖したものとして高く評価されるべきであろう。

ところが、先に一瞥したような八〇年代以降のソ連型社会主義の衰弱と崩壊、資本主義の側でのケインズ主義から新自由主義への政策基調の転換に伴い、この変化を「宇野段階論」の修正ないし再構成によって把握する試みが現れた。そのもっとも大胆な試みを行ったのが、ほかならぬ右の加藤栄一だったのである。

三 「宇野段階論」再構成の試みとその批判

ここで加藤説の詳細を紹介する余裕はないが、その要点は、資本主義の歴史を宇野のように第一次大戦ではなく大不況期をもって大区分し、それ以前を、純粋資本主義化傾向と自由主義国家とパクス・ブリタニカによって特徴づけられる「前期資本主義」、それ以後ほぼ一九七〇年代までを、組織資本主義化傾向と福祉国家とパクス・アメリカーナによって特徴づけられる「中期資本主義」、さらに福祉国家の解体が始まった一九八〇年代以降を「後期資本主義」とする、段階論の大幅な組み替えを主張したところにある[7]。その理由は、①重商主義段階は自由主義段階と並ぶ一発展段階というよりは、自由主義段階を準備した時期と見た方が議論の説得力は増す。②産業革命期を経過することによる経済と経済政策の変化はきわめて大きいが、それは、いわば幼稚なものから成熟したものへの連続的な飛躍とでもいうべき変化であって、自由主義段階から帝国主義段階への変化のような、異質なものへの不連続な変化とは性質が異なる。③帝国主義段階は独立した段階としてではなく、中期資本主義の萌芽期として理解したほうが事実を整合的に説きうる。帝国主義段階を特徴づける新しい現象

――産業構造の重化学工業化とそれに伴う独占の形成、その結果生じる景気循環の変容、対外政策の自由主義から帝国主義への転換、社会政策という労働者政策と旧中間層保護政策の登場など――は、第二次大戦後高度成長期に開花する中期資本主義を構成する諸要素が、部分的かつ未成熟なかたちで現れたもの、あるいは発展構造の未成熟のために生じた一過的な事象にすぎない、というのがそれである。

確かにこの説明の限りでは、それなりに筋の通ったものとなっている。日高普が、段階論を原理論と現実論の中間に位置する作業仮説とみる見地から、段階論は現実の推移に応じて書き換えうるものとし、この組み替えを絶賛したのも故なしとしない(8)。

しかし、果たしてこの加藤説に諸手をあげて賛成してよいであろうか。たとえば、以上の内容から直ちに浮かぶ問題点として、これまで現代資本主義への移行の契機として重視されてきたロシア革命や世界大恐慌の位置づけ、また大内力によってそのメルクマールとされた金本位制から管理通貨制への移行などについて、ここでの加藤はほとんど触れていない。ロシア革命については、ソ連の崩壊によってその歴史的重みが低下したためであろうが、金本位制の停止は資本主義の自己規律の弛緩を決定的にするものとして、またそのことにより福祉国家が十全に成立するための不可欠の前提をなすものとして、資本主義の歴史を二分する出来事だったのではなかろうか。ワイマル共和国が金本位制の足かせの故に「早熟的」な国家独占資本主義（福祉国家）にとどまらざるを得なかったことを明らかにしたのは、ほかならぬ加藤だったはずである(9)。

そこで問題の第一は、一九八〇年代以降の「後期資本主義」は別として、それ以前の資本主義の歴史を二分するとすれば、その画期はいつか、という先にも触れた点に帰着する。加藤が戦間期でなく大不況期を画期としたのは、問題意識が現代国家論にとっての宇野段階論の有効性の検討にあったためかもしれない。その視角からみれば、経済過程に対して国家が消極化していくプロセスと積極化していくプロセスの間に分水嶺を引くのも一理あるからである。しかし、国家と経済との関係でいえば、そのような表面的な現象にみられる変化よりも、金本位制を前提した資本主義では、自立した経済過程――それが資本主義的に純化する傾向を持つか（自由主義段階）不純化する傾向を持つか（帝国主義段階）は別にして――から相対的に独立していた国家の権力的作用が、管理通貨制への移行によって経済過程に内部化されたこと、すなわち大内の国家独占資本主義論が明らかにしたようにインフレ政策を通じて資本と賃労働の価値関係にまで介入できるようになったことの方が、質的にはるかに重要な変化ではないだろうか。経済過程と国家の関係におけるこの違いは、加藤もすでに認識していたことであって、その点は彼が「経済過程の自立化傾向によって公と私の領域区分が明瞭になる自由主義国家と違って、福祉国家の場合は社会経済過程への介入による公と私の交流混合領域の拡大を本質的な特徴としている」[10]と述べていたことからも明らかである。

そして、この点の系論として第二の問題、加藤が帝国主義段階を自由主義段階ひいては古典的資本主義から引き離し、中期資本主義＝福祉国家システムの「萌芽期」としていることの可否が問われなければならない。だが、この点についてはきわめて疑問が多い。二点だけ指摘しておけば、ひとつには、二度にわたる世界大戦を引き起こして資本主義の鬼っ子たる社会主義を誕生・拡大させ、第二次大戦後にはその正当性を失った帝国主義的対外経済政策は、はたして「一過的な事象」であろうか。二つには、制度的には引き継がれたとしても、社会問題に対する事後的対策として「皇帝の恩恵」として与えられたビスマルクの社会政策と、社会主義の理念を資本主義に内部化したともいえる生存権や労働基本権の公認の下に、権利として確立した社会保障制度とを、連続的な量的発展として評価してよいものであろうか。私の理解はいずれも否である。前者の帝国主義戦争はまさに古典的資本主義の終末を表現するものと評価すべきであり、後者の社会保障制度は、ロシア革命によって現実化した社会主義のインパクトを抜きには実現しなかったものと考えられる。

第三の問題は、以上二つの問題と関連した方法的な問題であるが、加藤が段階論を組み替える際、大不況期における資本主義の純化傾向の不純化傾向への逆転を不可逆的なものとして大区分の画期とし、従来の重商主義段階から自由主義段階への画期をなした産業革命期や、帝国主義段階から第二次大戦後の現代資本主義への画期をなした戦間期を「連続的なものの飛躍」の時期として、上の大区分に対してマイナーな画期としていることへの疑問である。このうち、戦間期の評価についてはすでに論じたので繰り返さない。そこで前者についてだが、それは広い意味での資本主義の純化傾向を促進した限りでは「連続的なものの飛躍」といってよいかもしれないが、それだけではない。それは、商人資本を支配的資本とする重商主義段階が、生産力の低位による資本家的生産関係の未成熟ゆえに権力の経済過程への介入を許していた——というより必要としていた——関係を、産業革命が実現した産業資本の生産力と経済過程の自立性によって「否定」したプロセスであった。一方、加藤にあっては大区分の画期とされた大不況期とその後の帝国主義段階も、単なる純化傾向の逆転という現象が問題なのでなく、そのことの意義、すなわち新たに登場した重工業的生産力はもはや資本家的生産関係に包摂しきれず、新たな支配的資本としての金融資本の下で生産関係の不純化をもたらし、再び国家権力の介入を要請するという、これまた先行段階の「否定」を含んだプロセスなのである。そこには帝国主義段階が、本来の意味での資本主義すなわち古典的資本主義の「最後の」段階であるということが含意されている。その意味で古典的資本主義は、それ自身の三つの発展段階をもって唯物史観を論証しているのであって[11]、またそこに経済学と政治学、法学など社会諸科学の分化科学としての成立の根拠も与えられており、現代資本主義の展開がその再構成を促すといったものではないのである。

このことは、資本主義発展の段階論もまた、原理論と同様に、日高普がいったような単なる作業仮説ではないことを意味している。従来、段階論では典型や類型が重要ということから、そこではマックス・ヴェーバー的手法が通用すると考えていた向きが多いようだが、原理論が純粋資本主義として構成されざるを得ないのと同様に、段階論もまた対象そのものの論理を反映した姿にならざるを得ないという唯物論的規定性を受けているように思われる。重商主義、自由主義、帝国主義という展開の背後には、産業資本が商人資本の否定であり、金融資本が産業資本の否定的総合であるという、対象そのものに内在する弁証法的発展の論理が存在しているといってよいかもしれない。もちろんこのことは、実際の研究のプロセスでさまざまな作業仮説を立ててみることを否定するものではないし、ましてや宇野段階論の内容を一言たりとも修正不能のものというわけでもない。ただその大枠は、対象そのものによって与えられているのである。

加藤栄一が宇野段階論全体の組み替えを試みたのに対して、宇野の三段階はそのまま踏襲した上で、主として第二次大戦後の資本主義を、帝国主義段階に続く第四の段階として「コンシュマリズム段階」を加えることを主張したのが、欧米の政治経済学者で最も早く宇野理論を継承していたアルブリトン（Robert Albritton）であった。その理由を彼は、「第二次世界大戦後の時期の資本蓄積が、もう一つの資本主義的発展段階として理論化されうるほど充分な構造的一貫性を示していると信じたから[12]」だと述べているが、この資本主義認識の裏側に、「二〇世紀が終わりに近づくにつれて、いくつかの点で社会主義の方が資本主義よりもさらに守勢に回っているといってよい[13]」という、ソ連型社会主義の衰弱と崩壊にかかわる認識が存在していたことはいうまでもない。

そこで彼が第四段階の追加を主張する根拠の具体的内容をみると、それは、①資本主義世界でアメリカの覇権が成立していること、②支配的資本が包摂する「基軸的使用価値 key use-value」が、先行する三段階の羊毛、綿、鉄鋼に続いて自動車に代表される耐久消費財に替わっていること、③自動車産業では「新しい資本・賃労働関係」が発展し、そこでは「拡大する大量消費と結び付いたかなり高い生産水準の向上」、「生産の国際化」が特徴であることなどを指摘し、そこからこの段階の「支配的な資本の形態は、『金融資本』というより『多国籍資本』と呼ばれた方がより正確である」と結論したのである。[14] このようなアルブリトンによる第四段階の設定は、宇野が資本主義の発展段階を規定するものとした指導的先進国と支配的資本の交替、特に後者の生産力的基礎である支配的産業の交替を指摘した限りで、宇野の段階論を忠実に継承しているようにみえる。しかし次の二点については、なお問題が残るといってよい。

その一は、彼がコンシュマリズム段階の特徴として、右に列挙した諸点に加えて「反景気循環的経済政策（ケインズ主義）」とか、法的側面における「消費者保護」や労働組合、女性、少数民族などの「法的主体」としての強化、「労働力の部分的非商品化」、累進所得税に基礎をおいたきわめて大規模で積極的な福祉（戦争）welfare（warfare）国家」などの、先にみた「社会主義に対立する資本主義」としての現代資本主義の特徴をも列挙していることである。このことは、彼のコンシュマリズム段階が、段階論的区分と同時に、われわれのいう古典的資本主義との質的相違を有することをも事実上認めていることを意味するが、この両面の関連については、何事も語っていない。

その二は、彼がコンシュマリズム段階の支配的資本とした「多国籍資本」の内容が、必ずしも明確でないことである。この点について彼は、一方で金融資本との「株式会社形態と寡占」といった形態上の継続性を認めつつもそれは「表面的」であり、労資協調下の高賃金や経営者支配の登場に示されている「資本・賃労働関係の基本的変化」と、商品や貸付資本の国際化に替わる「生産の国際化」とによって「資本の実体は質的に変わった」と断定している。[15] しかし、これらが金融資本の蓄積様式とどう違うかについて、説得的な説明はないといわざるを得ない。わずかに「多国籍資本」の例として、フォードとGMが「独占と国内労働力の搾取とから得られる利潤に加えて、多国籍企業としていまや、賃金・価格・税・利潤・通貨の国際的な差異をうまく利用することによっても利潤をあげる」[16]ことが指摘されているが、そこで述べられていることが、金融資本の蓄積様式をはみだす内容のものだとはとうてい思えない。金融資本とは、もともと生産過程のみならず流通過程からも積極的に利潤を創出する資本形態だからである。

もっともアルブリトンは、第一次石油危機後の一九七四年以後、コンシュマリズム段階は衰えて「グローバル金融資本」が登場し[17]、八〇年代以降の新自由主義と資本主義のグローバル化の段階の到来を示唆している。これをもって彼は、ただちに新しい支配的資本の下での第五段階の到来を主張しているわけではないが、第四段階の付加を説いた論理を延長するとその可能性も否定できず、さらには二〇〇八年秋のリーマンブラザーズの破綻で顕在化した「百年に一度」の経済危機を経過しつつある現在は、新自由主義の破綻による第六段階の到来をいわなければならないことにもなる。そうなると段階論は、資本主義の歴史の単なる時期区分を意味するものになりかねない可能性があるといえよう。

四　現代資本主義の三局面

前節の末尾でアルブリトンの所説に関連して指摘したように、両大戦間期を過渡期とし第二次大戦後に登場した現代資本主義は、一九五〇〜七〇年代のケインズ主義による福祉国家志向、八〇〜二〇〇〇年代の新自由主義によるグローバリゼーション、そして二〇〇八年秋以降の再販ケインズ主義による現状へと、大きな変転を遂げてきたことは確かである。われわれはこの変転のそれぞれを「段階」と区別して「局面」と呼ぶことにしよう。何故なら、大内「国独資論」や加藤「福祉国家論」が明らかにした管理通貨制や生存権・労働基本権、男女平等普通選挙権といった「資本主義の部分的否定」ないし「社会主義的要素の部分的内部化」といえる現代資本主義の特質は、この変転を通じて一貫して維持され、拡充されさえしているからである。また前にも述べたように、そこに段階を越えた古典的資本主義と現代資本主義の区別が表現されているからである。

その上で問題は、この局面の変転を「社会主義に対立する資本主義」として如何に説明できるかである。第一に、その一面は資本主義の外部に現れた（ソ連型）社会主義の「脅威」の強まりと弱まりで説明が可能であろう。第二次大戦直後の時期は、それまでソ連一国であった社会主義国が東欧とアジアで大きく拡張し、一つの世界体制として「西」の世界に対する深刻な脅威をもたらした時期であった。「冷戦」下のいわゆるパックス・ルッソ＝アメリカーナの成立である。この場合、ソ連型の社会主義が、その崩壊後に全面的に明らかになったように、社会主義の本来の理念とは異なったきわめて歪んだ体制であったことは、ここでは問題ではない。それが資本主義の側で大きな「脅威」として受け止められ、その自己改造を余儀なくされたことが問題なのである。こうした背景の下で、西側諸国に広く成立し、最大最強の資本主義であった米国ですら追求すべき課題とされたのが、ケインズ主義による福祉国家であった。そしてそれは既述のように、社会主義を部分的に内部に取り込んだ資本主義だったのである。これが現代資本主義の第一局面であった。

しかし、現代資本主義の局面の変転は、社会主義との関係だけで生じたものではないことも事実である。そこで第二に指摘しなければならないのは、それは他面では、現代資本主義の各局面における資本の運動に内在する矛盾の展開から生じているのである。この点もすでに大内力が明らかにしたところであるが[18]、ケインズ主義による福祉国家が限界を露呈したのは、七〇年代初頭に始まり二度にわたる石油危機で発生・拡大したスタグフレーションによってであった。労資の双方寡占体制による労使協調の下で、すでに六〇年代に始まっていた賃金と物価の悪循環は、石油危機の下で物価の二桁上昇というハイパーインフレーションにエスカレートして資本蓄積を阻害するに至り、インフレ下のマイナス成長というスタグフレーションをもたらした。加えて欧米諸国では若年層の大量失業やアブセンティズムの簇生など、社会の解体さえ危惧される状況が生まれたのである。

そこに登場した英国サッチャー、米国レーガンの両政権は、この危機的状況に対してケインズ的財政政策の放棄、マネタリズムの採用、労働者叩きによる組合つぶし、新自由主義による規制緩和・民営化と福祉の切り捨てなどで対処した。このことは一口でいえば、労働力商品化の無理を糊塗するケインズ政策と福祉国家が破綻した後では、もはや資本主義に本来の市場規律で労資関係を締めるしか方策がなかったことを示すものであった。資本主義はこの危機に際して、新しい処方箋を見出し得なかったのであり、ある意味で古典的資本主義に「逆流」したのである[19]。この荒療治は、ソ連型社会主義の停滞・崩壊、加えて中国の「改革開放」による上記の「脅威」の消滅によって容易に可能となり加速された。これが現代資本主義の第二局面の始まりであった。

　このことはケインズ主義と福祉国家志向から市場原理主義と自由主義経済への変転が、宇野「段階論」にみる段階展開と異なり、両者が相互に可逆的なものであること、また現代資本主義が「段階」を作りだせず、両者が右往左往する局面転換の舞台でしかないことを物語るものである。それは八〇年代以降の新自由主義経済が二〇〇八年恐慌で破綻した後、深刻化する経済危機――それは直ちに「社会主義の脅威」ではないが、その土壌をなすものであることは間違いない――の克服のために再びケインズ主義が復活してきたという、先に指摘した事実によっても証明されたのであった。それはまた、従来現代資本主義とほぼ同義で使用されてきたケインズ主義や福祉国家などの概念を、そこから引き離して、新自由主義とともに相対化する必要があることを示唆しているといえよう。

　ところで現代資本主義が福祉国家に替わって第二局面の新自由主義経済を登場させることになった根拠についでは、ソ連の崩壊や、スタグフレーションとアブセンティズムといった諸要因のほかに、それを支えた積極的な要因について補足が必要かもしれない。というのは、八〇年代のレーガノミックスの下では、経済思潮と政策こそ新自由主義に転換したものの米国経済は好転せず、なお旧路線を驀進していた日本経済、特にその製造工業の強い競争力に圧倒されかねない状況にあったからである。八〇年代末から九〇年代初頭にかけての激しい日米経済摩擦は、それを端的に表現するものであったが、米国がその苦境を克服する契機となったのが、九〇年代に起こったいわゆるＩＴ（情報通信）革命であった。

　インターネットの普及に象徴されるＩＴ革命は、これもソ連の崩壊による冷戦の終結が軍事技術の民間開放を可能にすることによって生じたものであるが、この技術革新は、新自由主義と親和性をもつことによって、経済のグローバル化を一挙に促進した。すなわち、一方で米国政府が推進した金融面での規制緩和と自由化、その海外諸国への押しつけを背景に米国金融機関主導の金融グローバリゼーションが展開するとともに、寡占的巨大企業の支配によって特徴づけられた第一局面の産業組織に、ベンチャーキャピタルに支えられたベンチャービジネス（マイクロソフト、ヤフー、アップル、グーグルなど）が急成長して風穴を開け、その多くが超国籍企業化して産業グローバリゼーションが展開された。この両面でのグローバリゼーションによって米国の経済的覇権は復活したが、この第二局面を主導したのは前者の金融グローバリゼーションだったといっていい。それは、変動相場制下の膨大な過剰ドルの累積を背景に、銀行と証券の間の垣根の撤廃や為替と資本取引の自由化などの規制緩和、金融工学による証券化・再証券化商品の開発などとともに、巨額の金融商品を二四時間瞬時に取引可能とする情報通信システムの形成によって可能となったが、これによって外国為替市場や金融・証券市場は、そしてまた原油市場などの商品市場までもが、実体経済から遊離した貨幣的富の増殖をひたすら追求する「カジノ経済」の場に転化したのであった[20]。そこで繰り広げられた投機によるバブルの帰結が、米国住宅バブルに起因する二〇〇七年のサブプライム危機に始まり、二〇〇八年秋のリーマンブラザーズ破綻で一挙に国際化した金融危機であり、それに引き続く世界的な恐慌――実体経済の急激な収縮――であった。

それは当初「百年に一度」の危機といわれて一九二九年恐慌の再来を思わせたが、一九三〇年代と異なり、新興工業諸国を含めた金融サミット（G20）の開催にみられるような機敏な国際協調と、各国政府による大々的なケインズ的財政金融政策の復活によって、小康状態を得ているのが現状である。雇用問題は依然として深刻であるが、これは新自由主義経済下での労働者保護規制の緩和と労働組合の弱体化、とくに日本では派遣労働者の規制緩和に代表される非正規労働者の増大、の結果である。これに対してもあらためて労働政策の見直しや福祉対策が復活しようとしていることは、ケインズ政策の復活とともに先に指摘した新自由主義と福祉政策の間の可逆性を示すものといえよう。その点にわれわれは、現代資本主義の第二局面の終焉を推定することができる。

もっともここで「推定」という表現を使ったのは、一つには、現在進行中の新自由主義からケインズ主義への再逆転がどの程度のものになるかについて、多少とも不確かな点が残されているからである。社会主義の「脅威」の消滅や労働運動の停滞の下で、二〇〇八年恐慌からの回復が順調な場合に、早々に新自由主義の復権がみられる可能性が全くないわけではないこと、がそれである。その二は、IT革命の下で展開したグローバリゼーションの行方がどうなるかについて、明確な展望が与えられていないことである。

今次恐慌の引き金になった金融グローバリゼーションについては、その推進主体であった金融機関やヘッジファンドの業態、金融商品の開発・取引や報酬の在り方などについての規制の強化によって、大きな人為的ブレーキがかかることは不可避であろう。また金融取引量がGDPの十倍を超える（二〇〇〇年の米国）といった、金融バブルの膨張によって創り出された経済のいわゆるフィナンシャライゼーションも、大幅な収縮を余儀なくされるに違いない。
しかし、もう一方の産業グローバリゼーションについては、やや異なった成り行きが予想される。それは産業グローバリゼーションが、米国および日本を含む先進諸国の多国籍企業と、ＮＩＥｓ、ＡＳＥＡＮ諸国からＢＲＩＣｓに至る新興工業諸国との共同意思の産物であったことによる。米国の場合、先にみたベンチャーに出自をもつもののほか、製造業企業の新興工業諸国への進出は、事業の海外移転、製品生産のＯＤＭへの委託、中間製品の海外発注などによって推進されたが、その際それを積極的に受け入れる新興工業諸国が存在していた。これらの新興工業諸国は、二〇〇八年恐慌後も依然として外資の受け入れに積極的であり、先進諸国企業にとっても、これらの地域とくに巨大な潜在成長余力を保持しているＢＲＩＣｓの成長こそが、不況からの脱出の活路と目されているからである。そのことは、これまで時期的に重なることもあって同根の産物と考えられてきた新自由主義と産業グローバリゼーションとが、前者が後者を加速したとはいえても必ずしも同根ではないこと、つまり後者は新自由主義ともケインズ主義とも共存しうることを示唆している。

　このことはまた、従来私を含めて上記現代資本主義の第二局面をグローバル資本主義と表現していたことに修正を迫るものといっていい。第二局面を米国のグローバル金融機関に主導された新自由主義と呼び、これから本格化するであろう第三局面――その名称は未だつけようがないが、それを主導する経済主体として多国籍ならぬ超国籍のグローバル産業企業を位置づけることは可能であろう。その実態は、かつて“Made in America”を著したマサチューセッツ工科大学チームの調査報告に詳しいが[21]、その要点を示しておくと、ＩＴ関連の米国企業――その典型的な舞台はパソコン・携帯電話・音響機器など――では、製品の定義（設計）を本社で開発し、それと流通を掌握して上で、製造工程を海外に再配置（オフショアリング）あるいはそれを可能な限り「レゴブロックのように」細分割して、それぞれの部品（モジュール：規格化されたユニット）を最適な外部企業（海外企業が多い）に分散外注し、それを最適な場所（これも海外が多い）で組み合わせて製品化する、というものである。これは藤本隆宏のいう「モジュラー型（組み合わせ型）」ものづくりの技術に対応したものであるが[22]、そこで注目されるのは、未だ部分的であるとはいえ、資本主義の歴史上最も困難と考えられてきた労働市場の世界化を、資本と商品（部品）の移動による代替という形で、間接的にではあるが実現しつつあることであろう[23]。

　いうまでもなく労働力商品は、資本にとって価値増殖の源泉として不可欠でありながら、自らは直接に生産できない。この難点が資本主義に景気循環と恐慌を必然化するのだが、同時にそれは、言語・習慣・文化の違いや国境における出入国規制もあって、カネやモノに比べて国際的な流動性ははるかに小さい。そのため国の経済発展段階の違いによって大きな賃金格差が生まれる。このような労働力商品の制約が、その直接の国際移動に代替しての資本の移動によって間接的ではあれ突破されることは、資本にとっての労働力の供給制約と賃金上昇圧力の大幅緩和が実現したことを意味するものといえよう。その際、資本にとっての効果は二重であって、一方では海外でのオフショア生産やアウトソーシングによって、現状では無限に近い新興諸国の労働力を低賃金で利用できただけでなく、他方ではその反作用として本国の労働市場が緩慢化し、規制緩和による非正規雇用の拡大とあいまって賃金上昇の抑制を可能にした。また携帯電話機の枢要部品の大部分が日本から供給されているという事例をあわせていえば、高度な技術と能力を備えた労働力を含めて、資本は必要な質の労働力をそれに見合った賃金で、間接的にではあるが——というのは、米系企業に多いアウトソーシングの場合には、現地労働者を直接雇用するのではなく外注先企業による雇用を通してという意味で——、グローバルに求めることが可能になったといえるのである。そこに新自由主義の局面にあっても、繰り返された国際通貨・金融危機にもかかわらず、実体経済の相対的な安定が維持された根拠のひとつがあったといってよいかもしれない。

このような形での産業グローバリゼーションの流れは、藤本のいう「インテグラル（すりあわせ）型」ものづくりを代表し、一九八〇年代に日本でピークに達した自動車産業でも進行しているように思われる。数万点の部品からなる自動車産業は、これまで海外進出も多くの場合、下請け中小企業をも同伴した子会社ないし合弁会社の設立というオーソドックスな形で進められてきた。しかし、今やＢＲＩＣｓからＶＩＳＴＡ（ベトナム・インドネシア・南アフリカ・トルコ・アルゼンチン）へと広がる人口大国が多い新興諸国の需要と、それに対応すべく最近インドのタタが開発した超シンプルな小型乗用車「ナノ」をヒントとして考えると、自動車産業も次第にモジュラー型産業としての性格を強めていくと思われる。それは、以前には組み込んだコンピュータのフリーズへの警戒から抑制されてきた電子化部品の利用が進んでいることや、ガソリン車がハイブリッド車や電気自動車に代替されていくことによる構造の単純化といった技術面からも想定され、自動車のいわゆる「白物家電化」が進むにちがいない。そしてそれは、現在の下請けから組立工場までを含めたワンセットでの産業立地を徐々に解体し、企業内・産業内の国際分業を促進することになるであろう。

ところで、このようにみてくると、アルブリトンが段階論の延長の一つの根拠とした、支配的産業の交替と関連する問題がでてくる。それは九〇年代以降、自動車・家電に代表される耐久消費財産業からIT技術関連産業に移行したとみていい。さらにそれを担った企業形態という観点からみると、先に区分した現代資本主義の第一局面においては、インテグラル型の耐久消費財産業における経営者支配企業、第二局面においては、ITを基盤とした投資銀行と商業銀行が一体化した金融コングロマリット、第三局面においては、同じくITを基盤とした超国籍産業企業ないしグローバル企業、といった整理が可能かもしれない。そしてこの点は、さらに帝国主義段階以来一貫して支配的資本として評価されてきた金融資本を巡る議論に、新たな展開を要請することになる。

金融資本を一般的に規定しようとすると、宇野が原理論で「その具体的発動は原理をそのまま実現しなくなる[24]」と論じた資本の商品化の具体的形態である株式資本に行き着く。そこでは資本が二重化し、生産過程で価値増殖を行う現実資本（G―W…P…W′―G′）が株式という擬制資本（G…G′）に包摂されている。一口でいえば、「生産過程を金融的に支配する資本」と定義づけることができよう。しかし、この規定ではあまりに一般的かつ無内容であって、宇野自身は、段階論の次元において、重工業株式会社を証券業務兼営の信用銀行が支配することで強固な組織的独占体を形成したドイツのタイプを典型とし、対するに生産過程から遊離した海外証券投資によるイギリスのタイプ、および投資銀行による証券投機的トラスト形成に特徴づけられたアメリカのタイプを対比させることによって、金融資本を類型概念として構成したのであった。問題は現代資本主義において、これらのタイプが大きく変容してきたことである。

私はかつて、この古典的資本主義の帝国主義段階においては横並びに異なったタイプで現れた金融資本が、現代資本主義においては縦の時系列で変容していくのではないか、との問題提起をしたことがあるが[25]、その視角からみると、現代資本主義を担ってきた経営者支配企業（第一局面）と金融コングロマリット（第二局面）、そして今後の第三局面を担うであろう超国籍（グローバル）企業は、支配的資本としての金融資本の諸タイプとして位置づけることができるのである。経営者支配企業がその亜種である日本の法人資本主義下の従業員管理企業とともに、「資本家」隠しのいわゆるピープルズキャピタリズムを表現しているのは、社会主義の「脅威」が大きかった第一局面にふさわしいタイプであったし、第二局面の金融コングロマリットは、資本の目的である価値の自己増殖それ自体（G―G′）を直裁に追求する、金融資本の表層部を体現したタイプであったといえよう。

[註]

（1）宇野弘蔵『経済政策論』（弘文堂、一九五四年）二三二頁。

（2）宇野弘蔵『経済政策論 改訂版』（弘文堂、一九七一年）二六七頁。『宇野弘蔵著作集 第七巻 経済政策論』（岩波書店、一九七四年）二四八頁。

（3）宇野、同前書『改訂版』二六三頁。『著作集 第七巻』二四四頁。

（4）大内力『国家独占資本主義』（東京大学出版会、一九七〇年）、こぶし文庫版（こぶし書房、二〇〇七年）。加藤栄一『現代資本主義と福祉国家』（二〇〇六年）、『福祉国家システム』（二〇〇七年、いずれもミネルヴァ書房）。なおマルクス経済学では、第一次大戦以降の資本主義をレーニンに倣って「国家独占資本主義」と呼んできたが、時代を表現する名称は一般に共有されうる表現が好ましく、私は馬場宏二とともに、それを「現代資本主義」、それ以前の宇野が段階論の対象とした時代を「古典的資本主義」と表記している。本稿でもそれを踏襲する。

（5）この大内の主張に対して、宇野は「（インフレ政策）が、果たして金融資本の政策をなすものであるか、どうかは必ずしも明らかにされていない」と疑念を表してはいるが、それは、資本主義が「商品経済的に自立する基礎をなす貨幣制度を実質的にはともかく、形式的にあるいは部分的に自ら放棄し、これを利用するにいたった」ことに注目し、「それは社会主義に対抗する役目をもっている」と、肯定的に評価している（前掲『改訂版』二六四～六五頁、『著作集』二四五～四六頁）。

（6）加藤栄一の福祉国家論には、それを「社会主義に対立する資本主義」として捉える宇野の現代資本主義理解に沿った初期の把握から、一九八〇年代末の後述する宇野段階論の組み替えによって設定される「中期資本主義」そのものとして把握するといった福祉国家の歴史的位置づけの変化があるが、福祉国家そのものの内容の把握に大きな変化があるわけではない。

（7）前掲、加藤栄一（二〇〇七年）第八章。

（8）日高普「段階論の効用は何か」『経済志林』五九巻三号（一九九一年一二月）。

（9）加藤栄一『ワイマル体制の経済構造』（東京大学出版会、一九七三年）序章のⅢ。

（10）前掲、加藤（二〇〇七年）第八章。注（18）。

（11）柴垣和夫『社会科学の論理』（東京大学出版会、一九七九年）第一章「唯物史観と段階論」参照。

（12）（13）Robert Albrriton “A Japanese Approach to Stages of Capitalist Development”（Macmillan Academic and

Professional LTD, 1991. 永谷清監訳『資本主義発展の段階論』（社会評論社、一九九五年）二八四頁。

（14）同前書、第八章、二八四〜二八九頁。

（15）（16）（17）同前書、二九一〜二九三頁。

（18）大内力『国家独占資本主義・破綻の構造』（御茶の水書房、一九八三年）。

（19）伊藤誠『逆流する資本主義』（東洋経済新報社、一九九〇年）第一部。

（20）金融グローバリゼーションについての私の理解については、金融危機以前に執筆したものであることによる限界があるが、柴垣和夫「グローバル資本主義とは何か——その歴史的位相」（経済理論学会『経済理論』四三巻二号、二〇〇六年七月）を参照。

（21）Suzanne Berger & the MIT Industrial Performance Center "HOW WE COMPETE: What Companies Around The World Are Doing To Make It In Today's Global Economy". Currency Books / Doubleday 2005. 楡井浩一訳『MITチームによるグローバル企業の成功戦略』（草思社、二〇〇六年）を参照。

（22）藤本隆宏『能力構築競争』（中公新書、二〇〇三年）、『日本のもの造り哲学』（日本経済新聞社、二〇〇四年）、『ものづくり経営学』（光文社、二〇〇七年）などを参照。

（23）柴垣和夫「グローバル資本主義の本質とその歴史的位相」（政治経済研究所『政経研究』九〇号、二〇〇八年六月）を参照。

（24）宇野弘蔵編『経済原論』（青林書院、一九五五年）四一六頁。『宇野弘蔵著作集』第二巻（岩波書店、一九七二年）四五〇頁。

（25）柴垣和夫『現代資本主義の論理』（日本経済評論社、一九九七年）第二章「資本と企業の経済理論」参照。

第2章　宇野三段階論の現代的意義
——宇野没後三〇年、H君への手紙——
(1)

大内秀明

H君

早いもので宇野弘蔵没後三〇年研究集会から、もう1年経ちます。この1年、とくに秋になって、歴史的な事件が続発していますね。

君を研究集会に誘って、直後にメールをもらいました。「私は、自称宇野派だが、実際の宇野派の先生方の難しい話を聴いていると、宇野派を自称する自信がなくなる。それにしても、今時マルクス経済学関係の集まりに、これだけの人が集まるのは、さすが宇野学派とも言えなくもないが、四〇年前と違って、この議論で若い人が宇野理論になじむかと思うと、とてもそうは思えないのであった。」

君らしい率直な意見で、僕も「やはりそうかな?」と考え込みました。色々反省しなければと思いながら、最近の世界史的事件をどのように受け止めるか、そんな点から去年の研究集会を振り返ってみたいと思います。君に少しでも自信を取り戻して欲しいからです。

一　リーマン・ショックとオバマの勝利

米サブプライムローンに始まる金融破綻は、九月のリーマンブラザーズの破産によって、まさに「暗黒の金融パニック」を経験しました。僕は一九三二年生まれなので、二九年大恐慌を経験していない、「一生に1度」の経験かも知れません。しかし、君にも話したように、株価の暴落を除けば、失業率など二九年大恐慌と比べて、パニックはさほどひどくは無い。ドルの暴落も回避されている。一九世紀の周期的恐慌と比べても、先進国経済に大恐慌を起こす、あるいは不幸な世界戦争へのバイタリティは無くなったと思います。

先進国は、いずれもポスト工業化を迎えて、経済成長のバイタリティを失ってしまった、慢性的に資金の過剰（過剰貯蓄）を抱え、それが慢性的な投機化のバブル現象となっている。米の過剰消費も投機資金によるもので、サブプライムローンもその一つです。もともと投機のバブルは、弾けるからバブルなので、今度の金融危機も慢性的過剰のバブルが集約され崩壊しただけでしょう。

このように慢性的な投機のバブルに媒介された、過剰貯蓄と過剰消費によるグローバルな先進国経済は、六〇―七〇年代と比べ低成長への移行とともに、景気循環のパターンも「衰滅」したものにならざるをえない。山が低ければ谷も浅い。だからまた、低成長のまま景気の拡大期間も延長されるに過ぎない。こんな先進国経済を、「グローバル資本主義」として、新たな資本主義の発展段階とするわけにはいかないと思う。「グローバル資本主義」は、今や悪名高きネオコンの単なるイデオロギー的表現、戦略スローガンに過ぎないのではないか。

H君

金融バブル崩壊の追い風に押されるように、接戦の予想に反し米・大統領選はオバマが圧勝しましたね。オバマ勝利は、八〇年代からのレーガン、とくにブッシュ父子の共和党政権のイデオローグだった保守派のネオコンの完敗に他ならない。旧ソ連の崩壊による米の覇権型一極主義の世界支配のネオコンこそ、市場原理主義を生み、アメリカ・モデルの価値観を押し付け、無謀なイラク戦争を主導し、経済的には金融バブルの拡大をもたらした。そのネオコンの世界戦略が、金融バブルの崩壊とオバマの「Change!Yes, we can.」の訴えと共に、今や完全に破綻したのです。

僕は、「グローバル資本主義」とその新発展段階説は、ネオコンのイデオローグに過ぎないと思っています。ポスト冷戦による「一人勝ち」した米の一極支配、超帝国主義論とも言える幻想です。EUなどの地域共同体、冷戦下の「新植民地支配」の破綻と中国など新興国の工業化による勃興、こうしたポスト冷戦による新たな多極化への構造転換を無視した、米主導の冷戦型イデオロギーです。その世界戦略が破綻したのです。今度の金融危機に肩を押された北朝鮮のテロ国家指定解除なども、その一例でしょうね。

また、新興国の工業化も、例えば中国の改革開放など、市場経済を積極的に利用するが、土地や労働力、金融などの商品化には大きな「歯止め」をかけている。それがまた今日、中国の強味にもなっている。単に「市場経済だから資本主義」、計画化なら社会主義と言うのでは、西欧社民主義の位置づけも出来ない。世界資本主義論かも知れませんが、新旧左翼のマルクス・レーニン主義のドグマに過ぎないと思います。ロシア革命とソ連が崩壊した現在、ドグマからの自由な発想が必要だと思うし、その点で宇野三段階論についても点検は必要でしょう。

二　リーマン・ショックと宇野「恐慌論」

〈追伸　H君　その後、君と話し会った事を含め、リーマン・ショックに関連して、少し補足しておきたいと思います。

〇八年九・一五のリーマン・ショックは、その現れ方から見ても、明らかに金融恐慌だったといえます。事実上すでに〇七年秋には、サブプライムローンが破綻し、バブル経済が行き詰まりを見せていた、言い換えれば資本の過剰が激化していました。その資本過剰を前提に、リーマンブラザーズの救済に失敗、アメリカを中心に短期金利の急激な上昇が起こりました。まさに、宇野「恐慌論」が強調する、利潤率の低下と利子率の急上昇、そして流通手段ではない、支払手段の不足、この時点で基軸通貨ドルが俄かに基軸性を一時回復してドル不足。国際金融は機能麻痺に陥り、結果として株価など金融市場の大暴落になりました。

僕は、今度のリーマン・ショックこそ、マルクス恐慌論の商品過剰説に対し、宇野「恐慌論」の資本過剰説の理論的優位性を立証したと思います。最近、宇野『恐慌論』を勉強した貴兄の意見を是非聞きたいと思います。恐慌は、商品の過剰生産による販売不能＝流通手段の不足（有効需要の不足）ではない、利潤率と利子率の衝突による金融破綻＝支払手段の不足、従って金融恐慌であり、金融危機なのです。こんな時、生活給付金をばら撒いても、危機の解決にはならない。選挙に負けるだけなのです。

もう1点、補足させて下さい。

リーマン・ショックが世界金融恐慌であり、それがアメリカ発、株価の暴落が大きいとして、一九二九年世界恐慌との類似性を指摘するのは良いでしょう。そして、「百年に一度の世界危機」とするのも、その限りでは間違いではありません。しかし、類似はそれまでです。僕は、〇八年一〇月二四日、リーマン・ショックから一ヵ月程の時点、さらに二九年恐慌の「暗黒の木曜日」から数えて丁度百年目に、「総評会館」で世界金融危機について話しました。聴衆は少なかったですが、君も聴いてくれましたね。

今その内容を変える必要はありませんが、そのとき強調したのは、「金融恐慌であるとして、恐慌そのものは長くは続かない、二九年恐慌との類似を余り強調してはならない、とくに世界戦争や世界革命に直結すべきではない、資本主義を甘く見ると資本主義に馬鹿にされるだけだ！」、日本の新旧左翼に伝統的な世界資本主義・世界恐慌・世界戦争・世界革命のイデオロギーに警告したかった。その後、小泉「構造改革」の旗振り役を演じた大学教授が、自己批判の上「資本主義の崩壊」まで宣言して、それがまた話題となり、ベストセラー入りしましたね。

マスコミも危機論に便乗して「百年に一度の世界危機」を煽りましたが、「百年に一度の何だった」のか？ 結果的には、麻生内閣が国会解散を先延ばしして延命する、バラマキの景気対策を続ける、その「護符」になっただけ。今度もまた、左翼イデオロギーは「資本主義に馬鹿にされる」結果に終わったように見えます。初期のマルクス・エンゲルスの唯物史観、そして「世界市場と恐慌」、それに結びついての世界市場「恐慌（戦争）＝革命テーゼ」のドグマから解脱できないまま、相も変わらず危機・革命を待望する、そんなイデオロギーに、何時までもお付き合い出来ませんよね。

初期マルクス・エンゲルスの「恐慌＝革命テーゼ」は、一八四八年の革命情勢が世界恐慌と政治的に結びついただけ。その後は、恐慌の規模が大きくなっても、革命情勢には結びつかないし、資本主義は益々発展したのです。しかも大事な点ですが、一九世紀の周期的恐慌は、大体が数ヶ月で不況の局面に転換します。もし転換しないで、恐慌が革命に結びついて崩壊すれば、それで資本主義はお仕舞いです。恐慌も繰り返さないし、マルクスも『資本論』を書いて、周期的恐慌の必然性の解明に命をかける必要もなかったはずです。

今度の金融恐慌も、金本位制が崩壊しているので、金の裏づけの相対的に強く、リスク負担の少ない基軸通貨ドル不足が、国際協力などで緩和されれば、恐慌の局面は転換する。僕は、先進国がポスト工業化を迎え、資金の過剰が慢性化している、それがサブプライムローンなどで投機化し、投機が慢性化して慢性的バブル、それがたまたまリーマン・ショックになっただけなので、恐慌の局面は余り長くないと思いましたし、それを君にも話しましたよね。その通りとは言いませんが、〇八年末ないし〇九年初めには、金融恐慌の局面は終わった、と思います。問題は、むしろ恐慌に続く不況の局面にあるのです。

一九世紀の周期的恐慌以来、恐慌の局面は例外があるにしても、金融破綻が収束して金融面のバブルが弾けてしまえば、それに伴う破産など、混乱の犠牲は出ますが、むしろアク抜きの効果があります。ここで、効果的なアク抜きが十分に行われれば行われるほど、その後の不況でのリストラ合理化が効果的に進むこともあり、資本主義は発展のバイタリティを取り戻すことが出来ます。恐慌は、確かに資本主義の矛盾、それも労働力商品化の基本矛盾の表面化ですが、それで資本主義が崩壊するわけでは決してない。逆に、矛盾を表出させながら、不況を通して新しい成長と発展の力を蓄えるのです。宇野「恐慌論」の功績は、労働力商品化の矛盾を明確にしましたが、そのこと以上に「恐慌＝革命テーゼ」を否定しつつ、資本主義の景気循環のバイタリティと成長のメカニズムを理論化したことです。

宇野「恐慌論」は、むろん『資本論』から、その恐慌論から学び、それを理論的に体系化したものです。初期マルクスも、エンゲルスと共に、唯物史観の枠組みを前提し、「恐慌＝革命テーゼ」のプランで『経済学批判』を書こうとしていた。しかし、一八五〇年代、さらに六〇年代を迎え、恐慌は周期化し、崩壊よりも成長の梃子となる現実の発展だった。だから、この周期的恐慌による成長と発展の現実から、彼は純粋資本主義を抽象し、その運動法則として『資本論』を書いたのです。そこに、純粋資本主義の原理論に基づく、宇野三段階論の意義もあることを、ここで繰り返し強調したいと思います。〉

三　段階論とアメリカ型金融資本

H君

僕も宇野三段階論が、ロシア革命とソ連の成立で資本主義の発展段階にピリオドを打ち、それ以降を現状分析とした点は、当然のことながら疑問です。しかし、金融資本を超える新たな資本の蓄積様式は登場していない。二〇世紀、国家主義が台頭し、東のソ連が「国家社会主義」として発展し、西側も福祉国家など「国家資本主義」として体制の組織化を図った。それがポスト冷戦でソ連が崩壊し、西側先進国は上記のごとくネオコン戦略での統合ができぬまま破綻した。世界史は、ポスト資本主義にむけて、慢性的バブルの転換期を「過程」している。人類の「前史」の長い苦悩の継続でしょうか？

無論、世界史の新たな現実を踏まえ、石炭・鉄鋼など基礎資源型生産財だけでなく、例えば米の自動車産業など、耐久消費財を十分射程に入れた金融資本の蓄積など、段階論の修正・補強は必要です。今日、ＧＭはじめ米ビッグ３の経営破綻による「フォーディズムの落日」を迎え、例のレギュラシオン理論の再検討をも必要としているからです。

しかし、この段階論の修正が、純粋資本主義の否定による、世界資本主義の発展に還元する事にはならないと思う。世界資本主義論は、グローバルに拡大する世界市場に資本主義を解消し、資本主義の法則性を否定して、市場経済の歴史的変化を無原則に追い求めつつ、世界革命の妄想を残すのみで、結果的には資本主義を永遠化することになるだけでしょう。

〈ここでも少し補足させて下さい。もともと宇野三段階論の方法は、純粋資本主義の発展から『資本論』を原理論として抽象することが前提ですが、日本資本主義の分析のためには、資本主義の歴史的発展の段階規定が必要とされた。日本資本主義論争の方法論的検討からの所産です。ここで日本資本主義論争には立ち入りませんが、単なる先進国と後進国の違いでは、日本資本主義のように後進国ドイツよりさらに遅れて発展をみた特殊性が解明できない。そこで段階論が必要になり、三段階論の方法が生まれたと思います。宇野理論の形成のプロセスを辿れば、そうなると思います。だから、段階論は『資本論』を前提とした、現状分析のために必要な方法的手続きなのです。

原理論、さらに段階論を前提しない単なる現状分析でも、歴史の発展変化を追うことは出来るでしょう。しかし、それではM・ウェーバー流の恣意的なモデル設定になったり、実証的な歴史学の分析になってしまうだけで、経済学の現状分析にはならない。原理論が前提され、段階論を踏まえた現状分析だから、単なる実証史学ではない経済学の現状分析になるのではないでしょうか?そして、原理論が前提になるから、資本の蓄積様式が基準になり、いわゆる商人・金貸資本、産業資本、そして金融資本の各蓄積様式が段階論として意味を持つことになる。ただ、段階論も具体的内容となると難しい点が多いと思います。

〇九年二月、故戸原四郎さんの奥さん、戸原つね子さんが、馬場宏二氏と共同で「宇野弘蔵教授を囲む研究会：段階論を巡る研究会記録[2]」をまとめ発表されました。昔、故大内力先生の下、戸原さんと『経済学概論』（一九六六年東京大学出版会刊）を出版しましたが、戸原さんらしい丹念な研究会の記録を、奥さんが丁寧に整理したもので、頭の下がる思いで読ませて頂きました。読みながら、新しい論点が次々に提起され、段階論の難しさを今更ながら感じました。また、宇野先生は座談の名手で、「書物は難解、座談は明解」との定評でしたが、この研究会の宇野発言は含蓄が深すぎて、難解そのものです。でも、面白い！

例えば、アメリカ金融資本の取り扱いが、大きな問題になっていますが、一八九〇年代末のトラスト・ブームについて、鉄道業に関して「インチキが非常に多い」「退廃というか、インチキという面が非常に強い」「ああいうインチキ性を非常に持つものを金融資本の中心的性格にすると、金融資本というものを弱く見過ぎやせぬかと思うのです。そういうものじゃない、もっと強いものだと思う。」「鉄道の腐敗資本なり金融資本を、ちょっとレーニンの寄生性とか、腐朽性とかいうときにそれが出てきて、金融資本というのを見くびることが多いのじゃないか、僕はそういうふうに思う。」こんな興味深いやり取りです。

今度のリーマン・ショックの背景には、サブプライムローンなどがあり、そうした「ローンで家を建て、ローンでクルマを買い、カードで衝動買い」の消費者信用による過剰消費体質に、ポスト工業化の慢性的な過剰資金が結びつき、それをまた金融工学を利用した詐欺同然の金融商品の不良債権化が、世界金融危機となって現れた。まさにアメリカ金融資本のインチキ性の破綻だとすれば、金融資本の歴史的限界もまた、いよいよはっきりしてきた。「金融資本というのを見くびること」無く、それを見極めるとして、やはり金融資本のインチキ性の破綻だ、ということを宇野・段階論が、そして宇野の恐慌論が教えてくれたように思います。

また、金融資本の歴史的限界という点では、今回のリーマン・ショックの世界的危機としては、金融恐慌の局面よりも、むしろ〇九年に入って、世界的な不況局面での問題が深刻です。慢性的バブルが、世界金融恐慌として弾けたこともあり、不況も大きな落ち込みになりました。また長期化する可能性も大きいと思います。日本の場合、逆円キャリートレードも加わり、円高不況が重なりました。円高対策を回避した政策ミスともいえますが、戦後最大のGDPの落ち込みなど、大型不況が日本経済を直撃しました。

僕は、金融資本の限界としては、世界の自動車産業、と言うよりアメリカ金融資本の象徴であるGMの破産を、そして日本のJALの破綻も挙げるべきでしょう。「百年に一度の世界危機」と言うのなら、まさに世界のGMが倒産したことは、①IT化に続いて、先進国のポスト工業化が決定的になったこと、②「労使共倒れ」の形で破産して、ステークホルダーの協調の限界を露呈したこと、③国有化も前向きではなく、後ろ向きの一時的救済にすぎないこと、などが注目されます。しかも、オバマ大統領は、グリーン・ニューディールによって、重化学工業化の化石エネルギーからの脱却を目指すなど、もはや単なる不況の合理化による景気回復にとどまらない、産業構造からの歴史的転換の訪れが感じられます。これらの点については、別に論じましょう。(3)〉

四　純粋資本主義の抽象と原理論

没後三〇年研究集会に出席し、その後の関連論文も読んで、純粋資本主義の抽象を否定する考え方が、余りに多いのに驚きます。世界資本主義論への回帰現象でしょうか？世界資本主義VS純粋資本主義の論争は、岩田・鈴木原理論の登場もあり、すでに宇野ゼミの内部でも、散々議論されました。論点も、多少の違いがあっても、ほぼ同じ議論の蒸し返しに過ぎないと思います。しかし、純粋資本主義を否定すれば、それは三段階論の否定であり、宇野理論の死亡宣告でしょう。告別式に君を誘った積りはありませんよ。

『資本論』での純粋資本主義の抽象ですが、単なるイデオロギー的仮説に過ぎなかった初期マルクス・エンゲルスの唯物史観から、マルクスが「学説史的検討」(とくに『剰余価値学説史』)に基づき、理論的に脱却した結果でした。無論、マルクスも人間だから、脱却しようとして不十分な面が残る。『資本論』が未完だったので、なおさら残滓が多かった点はある。しかし、『資本論』の対象と法則が、純粋資本主義のそれだったことは、いまさら確認の必要は無いでしょう。問題は、抽象の方法です。単なる歴史の発展の「模写」でなく、抽象の方法の模写です。この方法の模写は、ご存知の通り一九世紀中葉のイギリス資本主義の発展が純粋化の傾向を持っていた、その歴史的傾向の模写とされています。

ところが、マルクスは純粋化がどこまでも拡大するとしていたが、宇野さんは「純粋化が逆転する」、この逆転を根拠に方法模写論を主張した。しかし、これでは純粋化を否定しながら、純粋化を主張する自家撞着に陥り、純粋資本主義の抽象は誤りだ、との批判です。こうした批判は、三〇年以上も前、宇野さんの生前にも故佐藤金三郎氏などからの批判があり、論争されていたので、その蒸し返しに過ぎないのです。

この論争の事情については、桜井毅『経済学を歩く』(三〇年新読書社)Ⅱ、1「純粋資本主義のアポリア」を是非参考にして下さい。講演なので読みやすいし、僕は全面的に賛成です。[4]「逆転」は、段階論との関係で、資本主義の歴史が金融資本の発展に逆転した点からみると、原理論は純粋資本主義の歴史的・現実的抽象なのだ。桜井氏の言うとおり、宇野さんの説明に不十分な点があったように思うし、論争や批判の相手があっての宇野さん論文は、とくに含蓄が深くて、難解で誤解を生みやすいのです。逆転論は、段階論と原理論の関連で意味があるだけだと思います。

純粋資本主義の抽象にとって大事な点ですが、桜井氏がとくに強調しているのは、経済学説の理論史との関連です。方法の模写ですから、資本主義の発生・発展に対応して、認識の方法とともに、学説も批判的に継承され発展してきた。一七世紀までの下向法＝帰納法、一八―九世紀古典派経済学の上向法＝演繹法を踏まえ、マルクスは単なる上向法ではなく、『資本論』ではヘーゲル弁証法により、自律的運動法則として、純粋資本主義の抽象に成功した。

僕は、ヘーゲル哲学をあまり勉強していないけれども、彼の古典経済学批判と言い、弁証法の自律的法則のロジックと言い、やはり一九世紀二〇年代からのイギリス中心の周期的恐慌を含む景気循環の歴史的現実があったからではないか。だから、純粋資本主義の抽象は、周期的恐慌の必然性＝恐慌論の解明です。イデオロギー的仮説に過ぎない唯物史観では、すでに説明しましたが「恐慌＝革命テーゼ」の崩壊論にはなっても、周期的恐慌の解明にはならない。マルクスも、宇野さんも、唯物史観とそのドグマに還元されていた『経済学批判体系』とプランを捨て、『資本論』の純粋資本主義の恐慌の必然性解明に取り組んだのです。

実際、マルクスに即して宇野さんは、『経済学批判体系』プランの放棄を確認しています[5]。しかし、生前は原理論の整序に全力を尽くされ、方法の模写のための経済学説の理論史による検証まで十分手が廻らなかった。それを十分に自覚されていて、宇野ゼミのわれわれ学生の研究テーマとされたのです。僕は、価値論を分担し『価値論の形成』[6]を書き、桜井氏は転形論争を踏まえた『生産価格の理論』[7]を書いた。一種の「研究的分業」ですね。その後、僕は宇野さんとの約束もあり、先年『恐慌論の形成』（〇五年日本評論社）を出版した。ただ、僕の怠慢のため、生前に間に合わなかった点、申し訳なく思っています。

H君

僕は純粋資本主義の抽象は、資本主義の純化傾向とか、その逆転とかでなく、周期的恐慌による資本主義の「自律性」に基づくと考えています。純粋資本主義の宇野「原論」は、宇野『恐慌論』として完成された。マルクスも一八五七年恐慌まで抱いていた唯物史観の恐慌＝革命テーゼを捨て、プランを変更して、周期的恐慌の拡大を踏まえ、『資本論』の純粋資本主義の法則性の解明を行った。キーポイントは、資本の蓄積過程を踏まえて、競争による『資本の絶対的過剰生産』の解明に成功した点でしょう。そこには一八七〇年代の限界革命の影響でしょうか、限界原理による追加投資の資本蓄積が説かれています。

実際、『資本論』の「近代社会の経済的運動法則」は、周期的恐慌を含んだ「絶えざる不均衡の均衡法則」、「無政府的法則性」です。いわゆる近経の「一般均衡論」とは、恐慌論があるか、無いか、で大違いですが、市場の均衡論としては同じですね。だから循環的法則になるし、自働崩壊論ではないのです。そこからまた、人間の主体的実践の意味も提起できる。

H君

純粋資本主義の抽象による宇野『恐慌論』は、言うまでもなく労働力商品化を基本矛盾に展開されます。土地の商品化と表裏になって、市場経済の社会的再生産の全面支配となり、経済原則と共に社会的均衡を実現する。しかし、労働力商品の特殊性から、周期的恐慌を不可避とする。「絶えざる不均衡の均衡法則」の〝格差社会〟です。労働力商品としてアトム化され、家族や地域の意味は失われる。土地の商品化の点では、市場経済による土地自然の環境破壊に繋がる。このような基本矛盾を抱え込んだ資本主義社会が、変革の対象です。変革の主体は、労働力商品の担い手であり、働き生活する人間です。

僕は、純粋資本主義の抽象によってのみ、社会変革の「対象と主体」が明確にできる。段階論、現状分析は、その「対象と主体」の歴史的変化、具体的あり方を解明する。それに反して、純粋資本主義を否定した唯物史観や世界資本主義論では、プロレタリア独裁や植民地解放の名の下に、周辺革命論など権力奪取による上からの国家社会主義の運動の失敗を重ねてきた。旧ソ連の崩壊も、その例に漏れないマルクス・レーニン主義のイデオロギーの破綻によるものだと思います。

宇野『恐慌論』は、純粋資本主義の抽象により、そうしたイデオロギーから自由だった筈です。そして、あれほど厳しくスターリン論文を批判していた宇野さんが、旧ソ連を擁護し続け、ロシア革命をもって資本主義の段階的発展にピリオドを打ったのか？僕には理解できませんが、やはり戦前・戦後、ソ連崩壊まで支配した日本の伝統的左翼イデオロギーに捕われていたのでしょうか？

五　W・モリスの『資本論』と社会主義

H君

最近僕は、価値論、恐慌論に続けて、『資本論と社会主義』について、マルクスの晩年の検証をしようと思っています。君もご承知の通り、手始めにマルクスとの接点として、W・モリスについて研究しているのも、そのためです。どうか、これからも宜しくお付き合い下さい。

〈マルクスとモリスの関係については、断片的にはともかく、日本の経済学者は、まだ本格的に研究していませんね。「研究の価値が無い」と思っている研究者が多いのでしょうが、宇野三段階論というか、〈論理と歴史〉、〈科学とイデオロギー〉、〈理論と実践〉の関係について、モリスと彼の協力者E. B. バックス、(8) この二人の「『資本論』と社会主義」の理解は、その萌芽になっているように思います。

マルクスの死去は、ご存知の通り一八八三年です。生前、マルクスとモリスと直接の交渉があったかどうか分かりませんが、八三年の時点で、モリスが『資本論』を熟読し、表紙が擦り切れて再製本するほどだった。『資本論』を読んで自ら社会主義者、マルクス主義者になった、とオックスフォード大の講演でも公言しています。「芸術と民主主義」（のち「金権政治下の芸術」に変更）のタイトルで大変有名になった講演です。また、この時点で社会主義の組織「民主連盟」（翌年「社会民主連盟に改称）にも加入したのです。

当時、まだ『資本論』の英訳が無かったので、ドイツ語の苦手なモリスは、仏語訳のロア版で読んだ。マルクスが手を入れた最後の版ですが、ご存知かと思いますが〈論理と歴史〉の区別が編別上も進んだ仏語版です。モリスは『資本論』など、晩年のマルクスを直接学び、結果的に初期マルクス・エンゲルスによる唯物史観のイデオロギー的仮説の影響を余り受けていない。唯物史観の枠組みに『資本論』の科学を封じ込め、〈論理と歴史〉、〈科学とイデオロギー〉、〈理論と実践〉の統一というドグマからも自由だった。また、ドイツでヘーゲルを学び、『資本論』の草稿など、晩年のマルクスを知っていたバックスの協力もあったでしょう。ともかく、エンゲルス『空想から科学へ』やレーニン「カール・マルクス」のように、唯物史観の枠組みに還元した形で、「科学的社会主義」を主張しなかったのです。

H君

君もご存知の通り、宇野さんは「社会主義的科学」ではなく、「科学的社会主義」でなければならない、と主張されています。唯物史観は、初期マルクス・エンゲルスのイデオロギー的仮説に過ぎない。その枠組みに『資本論』の科学を還元したら、「社会主義的科学」なるだけ。『資本論』を純粋資本主義の抽象による法則解明として純化し、それで社会主義の主張を基礎付ける。それこそ「科学的社会主義」だ、と繰り返されました。そのポイントは、『資本論』の第1巻、資本の蓄積過程の「否定の否定」による「所有法則の転変」の理解です。

モリスたちは、『資本論』を熟読しただけではない。表紙が擦り切れるまで読み、その上『資本論』の解説までしたのです。マルクスの三女エリノア夫妻などと一緒に、八五年に組織した「社会主義同盟」の機関紙『コモンウィール』に連載し論文が、九三年に“Socialism Its Growth and Outcome”(9) として出版されました。その内部に『資本論』の第1巻の概説が含まれています。その概説を踏まえ、その上で社会主義の運動と実践、さらに共同体を基礎とした社会主義の思想が、「社会主義の勝利」として主張されているのです。

この共同体型の社会主義の主張は、上記の所有法則の転変の理解に関わる、重要な論点です。モリスたちは、所有法則の転変の内容を紹介した上で、わざわざ単純商品生産者の「自己労働に基づく個人的な私的所有」に注記して、こう述べています。大事な注なので引用しておきます。

「ここで使われているような語句を、誤って理解しないことが重要である。〈中世〉期における労働は、メカニカルな場合でも、個々別々に行われていたのだが、精神的な面から見れば、連合・アソシエーションの原理によって、かなり明確に支配されていたのだ。つまり、われわれが見たとおり、その時代の親方・マイスターは、単なるギルドの代表に過ぎなかったのである。」

この注記は、別にマルクスを批判しているわけではない。誤解の無いように、との注意書きに過ぎないでしょう。しかし、「否定の否定」の内容こそ、その後、今日に至るまで『資本論』の理解に関わる重要な論争点となり、将来社会としての社会主義の理解にも関係する。エンゲルス・レーニン流の「社会主義的科学」か、それとも宇野理論流の「科学的社会主義」の理解か、ここに重大な分岐点があるのではないか。モリスは、単に注記の形ではあるが、『資本論』に対して重大な問題提起を試みていたのです。


中世の農村共同体やギルドではなく、単純商品生産者の労働や所有を前提し、その否定で資本主義的生産様式を説き、さらに否定の否定で将来社会の社会主義を構想すれば、どうしても唯物史観の枠組みに『資本論』の論理も組み込まれ、〈論理と歴史〉の統一のドグマにより社会主義が主張される。エンゲルス『空想から科学へ』だし、レーニン「カール・マルクス」の社会主義的科学であり、このマルクス・レーニン主義のドグマから、旧ソ連型の社会主義も構想されざるを得ないのです。

H君
モリスたちは、唯物史観のイデオロギーの枠組みから自由な形で、『資本論』そのものから資本主義社会の近代的運動法則を学び、自分たちの共同体的社会主義を主張しようとした。とくにモリスは、オーエンの主張を評価し、パリ・コンミューンのプルードン主義にも肯定的です。こうした評価に対し、『空想から科学へ』のエンゲルスが好意を持つはずはありません。エンゲルスによってモリスは敬遠され、運動の「指導者としての性格」を疑われ、「科学的社会主義者でなくユートピア社会主義者」とレッテルを貼られたのです。モリスの側は、エンゲルスに対し反論していませんが、マルクスの『資本論』を挟んで、エンゲルスとモリスが別々の社会主義の道を目指したわけです。

モリスの社会主義の思想的内容は、また別の機会に君と議論したいのですが、〈論理と歴史〉の統一のドグマから自由になれば、〈理論と実践〉についても、単純な階級闘争論だけではない、幅広い運動の分析になっています。さらに〈科学とイデオロギー〉の関係も、科学に対して共同体社会主義の思想は、倫理や道徳、家族・家庭や宗教の役割も重視するし、工芸デザイナー・モリスらしい「生活の芸術化」が強調されて、じつに豊な内容になっているのです。

宇野理論は、あくまでも禁欲的です。『資本論』の科学は、労働力の商品化（その裏側に土地自然の商品化）を止揚すること、変革の対象が純粋資本主義の全体性というだけで、それ以上は何も語ってくれません。モリスの社会主義を宇野さんが、どう評価したのだろうか？一八九三年出版の上記モリス・バックス共著『社会主義』は昔、堀経夫さんが購入して、東北大学の図書館にも所蔵されています。宇野さんが借り出して読んだ形跡がないようなので、やはり宇野三段階論は、独自に生まれたものなのか？君にも調べてもらいたいと思っています。宜しく。〉

【註】

（1）本稿は、「宇野理論を現代にどう活かすか」Newsletter(10)に掲載したものを字句訂正の上、追伸として〈　〉部分を追加したものである。

（2）馬場宏二、戸原つね子「宇野弘蔵教授を囲む研究会」（『社会科学研究』60巻3・4号）

（3）拙稿「世界金融恐慌とポスト資本主義への展望―グリーン・ニューディールが提起したもの―」（『社会環境論究』社会環境フォーラム紀要第2号所収、二〇一〇年一月刊行予定）を参照されたい。

（4）なお、拙稿「『資本論』と純粋資本主義」一九六七年一〇月（経済学論集33巻3号）も参照のこと。世界資本主義論に対する批判として書かれたものであるが、最近の世界資本主義論としては岩田弘氏の論稿があるので、後掲の補注として検討した。

（5）宇野弘蔵「『経済学の方法』について」（宇野『著作集』第3巻所収）

（6）『価値論の形成』一九六四年東京大学出版会

（7）『生産価格の理論』一九六八年東京大学出版会

（8）Morris, W（一九三四―九六）については、イギリスの詩人、工芸家、アーツ&クラフツ運動や社会主義の運動家として有名だが、Bax, E.B（一八五四―一九二六）については、殆ど知られていない。安川悦子『イギリス労働運動と社会主義』（一九八二年お茶の水書房刊）の「付論二」で、モリスとバックスが取り上げられている。バックスについては、数少ない研究であり、興味深い論点が提起されているので是非参照のこと。

（9）Morris.W, Bax.E.B., *Socialism, Its Growth and Outcome* 1893,

安川氏の論稿でも本書が取り上げられているが、断片的な紹介にとどまっている。

〈補注〉

本稿を提出後、岩田弘氏から「大内秀明『恐慌論の形成』に寄せて・『資本論』体系の苦悩と宇野恐慌論の仮想性」（『情況』に掲載予定とされているが、現在のところまだ掲載されていない）と題する論稿を送られた。冒頭から「大内秀明『恐慌論の形成』（日本評論社二〇〇五年刊）は最近の力作である。『資本論』の恐慌論や宇野弘蔵の恐慌論を検討している点にある。」とされるが、拙論に対する批判は、「大内論考が宇野恐慌論をほとんどそのまま前提している点にある。恐慌とは、優れて世界市場的な現象であり、したがって景気循環とは、これまたすぐれて世界市場的な循環あって、宇野原理論のように、一国的な純粋の資本主義社会を想定して恐慌や景気循環を論ずることはできないはずである。そのためには世界市場システムとしての資本主義において、あるいは筆者のいう世界資本主義において、その理論的・現実的解明を追及しなければならない」と、自説を主張されている。

この世界資本主義論による宇野批判は、リーマンショックを受けてのものだが、内容は30年前とほとんど変わらぬ蒸し返しに過ぎない。ただ、宇野原理論が「一国的な純粋な資本主義社会を想定して恐慌や景気循環を論ずることはできないはずである」と批判され、「宇野恐慌論の仮想性」を論難されている点については、ここで再度取り上げ拙論を確認しておきたい。

マルクスのように、イギリス資本主義の拡大・発展から純粋資本主義を想定する拡大延長論の方法には、そうした誤解を生む余地があると思うが、拙論のように規則的な周期的恐慌による景気循環に即して純粋資本主義の歴史的・現実的抽象を行う方法模写論からすれば、岩田氏の批判は「誤解」、むしろ「曲解」といえる批判である。

なぜなら、純粋資本主義の抽象は、「一国的な純粋の資本主義社会を想定する方法」では断じてないからだ。純粋資本主義を一国資本主義と見做して批判するのは、世界資本主義論からの勝手な妄想による誹謗中傷であって、それ以上のものではない。

そもそも共同体と共同体の間に発展拡大してきた商品市場経済は、国内市場は世界市場の一部だし、世界市場は国内市場の広がりでしかない。近代国民国家によって、国民経済が世界経済と区別されてきたが、その区別は政策的要請から国家的衣装を纏っているだけだ。特に19世紀中葉の周期的恐慌を含む景気循環の拡大発展は、まさに世界市場が国内市場、国内市場が世界市場と相互一体化しつつ浸透し合い、両者が溶解した発展だった。それが今日では、完全にグローバル化しているが、純粋資本主義の抽象は、そうした商品市場経済が、労働力や土地まで商品化して自律的に発展する、そうした歴史の現実からの抽象に他ならない。

次に岩田氏の論稿では、「ロンドンにおける二人のマルクス」として、①世界市場観察者と、②『資本論』製作者の2人を対置させる。いうまでもなくロンドンへ亡命、大英博物館で勉強したが、ロンドンのマルクスは、亡命前の1848年時点でエンゲルスと一緒に定立した「世界市場と恐慌」、そして世界恐慌・世界革命テーゼを脱却、さらにイデオロギー的仮説だった唯物史観を超克する知的営為だったのではないか。その営為は、取りも直さず『経済学批判』＝「綱要」の「世界市場と恐慌」のプランからの脱却であり、その解脱の過程こそ純粋資本主義の抽象による『資本論』の生誕に他ならない。岩田氏の「二人のマルクス」解釈は、『資本論』の純粋資本主義のマルクスを、それ以前の「綱要」などへ後退させる後ろ向きのマルクス論だろう。

宇野原理論は、『資本論』の純粋資本主義の方法的見地を徹底させた。その結果が、現行『資本論』全3巻に対置して、岩田氏の整理に従えば、「三つの領域」、流通論・生産論・分配論の構成なのだ。岩田氏の『資本論』体系の整理も、宇野原理論の三領域の全面的容認、そして「巨大な功績」と称えているのだ。

実際、三領域のうち、第一、第二の領域については、「世界市場編成をその中心国をなすイギリス資本主義の内部関係へと集約」、「集約・内面化してゆく商品経済的機構の体系的・論理的叙述を目指すもの」と述べている。岩田氏も世界市場の単なる模写論ではない。世界市場編成を「内部関係へと集約」「集約・内面化」の抽象をしている。しかも、労働力の商品化を前提にして、自律的運動としての周期的恐慌、景気循環の集約・内面化として方法を模写するなら、宇野原理論の純粋資本主義の抽象と、どこが、どう違うのか。

主な差異は、第三の領域にあるようで、「資本主義的生産の全体構成とその世界市場編成」を説くべきなのに、「平板な分配論」にしてしまった、と批判する。確かに、宇野恐慌論では、個別資本の競争、それを媒介コントロールする信用について、「投機」の要素やバブルの説明が欠如し、「平板」な説明が気になる。拙著『恐慌論の形成』では、その点を補強した積りである。岩田氏の批判的検討を期待したいところだが、むしろ宇野恐慌論の利潤率と利子率の対抗関係については、内容的な批判は見当たらない。単に『資本論』による「当時のイギリスの世界市場的な商業信用システム」の解説に終わっている。それを自覚しているからであろう、最後に商業信用から銀行信用を説く点で、「宇野利子論の功績であったが、それを達成しえず、結局、スコラ分配論へ転落することになった」と。

これは批判ではない。単なるレッテル貼りに過ぎないのだが、要するに岩田「世界資本主義論」は、商品市場経済の世界市場システム展開を、労働力商品化を基礎とした資本主義的生産の深部まで立ち入りつつ、周期的景気循環の総過程として、法則解明を試みているにすぎない。その点で、純粋資本主義論の法則解明の宇野恐慌論とは、基本的内容は変わらないのであり、結果的には空疎なレッテル貼りに終わった、と言えるだろう。

30年を振り返って、いささか不詳であっても、岩田氏もまた宇野理論の弟子、息子であることの鑑定結果を、今回の論稿が証明してくれたと思う。

第3章　資本主義から次の歴史社会への過渡期をどう見るか
——脱資本主義過程論の系譜——

関根友彦

一　『経済政策論』への補記

宇野弘蔵『経済政策論』改訂版への「補記」（一九七一）には「第一次世界大戦後の資本主義の発展について」という副題が付けられているが、これは僅か四ページ半に凝縮された論述に過ぎず、しかも宇野特有の（含意に満ちた）文体で綴られているので、不幸にして「誰が読んでも単純明快」とは言い難い。しかし、ここでは、「一九一七年のロシア革命後の世界経済の研究は、資本主義の典型的発展段階の規定を与える段階論よりも、むしろ現状分析としての世界経済論の課題ではないか」という旧版いらい宇野の心を離れなかった疑問に決着をつけることが意図されている。一九五七年に発表されたツィーシャンクの論文と、それに触発された我が国における「国家独占資本主義論争」が引き合いにだされ、特に、それを決定的に整理した大内力氏の「国家独占資本主義論ノート」で重視されている「管理通貨制に基づく景気政策ないし労働政策」に、宇野は強い関心を示している。先ず「社会主義がすでに世界史的現実になった」時点では「いずれの資本主義国も、対外的には社会主義圏をある程度意識せざるをえなくなる」という大内説に賛意を表したのち、かかる「管理通貨制によるインフレ政策」が「（帝国主義国家の）関税政策などとは異なって、その影響力は極めて大きい」ということを認めている。もともとツィーシャンクの論文は、発表当時の西独経済が、戦後アメリカの影響下に、ケインズ的マクロ政策を採用して完全雇用と物価安定を図ろうとしたことに触れ、（唯物史観でいう）「生産力と生産関係の矛盾の強化」に対応して「帝国主義国家の役割が強化」されたという解釈を披瀝するものであった。宇野にしてみれば、（経済学ではなく史的唯物論の視点で）「帝国主義的生産関係の新たな一段階」などと言い出されても、それが「金融資本」

とどう関わるのかが明らかでなければ、なんとも対応のしようがない訳である。それゆえ、大恐慌と第二次大戦後の冷戦を経過して進展しつつある世界経済については、先ず「現状分析」によってその実態を把握することの方が大切であり、性急なマルクス主義者達がそこに強引な「原論的解釈」を持ち込むことは、寧ろ非生産的であると考えたのではなかろうか。

確かに、大内に拠るまでもなく、冷戦下の西欧で三〇年代の大不況のようなものの再来を許せば、それは態々共産主義に「付け入るスキ」を与えるような結果になることは明白である。それゆえ、当初は「半ば社会主義的」と思われていたケインズ政策によってでも、アメリカ「雇用法(一九四六)」の精神に基づいて、「完全雇用と物価安定」を最優先せざるを得ない政治的情況があった。だが、宇野も大内も認めるように、ケインズ的なマクロ政策は従来の金本位制度を維持したままでは遂行できない。そこで「資本主義が歴史的な特殊な一社会として、しかも商品経済的に自立する基礎をなす貨幣制度を実質的にはともかく、形式的にあるいは部分的に自ら放棄し、これを利用するに至ったということは極めて注目すべき点をなすものである」と宇野は言う[1]。だが、それならば、ケインズ的なマクロ政策で階級闘争の融和を図ろうとする「ブルジョア国家」などというものが、果たして想定可能であろうか。それは金融資本と協力して剰余価値生産の確保に専心する帝国主義国家というよりも、むしろ社会民主主義的な「福祉国家」とでも言うべきなのではないか。(少なくとも、そこでは「資本の市場原理」だけにこの社会の再生産過程を任せきれなくなっており、ポランニーなら「再分配」と呼ぶような「国家の計画原理」がすでに介入してきている。)すなわち、『経済政策論』を通して宇野が規定してきたブルジョア国家の在り方とは根本的に異なった国家像が浮上してきている。だとすれば資本主義は、もはや「没落期」を通り越して「解体期」に入っていると言わなければならない。

しかし宇野としては、たとい戦後の世界経済の動きに新しい胎動を感知したとしても、それを「資本主義の解体期」として理路整然と説明する用意はなかったであろう。それは晩年のマルクスが帝国主義の到来を感じながらも、それを経済学的に規定できなかったので寧ろ立ち入らなかったのと同じ立場である。また第一次大戦直後に、早くも「国家独占資本主義」を語りながら、未だその概念を厳密に規定できなかったレーニンの立場にも通じる。だから『政策論』改訂版「補記」の後半でも、宇野はやや雑談風に様々の主題に触れるにとどめ、自分自身の研究に基づく確信のある議論を未だ展開できないことを自覚していたと見るべきであろう。

二　大内力の「国家独占資本主義」論について

とはいえ、宇野は大内の「ノート」が語る「管理通貨制によるインフレ政策」の決定的な意味を見過ごしてはいない。おそらく宇野が真に望んでいたのは、『政策論』で自分が確立した「段階論」と整合的な資本主義の「解体過程」（すなわち「脱資本主義過程」）として、第一次世界大戦以後の世界経済を総括することであったであろう。だが、すでに自らにはその余力がないことを悟った宇野は、大内のような後輩にその任を託したいと望んだようである。実際、大内も宇野『政策論・改訂版』と前後して、自らの「ノート」を拡大・敷衍した『国家独占資本主義』[2]（一九七〇）と題する大著を残しており、それは、当時、同じテーマで群生した類書のなかでは、抜群の水準を行くものであったし、当然その影響力も著しいものがあった。しかし、如何に優れた業績であっても、世界経済における脱資本主義過程の帰趨がいまだ甚だしく不透明であった四〇年前のものを今日からみれば、そこに大きな制約があったことは否めない。宇野の場合も大内の場合も、資本主義の「解体期」が如何に展開されるであろうかを判断するには、時期尚早であったという感を免れない。当時は、殆ど誰もが一九三〇年代のような大不況が再来することはあり得ないと信じていたが、リーマン商会の破綻を経て「百年に一度の」世界恐慌に直面している我々にとっては、「大内国独資論」の限界もまた明かになるのである。

大内の主張を要約すると大体次のようなものになる。第一次世界大戦後にレーニンは、国家が戦時中に「規制・統制・計画・国有化」などの手段で経済活動に深く干与したことを認め、私的独占資本の能力をこえた経済の管理に「国家独占資本」の登場が必然になると考えたようであるが、第一次大戦中に見られたこのような「国家の干渉」は、その後の「相対的安定期」には大幅に後退しているし、第二次大戦中とその後にも同じような傾向が認められている。それゆえ、戦争経済のもとで臨時的に強化される国家の経済への関与から、「古典的な帝国主義」を超える体制として「国家独占資本主義」を規定することはできない。また、ツィーシャンクが示唆したように、「生産力の社会化」が著しくなると、それが個別資本や株式資本の処理・管理能力を超えるので国家による経済干渉が深化するという主張も、「古典的な帝国主義」の時代にすでにみられた傾向をただ（感覚的な判断に基づいて）「量的に著しく強化された」と主張する限りでは、国家独占資本主義を経済学的に規定する「決め手」を欠く。それゆえ大内によれば、国家独占資本主義は、第一次大戦の後で、なかんずく一九三〇年代の世界恐慌いらい、資本主義が直面した「全般的危機を時代背景とする帝国主義」と規定されなければならない。言うまでもなく「全般的危機」とはロシア革命（一九一七）以後、「既に社会主義への移行が世界史的に明らかになった段階」で、それに対峙する帝国主義段階の資本主義を形容する言葉である。具体的には、一九二九年の恐慌によって三〇年代の世界的大不況が誘発された局面で、資本主義国の「政治的国家」がもはや「経済の自動回復力の作用を待つ余裕がなかった」とき、一種のアピーズメント・ポリシーとして応急的に採用せざるを得なかった「ケインズ的なマクロ政策」が、「補正的財政支出」として経常的に定着したとき、「古典的な帝国主義」とは区別された「国家独占資本主義」の体制が成立する。

ケインズ的マクロ政策は、当初、応急的な「呼び水効果」を期待する不況対策だったが、後に制度化され、特に第二次大戦後は「恐慌を未然に予防する」対策として組織的に採用されるようになった。戦後のアメリカでは、補正的財政出動を根幹とする「混合経済」が定着して目覚ましい成功をおさめたのみならず、同じ体制が次第に世界的にも普及するようになったのである。そこでは、景気変動がもはや恐慌による断絶を含むことなく、ほぼ潜在的成長経路の周辺で、緩やかに好景気から景気後退へ移り、次にそこから回復基調へ戻るというパタンを繰り返すものに変わった。大内によれば、これは金本位制度を廃絶し「管理通貨制度」を採用した帝国主義国家が、政策的に「管理された物価上昇（即ちcreeping inflation）」を常態化できたためであるという。この方式にも「限度」がない訳ではないが、それはブレトン・ウッズ合意に基づく固定為替相場が維持できる範囲で、金本位制度の場合ほどに厳しい制約を受けることなく、必要に応じて国家が実質賃金と金利の急上昇をコントロールできる限り、急激な利潤圧縮による恐慌を回避できるのだと主張する訳である。

ところが、大内が国家独占資本主義の本質としている所謂「混合経済」は、実はブルジョア国家を超える経済政策（即ち、必要に応じて、労賃の騰貴を抑え、信用を拡大し、適当な物価上昇を演出することで「恐慌を予防」する経済政策）を前提しているのであって、それは明かに価値法則や人口法則の支配を逸脱する傾向を示している。それがいかなる意味で「全面的かつ自律的な商品経済」としての「資本主義」と整合するのかを説明することなく、「資本が労働力を商品として支配すること」に介入する政策であると大内が主張する根拠は、少しも明らかではない。また、それが如何なる意味で「古典的な帝国主義」国家が行った高関税政策や植民地政策・対外投資政策などの「金融資本」に特有な経済政策と繋がるのか、という問題にも大内は応えていない。こうした点では、とうてい宇野を満足させるものではあり得なかった。ただ注目に値するのは、大内が「国家による管理されたインフレーション」と呼ぶケインズ的マクロ政策が、管理通貨制度を前提として始めて可能になることが強調されている点である。

以上のような大内の主張は、当時としては画期的な見識であったが、今日では大方その説得力を失ってきている。何よりも先ず、国家独占資本主義を「全般的危機のもとにおける帝国主義段階」としてきた以上、今日のように「全般的危機」ないし東西対立そのものが消滅した段階で、その命運がどうなったのかが説明されなければならないだろう。しかし、それ以上に問題なのは、大内が「国家独占資本主義」としているものが、一九五〇年代から六〇年代にかけて、アメリカを中心にその黄金時代を展開していた所謂「混合経済」であった点である。この種の経済体制の成功を支えていたのは、一方において、ブレトン・ウッズ合意に基づくＩＭＦ体制であり、他方において、国家の総需要政策の下で、実は単位労働費用が低下傾向にあったため、民間投資の収益性の増加を確保できるという好条件があった。この点は侘美光彦氏が『大恐慌型不況』[3]（一九九八）という著書の中で極めて的確に指摘している。

三　侘美光彦の「大恐慌型不況」論について

まずブレトン・ウッズ体制であるが、これは実際には米ドルを基軸とした金為替本位制度に過ぎず、アメリカ以外の国は外貨準備の許す範囲で通貨供給を管理していればよかった。具体的には対米赤字が憂慮される場合にのみ金融を引き締め、それ以外には自国通貨の発行に限度がなかった。またアメリカは当初、莫大な金準備を保有していたから、それによって米ドルの信認が支えられている限りでは、いくらでも通貨の供給ができたのである。しかし周知のようにアメリカは、自国の基本収支が赤字傾向になってもこれを放置し、然るべき国内経済の調整を怠ったため、六〇年代後半からは急速な金の流出を止めることができず、七〇年代の初めにこの体制の崩壊を招くに至った。更に同じ七〇年代には、従来の「管理された(demand-pullの)インフレ」が「生産資源の隘路に基づく（cost-pushの）インフレ」に転化したため、それまで低下傾向にあった単位労働費用が上昇に転じ、時にはそれが物価上昇率をも凌ぐ傾向を示した。それは民間投資の収益性を決定的に損なうので、政府支出も徒に悪性インフレを煽る結果に終わった。その結果、積極的財政出動をともなうケインズ的マクロ政策へ不信感が広まり、後述のように新自由主義の台頭を助長することにもなったのである。

侘美の業績は、大内の『国家独占資本主義』から四半世紀を隔てた後、一九二九年に始まる「世界大恐慌」を巡る独自に研究に根差したものであり、直接に「国家独占資本主義論」の規定には拘泥ってはいない。戦間期いらいの世界経済の構造変化を分析しながら注目すべき成果を収めたものである。特に、大内が一九二九年の恐慌もそれ以前の「資本主義的恐慌」と本質的に異ならないと判断しているのに対し、侘美は、それを従来の「循環的恐慌」とは明らかに異質なものと捉え、その理由として、当時のアメリカでは既に「耐久財を生産する寡占企業と労働組合組織による市場支配力」が発生しており、価格伸縮性が損なわれていたことを指摘している。この場合には、緩やかな景気後退でも「デフレ・スパイラル」に繋がり「恐慌からの自動回復力」も損なうことがあると侘美は言う。筆者もこの点が決定的であると思う。むしろその方が「解体期」における資本主義を「没落期」におけるそれと区別するのに有力な手掛かりを与える。大内が、資本主義の段階区分について、「指導的な役割を果たす資本の蓄積様式を基準とすべき」だという立場から、「帝国主義に対する第四段階ではありえない」としたこと自体には誤りはないが、それだからと言って国家独占資本主義が「帝国主義段階の一部を形成するもの」[4]だと断定すべき理由はない。むしろ、それが「脱資本主義過程の一局面」であったと判断する方が自然であり、宇野の立場にも近いものと思われる。「戦間期」以後の世界経済の展開を、大内よりも長期間にわたって観察できた侘美が、資本主義の「没落期」とは異なる「解体期」の特質をヨリ的確に把握していたことは、容易に推察できる。[5]

侘美によると、帝国主義段階の独占的大企業は、「石炭や鉄鋼を中心に多数のカルテルを形成したが、一国経済の全体についてみると、寡占企業の占める割合はまだ相対的に小さかったしその影響は部分的なものにとどまっていた。それによって物価そのものが硬直的になるには至っていなかった」[6]。この段階では「経済過程を市場に任せると一年ほどの比較的短期で終息する恐慌の後で不況期が訪れ、そこでは競争力の高い企業や産業のみが生き残り、弱小な企業や産業は整理されていくので、それは資本主義の生産力を高める一つの原動力になる」[7]と言う。ところがアメリカでは一九二〇年代にすでに耐久消費財中心の産業構造が定着し、寡占大企業が経済の中枢を占める傾向になっていた。この場合には、寡占企業の製品価格も（労働組合との間の交渉で決まる）賃金もともに下方硬直的になるので、不景気になっても物価を低落させるよりは所謂リストラによって生産と雇用を縮小する方向にむかう。これは一般的物価低下が弱小企業を淘汰し次の回復を準備する代わりに、「経済過程を累積的に悪化させるものに変質」させたことを意味する。ここで侘美が「累積的悪化」としているのはデフレ・スパイラルのことである。

実際、大恐慌の場合、二〇年代の前半には殆ど物価の上昇もないままに耐久消費財ブームがあったが、それが一九二五―二六年ころに停滞すると、寡占企業は余剰資金を株式投資にあて、それを円滑にするためにブローカーズ・ローンという銀行信用を利用したが、その原資であった外国資金が英国の金利高騰によって引き上げられると、他の金利もその影響下に上昇して農業や消費者へのローンを直撃したため、二九年半ば頃から緩やかな景気後退に入った。恐慌はまだ「経済の中枢」ではなく「周辺の弱小部門」で始まったために緩やかだったと言う。ところが同年秋に株価が暴落すると、同時に農産物価格もこれに続いた。不景気になると耐久消費財への需要が真っ先に減少するので、寡占企業も操短と雇用調整を余儀なくされ、失業も急増することになる。それは所得の激減を意味するから、これまで銀行貸付に頼っていた農民・中小企業・消費者は返済不能になり、銀行その他の金融業者は不良債権の重圧に苦しむことになる。「債務デフレ」と金融逼迫は実物経済を更なる苦境に追い込むことになるので、デフレ・スパイラル即ち「経済の累積的悪化」が止められなくなる。侘美の分析で興味深いのは、アメリカで「大不況」からの回復が遅れた理由を、当時の経済構造がすでに寡占企業中心のものに変質していたのに対し、それによって誘発された我が国の「昭和恐慌」では、まだ伸縮的な物価が大幅に下落したため、比較的短期間で回復したと結論している点である(8)。

いずれにしても、第一次大戦以後とそれ以前の世界経済とを何らかの基準で区別しようとする立場は、大内にも侘美にも共通している。侘美も大内と同じように、第二次世界大戦後の先進国経済に「混合経済」が定着したことを認め、それは「管理されたインフレーション」（大内）すなわち「不可逆的価格上昇機構」（侘美）によって「恐慌を回避するため」であるとしているが、侘美の場合にはその「恐慌」が、第一次大戦以後の「経済構造の変質」によって「大恐慌型」になる危険があるからであり、東西対立によって資本主義が全般的危機に曝されているからではない。また、この混合経済体制が持続する条件として、ブレトン・ウッズ合意が保証するドルの「公的対外交換性」が維持されるばかりでなく、技術進歩（この場合は恐らく石油系技術の革新）によって民間投資の高い収益性が確保されたことを挙げている。これらは、世界経済の現状分析に新たな一歩を画するもと言ってよい。

四　テミンのいう『大恐慌の教訓』

三〇年代の大恐慌は先ずアメリカに発生し、それに諸外国も巻き込まれたのであるから、当然アメリカを中心にその研究もなされるのが常であるが、実際にはその原因も結果も世界史的な展望のうちに把握されなければならない。侘美も「国際通貨制度の崩壊も大恐慌への道を開いた」と言う一章でその点を論じているが、経済史家のピーター・テミンの大恐慌研究は(9)、更に終始一貫して「米・独・仏・英の四国経済」の相互連関のうちにその原因と結末とを論じている。ここで面白いのは、これら主要国の政策当事者が一九二〇年代を通じて、「大戦前の金本位制度を復活する以外に戦後の世界経済を再出発させる道はない」という半宗教的な幻想に取りつかれていたことが指摘されている点である。大戦によって世界経済の構造が激変したことが誰にも理解されず、国際的通貨制度を含めて戦前の経済秩序全体が回復できるとするヨーロッパ中心の発想が支配的だったのである。実際には、戦後ただちに金本位に復帰できたのはアメリカだけであり、イギリスは一九二五年に旧平価で、フランスは一九二六年に旧平価の五分の一で金本位に復帰している。ところが「再建された金本位制度」はその「対称性」を全く失っていた。即ち、金の不足する国は平価を切り下げて輸出を図るよりもデフレによって対応しようとする反面、金が過剰な国は平価を切り上げず、インフレを怖れて十分の拡大もしなかった。実際、ポンドは過大評価されたため英国は厳しいデフレに低迷する一方、フランは過小評価されたためフランスには必要以上の金が流入したという。戦前の金本位制度は、商品経済の世界史的発展のなかで各国がイギリスの例に習い、いわば自然発生的に形成されたものであったのに対し、二〇年代後半の再建金本位は、変質した世界経済の現状を直視せずに、各国が夫々の政策的意図に沿ってバラバラに形成したものである。それゆえ予期された「対称性」を欠き、全体としては著しいデフレ・バイアスをもつ不合理な桎梏にしかならなかった。「第一次大戦の衝撃がこのように伝播されたこと」が世界的大恐慌を不可避にしたものとテミンは考えている。

しかし、テミンは実際に一九一四年の戦争が世界経済の構造をどう変えたかについては、詳しく言及していない。戦後、英独の経済力が相対的に衰退し、世界の中心がヨーロッパからアメリカに移ったとか、資本の輸出国であったドイツが輸入国に転じたこと、また人口や農業生産・国際資本移動には戦前から大きな変化が見られたこと、戦争までは繁栄していた農業が貧困へ転落したことなどが漠然と述べられている。恐らく戦中・戦後に、欧州むけに拡大したアメリカの農業生産が、耕作機械などの返済が終わらないうちに一九二八・九年の金利高騰で苦境に陥ったことなどを念頭に置いているのであろう。要するに、大戦まではヨーロッパ中心に展開していた世界的な「商品経済の秩序」が、戦闘地域における経済生活の未曾有の破壊と非戦闘地域における経済力の急激な進出によって決定的な歪曲を避けられなかったばかりでなく、「総力戦」によって直接間接に刺激された新たな技術開発と戦後も払拭しきれなかった諸国間の政治的・軍事的対立とが結合して、「商品経済の論理を超える使用価値的条件」を生み出していたのである。この点に関して当時の実力者や政策当事者はテミンの指摘した通り全く盲目だった。彼らは「自分たちの信奉するイデオロギーの虜になっており[10]」「世界経済の変化を断固として無視しようとする、過ぎ去りし時代の状況にしか適さない政策[11]」に執心した。この態度は、すでに恐慌が始まってからも変わらず、直ちに拡張政策に転ずるオプションは全く想定外に置いたため、デフレ・スパイラルの罠にはまったのである。

転機が訪れたのは、先ず一九三一年にイギリスが金本位を離脱してからである。このためイギリスは、工業生産の縮小も物価下落も最も軽微なもので済ませた。ドイツは三二年にパーペンがブリューニングに代わってから拡大基調に転じたが、これはフーバーがその任期末に採用したものと同様に小規模で暫定的なものに留まり、翌年にはナチスの登場を許してしまった。アメリカでは、三三年にルーズベルトのニュー・デイールが始まってから漸く本格的な拡張の方向へ向かった。テミンによればこれらは基本的に「社会主義的な体制」への転換であり、ドイツが「国家社会主義」に向かったのに対し、アメリカは「社会民主主義」を目指したのだと言う。その後、各国政府は「経済の蘇生と管理とを同時に行なおう」とし、古典的な自由主義の市場放任主義に抵抗して「政府の果たすべき役割についてますます似通ったアプローチを採用する」ようになった。それは一方において従来の自由市場を認め、他方では部分的に国民経済の「社会主義的管理・計画」を要請したのである。しかし当時はまだ経済のマクロ管理という発想はなく、公益事業や銀行業の規制、賃金決定への政府の関与、公的資源・資産から発生する配当の公正な分配など雑多な内容を寄せ集めたものを「社会主義的政策」と理解したのであった。ケインズ理論による「通貨と総需要の管理」が広く理解されるようになったのは三〇年代末であり、世界はすでに第二次世界大戦の前夜にあった。しかし、戦後の「混合経済」を準備したものが、大恐慌の回復過程で生まれた「社会民主主義的な発想」にあったことは間違いない。

以上、大内、侘美、テミンなどの業績を参考にしながら、第一次世界大戦以後の世界経済の変遷を考えてきた。しかし本稿の目的は、それを「資本主義の没落期であった帝国主義段階」に対する「資本主義の解体期としての脱資本主義過程」として、宇野の段階論にヨリ整合的な形で現代の「過渡期における世界経済論」を理解することにある。そこでは、この「解体期」を「管理通貨制度の完成過程」と基本的に位置づけることにしたい。というのは、テミンの研究からも示唆されるように、金本位制度から本格的に離脱して（実際に「金を廃貨」して）、純粋な命令貨幣（fiat money）に基づく管理通貨制度を確立することは、普通に考えられているほど生易しくはなく、一朝一夕に果たしうることでもないからである。ケインズ以前の経済学は「金本位制度の復興なくして経済の復興はありえない」という妄想のゆえに自縄自縛に陥り、結局デフレの慢性化を回避できなかった。では現在の経済学は「金の呪縛」から完全に開放されているかと言えば、実はそうとも言えない面を多分に残しているのではないか。だとすれば、それを清算することこそが、一方においてマルクスの「経済学批判」を完成させることにもなり、他方において、新しい歴史社会の到来を最終的に用意するものでもあるとは言えないだろうか。

五　「脱資本主義過程」の第三局面について

この過渡期は、次の三局面に分かれる。第一の局面が「大恐慌を含む戦間期」に当たり、第二の局面は第二次世界大戦後一九七〇年代までの「混合経済の黄金期」であり同時に「石油技術とフォーディズムの時期」である。そして第三の局面が八〇年代から現在に至る三〇年間の「新自由主義の時代」すなわち「情報技術と金融乱脈の局面」である。本稿が意図する結論は、この第三局面をもって「脱資本主義過程論」が終わり、いよいよ「新しい歴史社会」への第一歩を踏み出すことができるというものである。最初の二局面については、これまでも何度か「走り書き的」に要約したことがあったし、[12]上記の評論でも随所に筆者の見解を述べておいた。ここでは「脱資本主義過程の第三局面を如何に捉えるか」という問題に限定して議論を進めたいと思う。

第二局面のアメリカでは、長年にわたってマクロの総需要政策に集中してきたが、総需要政策と言っても、政府部門の活動内容が経済的合理性（経済原則）を疎かにすれば「供給側の硬直性」に繋がることは避けられない。それは七〇年代後半頃から次第に明らかになり、八〇年代になって「新保守主義」を唱える勢力が政権に就くと、ケインズを否定する「供給側の経済学」が主流になった。それには先ず「石油技術の革新を体化したフォーデイズム型の産業」における生産性の上昇傾向に陰りが見えたことが強く関係している。同時に、石油危機に伴って産油国に累積した米ドルの「リサイクル」によって飛躍的に発展した「ユーロ資本市場」を背景に、これまで「産業利害」に対して劣位にあった「金融利害」が、その勢力を急速に挽回してきたこととも深い関係がある。ここで「金融利害」とは、いわゆる「金利生活者」と言うよりは、自分の生活や実業に必要な以上に「貸付可能な遊休資金」を保有している個人・団体や企業のことである。アメリカでは金融利害が産業利害を抑えて復活を果たすと同時に、ソ連の解体と情報技術の進展に助けられて、それが世界経済のグローバル化を推進する主役を演ずるに至った。「世界の工場」はもはや中国をはじめとする新興諸国に委ねられ、経済的先進国は一様に「資本の自由化と金融再編成」の波に巻き込まれた。もちろん情報技術の進展により生産面でも極度の洗練という意味で「高度化」が見られたが、それは同時に「金融乱脈の時代」ともなった。そもそも金融が主導権を取るということは、民間に「資本化されない遊休資金（投資＝資本形成には使われない貯蓄資金）」が大量に形成されることに外ならない。これを放置しておけば、それは巨大な「収奪の原資」にしかならない。それを避けるためにこそケインズは「政府部門」による「社会的に望ましい投資」を呼びかけたのであるが、金融利害の走狗と化した今日のマクロ経済学はこの教訓を全く無視しており、その結果がリーマン商会の破綻に端を発する世界的大恐慌にほかならない。もう「二度と起こらない」筈だった三〇年代の大不況が戻ってきた理由もそこにある。管理通貨の面でみれば、それは変動相場制の下における非公式の（「なし崩し的な」政治的圧力によって辛うじて維持されている）「米ドル本位」に過ぎない。つまり国際通貨制度は無政府状態のまま放置されているのである。この危機を正しく理解し解決する道こそが、最終的に資本主義と決別し「次の歴史社会」に第一歩をふみだす道でもある。

脱資本主義過程の第二局面であった「繁栄の時代」には、生活の富裕化によって大量の貯蓄資金が発生するようになったが、それが全て民間部門や政府部門で「資本化(投資)」できた訳ではなかった。その資本化をマクロ政策によって出来るだけ推進するのが、ケインズ的な福祉国家に課せられた一つの重要な役割でもあった。ところが新保守主義が「小さな政府」の下での「民間経済の活性化」を唱えるようになると、民間に叢生する過剰な貯蓄資金（貸付可能資金）が資本化できないまま（投資として実質的資本形成に吸収されないまま）に残留し、そのストックが肥大することになる。（私的・公的な）消費にも資本形成にも必要とされず一方的に蓄積される遊休資金は、単に退蔵されればデフレ効果しかもたず、実物経済の成長には繋がらない。しかし、これは「カジノ資本」（無軌道な金貸資本の一種）として投機目的に利用することもできる。すなわち、まず人為的に（と言うのは、風評的に）投機熱を煽って資産価格を高騰せしめ、それが「金回りをよくする」ことで実物経済を刺激し、好景気を醸成できる場合がある。これをバブルという。しかし、このような「金融主導のバブル経済」は、ある限度まで膨張すると必ず破綻して、次のバブルが醸成されるのを待たなければならない。実際、「金融の自由化」によって「金融利害」が「産業利害」から優位を奪回して以来、「バブルとその破綻（bubble and bust)」の繰返しが、従来の産業的景気循環に替わって実物経済の動向を支配するようになった。若しこれが脱資本主義過程の第三局面を基本的に特徴づけるものであるとすれば、これは本来の（狭義の）資本主義の最終的崩壊を意味する。

まず、宇野も認めているように、「資本主義が…商品経済的に自立する基礎をなす貨幣制度」は、本来「商品貨幣」をベースとする金本位制度のようなものでなければならない。この場合に「商品流通に必要な貨幣量」は、資本家的商品市場が自律的に判断して決定するのであって、その供給量を人為的（ないし政策的）に調節したりすることはできない。（宇野は随所でこの点を繰り返し強調している。）これに対し「管理通貨制度」とは本来的に「命令貨幣（fiat money）」を前提にするものであるから、商品の流通に必要な（もしくは望ましい）貨幣量は、国家の通貨当局の判断によって供給されるべきものである。[13] ただし、この対比は理論的なものであり、実際には、原則「金本位制度」であっても、一時的に国が金の流出入を制限したり停止したりすることもあったし、逆に、原則「管理通貨制度」でも何らかの形で「金」との関係を間接に維持するものもあった。事実、第二次大戦後のブレトン・ウッズＩＭＦ体制が採用した国際通貨制度は、加盟諸国の通貨に「金とドルでの平価」を定め、アメリカが「公的対外金兌換性」を担保する固定相場制度という「金為替本位」の形で運用された。この制度は米ドルの信認が維持される限りでは米ドル本位の管理通貨制でもあり、事実、加盟諸外国は（金とドルからなる）外貨準備の増減に応じて国内の通貨量を調節していればよかった。ところが、米ドルの信認が低下し加盟国の中に対米協力を拒否して「金を選好」するものが現れると、この制度は忽ち維持できなくなる。

スミソニアン会議（一九七一）の時点では、まだ、従来の体制を再編成することが志向されていたが、それに必要な「国際協力」は次第に困難になり、一九七六年には「キングストン合意」によって最終的に「金の廃貨」が宣言されるに至った。これで管理通貨制度はいよいよ本格的なものになった筈である。しかしその正体は、アメリカのいわゆる「通貨外交」の陰に隠れてその真の姿を見せようとしなかった。[14]その背後には、「石油危機」によって世界の国際収支関係が大きく変化したことがある。産油国は突如として大幅な経常黒字を計上し自ら使いきれないドルを累積する一方、非産油国は大幅な赤字に対処するため厳しい金融収縮を迫られた。従来のＩＭＦシステムの枠内では、加盟国同士が政府間合意によって黒字国から赤字国へ必要な資金を融通することになる。そのためにオイル・ファシリティと称する新機構も導入されたが、実際フタを開けてみるとその利用度は僅かなものに留まり、大量のドル資金はいったんユーロ市場に流れこんだ後、民間の金融仲介を通じて極めてスムーズに赤字国の資金需要にこたえていた。明かに、（煩雑な規制に妨げられる国内銀行とは違って）国外で自由に行動できる民間のユーロ銀行（offshore banks）を利用すれば、政府間交渉を経由するよりも遥かに迅速で効率のよい国際的金融仲介が可能であることが実証されたのである。[15]この事実は「金融利害」を大いに勇気づけた。またアメリカ政府としても、従来のＩＭＦシステムのなかで（厄介な「公的対外金兌換性」と引き換えに）米ドルの特権を認めて貰わなくても、石油などの重要商品が「ドル建」で貿易されている限り、基軸通貨としての米ドルを維持することに何ら支障はないことを悟ったのである。このため八〇年代に成立したアメリカの保守政権は「金融の自由化」によって「金融利害」の復権を図るという新たな国際戦略に打ってでた。これによって国内銀行にも在外銀行と同じ「自由」を与えようとしたのである。八〇年代末のアメリカが、唯一の残存超大国として世界経済のグローバル化という方針を定めたとき、「産業利害」にもはや往年の光彩は見られなかった。

しかし、この時点では既に「情報技術の前進」が目覚ましく、金融界も産業界もこれに大きく影響されることになっていた。金融の場合は、オンラインで瞬時に世界中から情報を入手できるばかりでなく、ワンタッチで巨額の資金を自由に移動させることが可能になったので、先ず国際面での業務が一新された。これが「金融イノベーション」や「金融工学」を促進することにも繋がり、国内でも証券市場を大いに活性化した。企業も実業のみに集中していることはできず、金融市場におけるＡ＆Ｍなどの動向に即応できる経営資源を充実せざるを得ない立場にたった。情報技術の前進は産業の生産部門にも直接の影響を与えた。小型自動制御機械の広汎な導入と新素材の開発が相まって、「石油による大量生産」の時代には想像もできなかった「生産の高度化」が齎らされた。こうした高度の（精度の高い）生産は、研究開発に多額の投資を必要とする「知識集約的」製品を中核とするが、その一つの特徴は、製品の生産コストの中で直接費用の占める割合が格段に低下することである。すると、一つの技術開発で一連の新商品が生まれることもあり、その開発コスト（間接費用）を個々の商品に如何に配分して回収するかは恣意的・便宜的なものになる。[16]また商品として市場に出されるものも単純な製品ではなく、複雑なシステムとして多数の製品が組み合わされ、技術的なサービス（情報）とも抱き合わせでなければ消費できないものもある。（例えば国際市場で熾烈な「売り込み合戦」を繰り広げる新幹線の敷設や大型航空機の受注などにそれが見られる。）また、そのため、一度市場に食い込めば、その後の部品調達や技術支援などで他者の競争を排除できる。即ち、「情報化時代」の生産物の最先端にあるのは、簡単に商品化できる使用価値ではなくなっている。クリントン政権初期に「戦略的通商政策」が問題にしたのは正にこのような点であった。[17]

しかし、それは商品市場の中枢に「結合生産物」以上に複雑で扱いにくい条件を導入することに外ならない。そのような文脈で、「資源の最適配分」や（厚生経済学でいう）「パレト最適」を約束する一般均衡解の存在（従って平均利潤法則の妥当性）を証明することは、ほぼ不可能に近いと結論すべきであろう。だとすると、我々が今日その中で生活している使用価値空間が、「（狭義の）資本主義」という全面的かつ自律的商品経済の下に包摂しきれるものとは到底考えられない。そこには自律的な「価値法則」が十全に支配しうる世界は存在せず、従って剰余価値生産の行い得ない「使用価値空間」を前提とした世界経済が現実であるとせざるを得ない。他方、既述のように、好景気と不景気の交替がすでに従来の「産業循環型」から「バブル&バスト型」に移行しており、それは、労働力の商品化と技術革新との関係が周期的に「資本の再生産過程」を自動制御するという「人口法則」の作用も認めがたいと言うのに等しい。要するに、今日の世界経済は、もはや「(狭義の)資本主義」をもっては処理しきれない生産力の水準を抱えているのであり、そこに一九世紀的な経済学の原理をそのまま適用してみても、それは、現実をひとつの牧歌的虚構に仕立てあげることにしかならない。しかし、社会的現実を歪曲して売り物にすることは、社会的強者が自己の不当な収奪過程を隠蔽し、社会的弱者を群羊のごとくマインド・コントロールするための常套手段である。実際、ケインズの権威を失墜させ市場原理主義に回帰した経済学は、「金融利害」のイデオロギーを補強するものに外ならない。

六　金融サミットに何を期待できるか

さて、脱資本主義過程の第三局面で、産業利害から優位を勝ち取った「金融利害」は、市場原理主義という時代錯誤のイデオロギーを鼓吹することで、「情報化した社会」に経済的繁栄を齎すことができるだろうか。それはできない。何故ならば「金融利害」の武器は「カジノ資本」であるが、これは原理でいう「金貸資本」の亜種であり、本来的に「無軌道（measureless）」とされている。事実、近代以前には「高利貸資本」として収奪をほしいままにした。資本主義のもとでは「産業資本」の一部が「貸付資本」に転化して「金貸資本」の一面を継承しているが、一旦その枠外にでれば立ちどころにその収奪性が露わになり、実質的な経済活動に対して破壊的な役割しか演じない。すでに述べたように、「カジノ資本」が現代経済の活性化に役立つのは「資産価格の高騰（バブル）」を演出できる限りにおいてである。若しそれができず、逆に資産価格を暴落させたり長期にわたってそれを低迷させたりすれば、金融と実物経済のデフレ・スパイラルを惹き起し、その両者を崩壊に導く。投資銀行リーマン・ブラザーの破綻を契機に二〇〇八年の秋以降、世界経済はこの下降過程に巻きこまれた。「カジノ資本」は資本主義の（「没落期」ではなく）「解体期」に現れるものであり、不用意に「金融資本」と混同してはならない。前者にとって、実物的「富」の生産は初めから収奪の対象であり、その目的にはならない。当然その無軌道な収奪性を自ら抑制する能力ももたない。今日のサブプライム危機では、「カジノ資本」のそういう側面が表面化したのである。それは、状況次第で、資産価格の高騰を煽ることができるように、それを一気に下落させ、実物経済を巻き添えにして長期的不況に低迷させることもできる。

だが、こうなった場合には、民間経済だけの力で景気を回復することは不可能であり、政府部門による「超大型の財政出動」が不可欠になる。ところが、その財源を追加的増税にも国債発行にも頼ることはできず、「命令通貨の発行」のみが唯一の道である。他方、潜在的生産能力を生かして社会的に供給できる規模の商品を流通せしめるのに十分な通貨量は、資産価格の低落に直面した銀行制度が創造し供給できる「信用通貨（credit money）」だけでは決して賄いきれない[18]。デフレとは、信用収縮によって商品の購買手段としての「通貨」が不足するため（商品の）滞貨が生じ経済活動が不振になることである。人体にたとえれば重度の貧血症であって、輸血を要するということである。たとい「資金（遊休貨幣）」が余っていても「通貨（活動貨幣）」が欠乏するため商品が流通せず、経済活動が停滞する。このような状態に陥ってもなお市中に必要な通貨量を供給しうる唯一の手段は、「命令通貨の発行を財源とする財政支出」でしかあり得ない[19]。ところが現時点では、それに対する抵抗が著しくかつ執拗である。それは、「金の呪縛」が未だに強力に残存していることを示している。我々は先ずその呪縛に打ち勝たなければならない。それ以外に現下の世界的同時不況から救済される道はないからである。だが、主権国家の通貨発行権を認め、必要な時にそれを行使できることは、命令貨幣をベースとする「管理通貨制度」のあるべき姿がすでに完成しているのと同義である。そして、それは同時に、商品経済の自律性への盲目な依存をやめ「意識的に」（狭義の）資本主義に終止符をうつことに外ならない。金本位制度から終局的に開放されることに外ならない。ここに至って人間社会は、ようやく新たなる歴史社会への道を踏み出すことになるであろう。

【註】

（1）宇野弘蔵『経済政策論―改定版』弘文堂　一四〇頁
（2）大内力『国家独占資本主義』こぶし書房
（3）侘美光彦『大恐慌型不況』講談社
（4）大内　一四〇頁
（5）侘美は直接そのような問題には関与していないが、別に「恐慌論の再構築」という論文では、段階論や原理論について「世界資本主義論」に基づく独自の解釈を示している。この点では筆者の立場とは大きく隔たるが、此処ではその点に触れないことにする。
（6）侘美　一二二頁
（7）侘美　一二三頁

（8）侘美　二二三頁

（9）ピーター・テミン（猪木ほか訳）『大恐慌の教訓』東洋経済新報社

（10）テミン　五二頁

（11）テミン　五四頁

（12）関根友彦「現代経済における脱資本主義化傾向」『経済セミナー』74/no.227. pp. 22-34; John Bell and Thomas T. Sekine, "The Disintegration of Capitalism, A Phase of Ex-Capitalist Transition", in R. Albritton, M. Itoh, R.Westra and A.Zuege (ed.), ***Phases of Capitalist Development***, Palgrave, 2001, pp. 32-55; Thomas T. Sekine, "Globalization of the World Economy in Ex-Capitalist Transition", paper presented at the 3rd annual Conference of International Forum on Comparative Political Economy of Globalization, 1-2 September 2007, at Musashi University, Tokyo.

（13）ここで言う「命令貨幣」とはマルクスが「政府紙幣」と呼んだものと同じであるが、彼が想定した金本位制度のなかでは金に代わって流通手段の一部を代行するという補助的役割を果たすにすぎない。しかし「金の廃貨」によって「商品貨幣」が失われた後でも「商品経済」が限定的に存続するのであれば、それを可能ならしめるに必要な「命令貨幣」は国家（政府）によって全面的に供給されなければならない。

（14）これはアメリカの世界戦略である。金を廃貨すれば商品経済は自律性を失い、資本主義も「解体期」に入るという事実を一方では認めながら、他方ではイデオロギー的に「社会主義」を嫌い、何処までも「資本主義」に忠実でありたいというアメリカの分裂症的性格がこのequivocationの背景にある。

（15）田所昌幸『アメリカを超えたドル』中公叢書 pp.197ff.

（16）宮崎義一『変わりゆく世界経済』有斐閣 pp.29ff.

（17）情報はもともとモノではないから「使用価値」でも「商品」でもあり得ない。しかし、それを商品経済の中で生かそうとすれば、恣意的にでも「価格付け」をせざるを得ない。資本の論理で処理できないものが肥大化すればするほど「資本主義」もその実体を失うのである。

（18）銀行の信用創造はもともと銀行券で商用手形を割引くことから始まった。安心して割引ける手形がなければ銀行券は発行できない。デフレになると不渡り手形が増えるから銀行券も流通しなくなる。個別の銀行券が預金に代わっても原理は同じである。デフレとは銀行が信用通貨を発行できなくなることである。だから商品の滞貨が発生しますますデフレになる。中央銀行がベース・マネーをいくら増やしても、貨幣供給は増加しない。日銀による量的緩和政策の経験が示すように、銀行制度ではデフレ期に発生する通貨不足を救済することはできない。因みに通貨は商品の流通手段となる「活動貨幣」のことであって資金または「遊休貨幣」ではない。戦後のインフレ期に宇野は「通貨の過剰」と「資金の不足」が同時発生していることを指摘したが、デフレでは逆のことが起こる。資金は余っていても通貨が不足するのである。

（19）ジョゼフ・フーバー／ジェイムス・ロバートソン（石見

ほか訳）『新しい貨幣の創造』日本経済評論社。これは「政府紙幣の発行」と同じである。二〇〇三年に来日したJoseph Stiglitz氏はデフレ下の日本に必要なのは「政府紙幣」の発行であると助言したが、賛成したのは丹羽春喜教授ただ独りであった。『不況克服の経済学』同文館出版。

第4章　『経済政策論』の成立

馬場宏二

宇野弘蔵『経済政策論』[1]は、宇野『経済原論』に比べると、正面切った解読や内容の検討が少ない。晩年の宇野自身、原理論―『資本論』研究に傾斜したため、あまり言及していないが、門下による宇野理論解説は山ほどあるのに、『経済政策論』の紹介解説は数えるほどしかなく、あっても専ら方法論―発展段階論解釈であって、具体的実証的な面や資本主義世界史の総括、経済政策論としての評価ではない[2]。

これはいささか奇妙な現象である。そもそも経済学者宇野弘蔵が最初に担当した講義が、戦前の東北帝国大学での経済政策論である。宇野はそれを科学にするために苦闘し、その苦闘を手がかりとして、経済学ひいては社会科学体系を、原理論・発展段階論・現状分析の三段階とする、いわゆる宇野理論体系を作り上げた。著作としては、最初の単独著書が『経済政策論 上』である。それは最初の経済政策総論と位置づけられ「戦前においてすでに大きな反響をよんだもの[3]」と評されており、戦後に『経済政策論』として完成された。それなのに門下同調者集めればかなりの数になる宇野学派の諸氏が、この書を世界史的経済政策論として扱うことがほとんどない。

以下こうした空洞[4]を埋める試みとして『経済政策論』の形成史を振り返る。といっても、斎藤晴造「解説」を超えるには資料的制約があり、宇野経済政策論体系の変遷を全面的に描くことは出来ないし、資料の詳細な紹介には紙幅が不足する。そこで、斎藤が触れなかった側面を取り上げつつ、ここでは、宇野政策論体系のうち、近時に改めて明らかになった体系上の変更[5]に焦点を絞って議論することにした。

一　宇野経済政策論史概観

周知であろうが、宇野が経済政策論に入り込んだのはかなり偶然だった。宇野自身は『資本論』研究を志し、ドイツ留学も主として『資本論』を読むのに費やしたが、もともと商業政策・工業政策と二つになるはずの講座が東北帝大には一つしか認められず、合わせて「経済政策」とするしかなかった。宇野は就職のためにその担当を承認したのだが、一九二五年に担当して以降、社会政策学派的経済学や新カント派的哲学が主流なのでいわば百鬼夜行状態だった経済政策論の領域を、如何にしてマルクス経済学を基準とする科学たらしめるかに苦闘し、一九三六年、最初の単著『経済政策論 上』を出版した。これは序論に次いで第一篇重商主義、第二篇自由主義から成る。第三篇帝国主義を欠いており、叙述としては完結していないが、帝国主義論がすでに成立し講義されていたことには確証がある。[6]

ただ宇野はその後まもなく、東北帝大を離れることになる。一九三八年、いわゆる労農派事件に連座して治安維持法違反で検挙され、無罪を勝ち取ったものの一九四一年には大学を辞め、戦時中は二つの民間研究所に勤めて過ごした。この間講義や学問的著作は出来ず、『経済政策論』のために蓄積した資料や研究ノートは、あるいは押収されあるいは散逸したものと考えられる。

経済政策論が復活したのは敗戦の翌一九四六年、古巣の東北大学で非常勤講師として講義してからである。この講義には、聴講生によるノートがある。[7]その翌一九四七年宇野自身の手で「経済政策論要綱」[8]なるノートが作られており、両者の構成は極めて良く似ている。そして、戦前の講義体系が直接形では判らないために推測するしかないのだが、この両年の体系は、おそらく戦前の講義の総括的帰結だった。

さて、宇野はこの一九四七年から東京大学社会科学研究所に籍を置き、蓄積し来たった研究を爆発的な勢いで発表する。『農業問題序論』、『価値論』、『経済原論』等を現わすかたわら、社会科学全体に及ぶ三段階論を提唱し、社会科学研究所の所長も勤めた。[9]著書としての『経済政策論』が成立したのは一九五四年だからむしろ遅い方に属するが、宇野はすでに、東北大学で講じていたばかりか、東京大学経済学部で、諸教授回り持ちの経済政策論の一九五〇年度分を講じている。[10]やがて示すとおり、これら戦後初期の体系と、著書『経済政策論』の体系との異同が、本稿の焦点になる。

著書『経済政策論』は、押収されていた帝国主義論に関する資料ノートが返還されたことも役立って、当初の講義体系や執筆計画通り、序論と重商主義論・自由主義論・帝国主義論の三篇構成となった。しかし、帝国主義論の内訳には小さからぬ変更が見られる。先取りして挙げておけば、「金融資本としての重工業」がイギリスを海外投資として括り出し「金融資本の諸相」とタイプ論になったことと、項目としては挙げられていた、第一次世界大戦後への言及を切り落としたことである。

その後宇野『経済政策論』を下敷きにした実証研究が続々と出版され[11]、ついには宇野弘蔵監修『経済学大系』全8巻[12]も現れるに至った。いわゆる宇野学派はこれでほぼ全貌を現わしたことになるが、それは東大着任後の宇野に強い影響を受けた、社会科学研究所や経済学部等での若手教官、また東京大学大学院や経済学部演習、さらに一橋大学での講義で育てられた門下生に、戦前東北大学で宇野に薫陶を受けた諸研究者を加えた、経済学者を主力とする分厚い研究者層から成っていた。彼らの関心は、『資本論』を宇野が彫琢した経済学原理論と、学派の同一性を表現する方法論に偏りがちであり、『経済政策論』の領域では、基礎過程としての産業資本論や金融資本論には、若手の諸労作が現れたこともあって注目されたが、経済政策論が高密度の実証と的確な世界史把握を示していたことに注目したものは見当たらない。おそらく、戦後資本主義にケインズ主義思想が流布し、金本位制廃棄を前提とする多様な財政金融政策や為替政策が雇用維持と経済成長を目的とする経済政策の主内容に見えたため、関税を主要手段と捉える、宇野の経済政策論が時代後れに映り、講義のテキストとしても使い難かったせいであろうが、それだけに、宇野による経済政策の実証的研究は、資本主義発達史として極めて有用であることを読み取り難かったのである。

二　宇野の読書歴

経済政策論形成に関わる宇野の読書を、宇野自身の回想禄から拾っておく。『資本論五十年』[13]の第八章「経済政策論の体系化」に挙げられた書として注目すべきは、在独中に読んだ『資本論』およびレーニン『帝国主義論』に続けて、

1.「家内の父（高野岩三郎）から借りた」ゾンバルト Der Moderne Kapitalismus

2. 質問に答えて「ボグダーノフ（『経済科学概論』）は非常に早く…外国から帰る道で読んだ…あれの影響受けているかもしれない[14]」。それと

3.「普通よくある資本主義発展の歴史を書いた英語の本[15]」、の一群がある。ゾンバルトは講義の準備として読んでいるが、この書は当時の日本の社会科学者としては必読文献だったであろう。他の二冊は経済政策論担当前に読んだのだが、いわば教養として案外強い影響を与えているかも知れない。宇野がボグダーノフを読んだことに照明を当てたのは新田滋[16]の功績だが、資本主義の発展段階を体系的に示した[17]のはこの本が最初かも知れない。また、「資本主義発展の歴史を書いた英語の本」は、宇野自身が「英訳でなしに、少し左翼がかった…」と言っているところからすれば、J・A・ホブソン『近代資本主義の興隆』ではなかろうか。とすればこれは、社会体制としての資本主義をcapitalismと英語で表現した最初の本だから、宇野が研究対象を「資本主義」と、マルクスの使っていない用語[18]で総括的に把握した一起源は、この書だったかも知れない。

それに加えて、宇野は講義のために多くの本を読んでいる。「図書館から経済政策に関する書物は、目に付くかぎりみんな借りてきて、それを片っぱしから読んで」その中には津村秀松『商業政策』や関一『工業政策』といった日本人学者の歴史的展開も含む[19]。ここでは拾いきれないが、具体的な実証を含む独語・英語の文献多数を丹念に抜粋していることがいくつかのノートに示されている。「小さい経済史のような本がいろいろ…掘経夫君の買ってきたイギリスのものがだいぶ東北にあって[20]」、それをイギリスの企業合同に関する特殊講義に使ったと述べていることも注目される。**三**のノート6はその痕跡を示す。斎藤「解説」は利用文献の概数を示している。

マルクス経済学系統の書物としては、『資本論』とレーニン『帝国主義論』の他には、ローザ・ルクセンブルグ『資本蓄積論』と、ヒルファデイング『金融資本論』がこの座談の話題になっている。宇野はどちらも、むしろ原理論的批判の対象としたという対応をしており、事実宇野にはそうした批判論文はあるのだ[21]が、聴き手の関心は、宇野段階論の構成が『金融資本論』に近いので、『経済政策論』には『金融資本論』の影響が強いのではないかということである。この点は私も同感なのだが、不思議に宇野はこれに否定的に答えようとしている[22]。

体系構成の要素としてもう一つ考慮すべきは、「フリードリッヒ・リストの『経済学』」、「ブレンターノとディール」、「社会党の関税論」と、一九三四年以降、関税論に関する論文を続けて書いたことである。これは当然、経済政策の把握を深化させたであろう。『経済政策論 上』が現れたのが一九三六年、「重商主義・自由主義・帝国主義」という篇別で講義が行なわれたのはいつからかとの質問に対しては「おそらくリストを書いたころにはやっていたと思う[23]」と答えているから、一九三〇年代初頭にすでに三篇構成にはなっていたことになる[24]。

方法論では、冒頭の「序論」が重要なのだが、これが何時成立したかを探る手掛かりは当面得られない。取り敢えず著書の「序論」の二「研究の基準」にある指摘、特に経済政策の目的設定が、学者の個人的思想によるのでなく、一定の社会関係によって客観的に決められるのだと言う、マックス・ヴェーバーの価値自由論に対する内在的批判が注目される。この認識が、政策批判、政策根拠批判を通じて発展段階論形成に導いた契機である。ここで必要になってくるのが、宇野の哲学的素養の形成史なのだが、それを論ずることは筆者の力に余る。

三　宇野の講義ノートから

以下、経済政策論の形成過程を考察する。可能ならば、宇野の著書や残された講義ノートに記された目次を追いながら体系の変遷を検出したいのだが、資料的に少なからぬ制約がある。戦前の『経済政策論 上』は第三編帝国主義を含まず、それに該当するものとしては、宇野が治安維持法違反で検挙された際に押収され、戦後「裁判所関係の或る人の好意で返還され」た帝国主義論のノートがあるだけだが、これは執筆年次が一九三一年とやや古く、金融資本論が章に纏まっていない。帝国主義経済政策論も成熟不足である。他方、各年度講義用のノートは、欠落した年次が極めて多く、せっかく律儀に作成したらしいのに、検挙時に押収された等で散逸し、もはや手の届くところに存在しない。今見られるのは、偶然の事情で宇野の手元に残されていた部分に過ぎないと考えられる。それでもひとまず、残されたノートを瞥見しよう。

現在講義ノートが纏まって置かれているのは、筑波大学宇野文庫[25]である。目録によると、ここに含まれる自筆ノートは計30点、そのうち、表紙に書かれた文字から経済政策論講義用のノートだと見做せるのは以下の7点である。

※　宇野自筆「経済政策論」講義ノート現存分一覧

No.1．経済政策論Ⅰ：：：：：：

No.2．経済政策論：昭和六年十一月：表紙に治安維持法違反による押収票がある。
中に「第三章帝国主義」とあり、その目次も見られる。

No.3．経済政策論Ⅱ：昭和二十五年度講義

No.4．経済政策論Ⅲ：昭和二十五年度講義
No.5．経済政策論講義要綱：昭和二十二年一月
No.6．経済政策論特殊講義：昭和十二年度：イギリスに於ける企業の結合
No.7．帝国主義：資本の輸出・イギリス産業Ⅳ

以上は筑波大学図書館作成の宇野文庫目録の該当箇所、コレクション番号1104〜1109、1115を引き写したものだが、拡げるとしても、年次のない「イギリス研究：A景気の循環：B経済政策論特殊諸政策」（コレクション番号1096）を含め得る程度である。

ところで、これが作られた講義用ノートの全てだとすると、点数がいささか少な過ぎる。宇野は「毎年、はじめのうちは必ず新しく書いた。…とにかくノートは変えるということにしていた[26]」と語っている。だから、戦前の定例講義のノートだけで、一九二六年から一九三八年の十年分余があって良く、これに戦後の二年分が加わるはずである。ところが実際に存在するのは、戦前分ではせいぜい三年分である。しかもそのうち一年分は上記6の特殊講義であって、問題の金融資本論構成の、講義から著書への変更を齎した要因を示す点では重要なものであっても、それ自身は定例の体系的講義ではない。のみならず、表紙に講義年度を記入してないNo.1の「経済政策論Ⅰ」の構成は：—

序論
第一篇重商主義
一．発生期の資本主義
二．商人資本としてのイギリス羊毛工業

で終わっており、これに続く「三．重商主義の経済政策」が出てくるのは、No.3の「経済政策論Ⅱ昭和二十五年度」である。こちらは「重商主義の経済政策」に始まり、第二篇自由主義と続くから、「経済政策論Ⅰ」は、実は昭和二十五年度の、東京大学における講義のノートの冒頭であったことになる。

さらに、現存三年分のうち第三のNo.2は昭和六年十一月と記されているが、帝国主義論だけであり、はじめの、序論・重商主義論・自由主義論を欠く。帝国主義論としての構成は以下の如くである。：—

※　昭和六年の「帝国主義」
第三章　帝国主義
はしがき
Ⅰ　爛熟期の資本主義
概説
a、金融機関の産業的発展
b、株式会社の制度

c、独占的企業組織
結語―金融資本
Ⅱ　帝国主義の経済政策
概説
A、関税政策とダンピング
B、資本の輸出と植民地

これは戦前期における帝国主義論の構成を示す貴重な資料だが、帝国主義論として纏められた中ではおそらく初期のもので、金融資本の概念を、銀行と産業の関係、株式制度、独占組織と主要諸側面から模索中だったことが示されている。その上、全体系を知るには、これと出版された『経済政策論 上』とを合わせ見るしかない。

したがって、現在の宇野文庫の中には、講義の全体系を一括提示したノートは存在しないことになる。無論、宇野文庫外の自筆ノートも学生による聴講ノートもあり得るから、経済政策論体系の変遷を追うという当初の目論見はまだ完全に絶望ではないが、文庫外のノートは簡単には参照できない。経済政策論の科学化を図った「序論」部分を別にしても、仮に資料が得られたら何を言えるのだろうか。

四　戦後初期の体系

戦前期の形成史に関してはまことに資料不充分だが、不思議なことに、戦後初期に関して、書かれた資料が二つ得られる。一九四六年の、東北大学における非常勤講師としての「経済政策論」の講義と、その翌一九四七年に書かれた自筆ノート、**三**の№5「経済政策要綱昭和二十二年一月」であるが、両者の構成がかなり良く似ており、大まかには戦前の体系の再生だったと見てよかろう。と言うのは、一九三八年の検挙から敗戦までは、講義も学問的著作も出来なかったのだから、この間に、思考が深まることはあっても、体系的変更の機会まではなかったろうからである。

一九四六年度の講義は聴講学生ノートのガリ版刷りプリントの形で残されており、その複写分が、幸運にも中村通義の手を経て私の手元にも来ていた[27]。任意公表は自粛されたいとの注意書が付いていたが、『経済学批判』誌の宇野弘蔵追悼号掲載の座談会[28]では中村自身、その一部を紹介しつつ、著書『経済政策論』との違い、金融資本論部分の変更を指摘している。もっとも討論の場では、中村がこの指摘に絡めて提起した宇野の金融資本概念の含蓄に、報告者戸原四郎が強く否定的であったため、宇野による「諸相」

への変更の意味は論じられていないが。
取り敢えず一九四六年の聴講ノートにある構成から見る。：—

※　聴講ノートに於ける「経済政策論」体系

序論（経済政策の方法論）

本論

第一篇　重商主義

（一）発生期の資本主義

（二）商人資本としてのイギリス羊毛工業

（三）重商主義の経済政策

第二篇　自由主義

（一）成長期の資本主義

○機械的大工業の性質

（二）産業資本としてのイギリス綿工業

(1)イギリス綿工業の発達

(2)綿工業に於ける資本家的経営の確立

(3)綿工業の資本家的発展形態

（三）自由主義の経済政策

(1)イギリスに於ける自由貿易運動

○イギリスに於ける自由貿易の完成と国際自由貿易運動

(2)アメリカ合衆国に於ける保護関税運動

○自由貿易と保護関税

第三篇　帝国主義

（一）爛熟期の資本主義

(1)金融資本の形態

(2)株式会社の制度

(3)有価証券の取引所について

(4)銀行の産業的業務

（二）金融資本としての重工業

(1)ドイツに於ける独占組織の発達

(2)アメリカに於ける独占組織の発達

…………

（三）帝国主義の経済政策

(1)関税とダンピング

i カルテル関税、農業関税に於ける金融資本と地主層の妥協

ii 資本の国際的競争の激化

(2)植民地獲得と資本の輸出

i 植民地争奪と勢力

ii 資本投資と植民地経営

(3)第一次大戦後の新たなる傾向

i 回復期の国際投資

ii 三十年代の国家主義的政策

念のために注意しておけば、この目次は、大部分プリントの冒頭にあるが、「帝国主義の経済政策」以下は斎藤晴造によれば宇野自筆で書き込まれたもので、巻末に「時間不足にて講義の予定を完結し得なかったが、未完部分の項目を示せば次の如くである」との断わりの後ろに掲げられている。上記ではそれを……で区別した。

さて、帝国主義論を除く、第二篇自由主義までは、『経済政策論 上』の構成と同じである。第三篇帝国主義まで含んだ戦後の『経済政策論』になると、序論の方法論が詳しく区分され、自由主義論の構成にも細かい差が出てくるが、基本的には同じだと言っても良い。しかしそこへ行く前に、昭和二十二年一月の「経済政策論講義要綱」を見ておく必要がある。

この「講義要綱」は冒頭に体系的な目次があり、その後に、細かい講義用のメモや資料が、大学ノート見開きで40枚ほどに、びっしりと書かれている。かなりの量である。この要綱が何のためにこの年に作られたかは判らない。昭和二十五年の講義の準備かも知れないが、それにはいささか早すぎる。この年の講義の内訳、とくに第三篇帝国主義の部分が細かく判れば、それと対照することができるが、この帝国主義論を記した自筆ノートや聴講ノートや講義プリントは、今のところ見出せない。そのためこの「講義要綱」が二十五年度講義準備か否か確認できず、さりとてそれ以外の用途も思い当たらない。一九五四年出版の『経済政策論』に利用したメモだと考えることは出来るが、東北大学での集中講義が了わった直後から出版準備を始めたのだろうか?

ともかく、「講義要綱」冒頭の目次を示しておく。

※「経済政策論講義要綱」の目次

序　論

（一）対象の限定

（二）研究の基準

第一篇　重商主義

一　発生期の資本主義

二　商人資本としてのイギリス羊毛工業

三　重商主義の経済政策

第二篇　自由主義

一　成長期の資本主義

二　産業資本としてのイギリス綿工業

（一）イギリス綿工業の発達

（二）綿工業に於ける資本家的経営の確立

（三）綿工業の資本家的発展形態

三　自由主義の経済政策

（一）イギリスに於ける自由貿易運動
（二）イギリスに於ける自由貿易の完成と国際自由貿易運動
（三）アメリカ合衆国に於ける保護関税運動
（四）自由貿易と保護関税

第三篇　帝国主義
一　爛熟期の資本主義
（一）金融資本の形態
（二）株式会社制度
（三）有価証券取引所
（四）銀行の産業的業務
（五）金融資本の特殊性
二　金融資本としての重工業
（一）独逸に於ける独占的組織の発達
（二）アメリカ合衆国に於ける独占的組織の発達
（三）イギリスに於ける重工業の発達とイギリス金融資本
三　帝国主義の経済政策
（一）関税政策とダンピング
（二）資本の海外投資と植民地政策
（三）第一次大戦後の変化

（四）三〇年代の国家主義的傾向

一九四六年講義の構成と一九四七年「要綱」のそれとを比べると、序論、重商主義論、自由主義論の範囲では、章、節に至るまで同じである。ここまでは『経済政策論』とも同じであり、構成はこの書によって定まっていたものと思われる。著書『経済政策論　上』でもここまでは大差ないが、序論の内訳が細かくなり、綿工業の説き方が詳しくなるといった変更はある。

問題は第三篇帝国主義である。第一章爛熟期の資本主義、第二章金融資本としての重工業、第三章帝国主義の経済政策、の章別構成は、プリント、「要綱」同じである。ところが、金融資本論の構成に小さからぬ変更が見られる。

帝国主義論の第一章「爛熟期の資本主義」の内訳が、戦前（昭和6年）のノートでは金融機関の産業的発展、株式会社制度、独占的企業組織、そして金融資本となっていた。ところが戦後の講義では、金融資本の形態、株式会社の制度、それに有価証券取引所、銀行の産業的業務が加わり、次に新たな節として「金融資本としての重工業」が現れ、その内訳がドイツの独占組織、アメリカの独占組織となっていて、イギリスは自立していない。それが「要綱」になると、「爛熟期の資本主義」の章に金融資本の形態、株式会社制度、有価証券取引所、銀行の産業的業務、そして末尾に「金融資本の特殊性」なる節が現れ、次の「金融資本としての重工業」の章の内訳が、三ヵ国になっている。但し、ドイツ・アメリカがともに「独占的組織の発達」と括られているのに、イギリスは「イギリスにおける重工業の発達とイギリス金融資本」と異なっている。いずれにしろ、金融資本の概念が、特にイギリスに関して動揺していることが判るであろう。そしてこの変更はなお続き、「要綱」から著書『経済政策論』に至って、「金融資本としての重工業」という単形的な把握から、「金融資本の諸相」という、後継者達を悩ませるタイプ論的把握へと変って行く。だがそこへ飛ぶ前に二つ、一つは講義ノートにも「要綱」にも見られた、第一次大戦後への言及の志向が著書『経済政策論』では方法論的理由付きで切り落とされたことと、「要綱」から『経済政策論』へ移る中間に、昭和二十五年度の講義があり、その帝国主義論部分が容易に知りえないことの二つを指摘しておかねばならない。

第一次大戦以後の切り落としについては、宇野がそれは「現状分析としての世界経済論の課題」だと弁明したために、必要以上に方法論的に解釈され、奇妙な混乱や滑稽な解説を産む原因にもなったが、ことが宇野体系全体に関わるものであるため、本稿では正面から扱うゆとりがない。宇野が、この時期を体系に含めようと考えながら、実は扱いに困惑していることが判る[29]とだけ指摘しておく。

昭和二十五年の講義ノート。すでに示したように、宇野はこの年度に東京大学で、回り持ち講義「経済政策論」の一年分を担当した。そのための準備ノートは、**三**で示した、№３「経済政策論Ⅱ昭和二十五年」と№４「経済政策論Ⅲ昭和二十五年」である。これ以外に強いて含ませれば№７「帝国主義：資本の輸出・イギリス産業Ⅳ」だが、これは読書ノートであって直接の講義ノートではない。ところが、№３と№４の二冊では、全体系は判らない。まず、ノート№３は、重商主義論の内の「三　重商主義の経済政策」から始まっており、その前に必要な序論と重商主義論の内の発生期の資本主義とイギリス羊毛工業は、Ⅲで述べておいた、年次の記してないノート№１の「経済政策論Ⅰ」に含まれており、これが昭和二十五年度ノートの冒頭であったと考えるしかない。しかも、昭和二十五年度と記してあるノートのうち、「経済政策論Ⅱ」は重商主義の経済政策から第二篇自由主義のなかの「一　成長期の資本主義」で終わり№４の「経済政策論Ⅲ」は、自由主義論中の「二　産業資本としてのイギリス綿工業と「三　自由主義の経済政策」を含むだけである。つまり、昭和二十五年度と記されたノートには、第三篇帝国主義に当たる部分が見当たらないのである。

それを補う意味で、この講義の聴講ノートかプリントが残っていないかを、十数人の先輩や出版関係者にお尋ねして見たが、そもそも聴講したと言われる方が二人だけで、ノート・プリントはどちらにも見当たらない。宇野自筆のノートから強いてそれらしいものを求めれば、これも年次の記してない、№7の「帝国主義：資本の輸出：イギリスの産業Ⅳ」と表紙にあるもの（コレクション№115）だが、内容は講義ノートではない。細かく書き込まれているが、読書ノートであって、「H.Levy, Monopolies続き」から始まっているから、断定は出来ないが、これはノート№6の、「経済政策論特殊講義イギリスに於ける企業の結合昭和十二年度」に続く読書ノートかも知れない。そう思って見れば、Levyの後に、E.Thomas, T.Vogelstein, H.W. Macrostyらの本の抜粋が続いている。したがって、東京大学に於ける一九五〇年度の講義については、帝国主義論の構成を示す資料が全く見当たらない。

五　戦後初期と著書の異同

まず著書の帝国主義論を掲げる。

※『経済政策論』の帝国主義論

第三篇帝国主義

第一章爛熟期の資本主義

第一節　資本集積の増大と固定資本の巨大化

第二節　株式会社の機能

A　株式会社の資本

B　株式会社と銀行

C　支配集中の手段としての株式会社

第三節　金融資本の蓄積様式

第二章　金融資本の諸相

第一節　ドイツにおける重工業を中心とする独占的組織の発展

第二節　イギリスにおける海外投資

第三節　アメリカにおけるトラスト運動

第三章　帝国主義の経済政策

第一節　関税政策とダンピング

第二節　植民地の領有と資本の輸出

結　語

著書の目次を「要綱」と対比すると、いくつかの変更がある。まず、「資本の集積と固定資本の巨大化」が節に纏まった。「株式会社の機能」の節で、会社資本、株式会社と銀行、支配集中機能が一括され、戦後に挿入された有価証券取引所論は削除された。以上は第二節「金融資本としての重工業」を第二章「金融資本の諸相」にした大変更の一環とも解し得る。

この変更は、金融資本単形説から金融資本タイプ説への旋回を意味する。その機軸がイギリスだった。宇野は『経済政策論上』出版頃から、金融資本の概念を、ヒルファディング『金融資本論』やレーニン『帝国主義論』に従って単形で把握しており、その現れが戦後初期の「金融資本としての重工業」だった。ただイギリスについては落ち着きの悪さを感じていたようで、昭和十四年の特殊講義は単形説の限界を探る試みだったろう[30]。これでイギリス重工業金融資本説の限界が見え、海外投資金融資本説に傾斜した。その反射でアメリカのトラストによる重工業独占体形成も一相とする把握が現れ、タイプ論への傾斜が伏在することになる。

他方で宇野は、金融資本と帝国主義的領土拡張政策との関係にも、落ち着きの悪さを感じていたものと思われる。関税とダンピングは、独占体の要求として説ける。だが領土拡張と独占を直結するのは、ヒルファディング的な独占勢力圏拡張論に拠らねば困難であり、それでは最大の帝国主義イギリスを説けない。ここから後は資料なしで筆者の推測として言うが、宇野はレーニンに従って、J・A・ホブソン『帝国主義』を、おそらく戦後になってから、矢内原訳で読んだのであろう[31]。金融業者悪玉説が明言されており、これで金融資本が帝国主義の主体であることを確信し得たのである。

以上は昭和二十五年度講義の帝国主義論の構成が全く判らないままでの推測だが、年次のないノート№7を昭和二十五年のノートと解して良ければ、その表紙には資本輸出がイギリス産業と両建てに記されているから、ここが転機になる。この講義以降、イギリス金融資本が海外投資として明白に括り出され、合わせて「金融資本の諸相」と命名された。――宇野の著書に現れ、自作解説にも示された、帝国主義論の錯綜[32]は、以上のような理論形成史を反映していたのではなかろうか。

六　むすびに代えて―大塚久雄の宇野批評

議論の材料をもう一つだけ提供する。大塚久雄による、宇野経済政策論に対する全面攻撃[33]がある。『経済政策論 上』を羊毛工業論のところだけ取り上げて経済史扱いした、否定的書評[34]とは別ものである。今回の趣旨は、段階論にはゾムバルト的な体制内的段階論と、マルクス的な体制間的段階論があり、両者の差は社会変革（市民革命？）が考慮に入るか否かである。「わが国において独自な発展をとげた〈マルクス経済学〉だとされている〈宇野理論〉においては、マルクスの『資本論』から出発しながら、〈体制間段的階論〉と〈体制内的段階論〉の比重がマルクス自身のばあいとまったく逆になっている。」と言う。レトリックに包まれているが、嫌味を含めて狙いは宇野説退治で、[35]宇野理論に対する露骨な批評や非難が、直接間接数回は現れる。宇野はマルクスによると自称しながら反マルクス的で、ゾンバルト的に堕落していると言いたいのである。これに対して、宇野はもともと資本主義の世界史的発展を問題にしていたのだから、体制内段階論でどこが悪いか、レーニン『帝国主義論』の段階論を体制間段階論とでも言うつもりか、この期に及んでまだ、世界中が資本主義になりさえすれば良いと言うのか、など反論するのは容易だが、問題は内容よりも、この、老将遂に御出馬といった趣きの激しい論難が、ほとんど知られていないことである。宇野自身も気付かなかったのか体調のせいか反論していないが、宇野学派諸氏も、論文の存在自体に気付いていない[36]。大塚側近やＩＣＵの学生は学んでいたようだが、学派全体で問題にしたのだろうか？あるいは論文出現が大塚の東大定年後で、大学紛争最中だったせいもあり、忘れられたか？大塚の捻じれた執念が窺われ、褒められたものではないが、主題が、商品形態は人間に内在的な本質か人々の間で造り出した疎外態かという、社会把握や歴史把握の根源的方法に遡るだけに、学界全体として、もう少し問題にされて良かったのではないかと思われる。

二〇〇九年八月二七日～九月一五日

［註］

（1）宇野弘蔵『経済政策論』一九五四年 弘文堂経済学全集、同『経済政策論』改訂版 一九七一年 弘文堂

（2）気付いた限りで、門下が『経済政策論』の紹介解説を行なっている文章としては、斎藤晴造「解説」『宇野弘蔵著作集第七巻 経済政策論』一九七四年、岩波書店が、初期の本格的なものである。史実に即し、重要な記述を多々含む。この他は、大内秀明・鎌倉孝夫・林健久・佐伯尚美『宇野弘蔵著作と思想』有斐閣新書一九七九年第二章（林健久）：清水正徳・降旗節雄編『宇野弘蔵の世界』一九八三年有斐閣第Ⅰ部第2章（河西勝）、第Ⅱ部第2章（降旗節雄）、第Ⅲ部第2章（松原智雄）：新田滋『段階論の研究』一九九八年御茶の水書房くらいであろう。新田の書は文献博捜、思索緻密な力作だが、同書も清水・降旗編の諸論文も方法論的解釈であり、資本蓄積の具体的様相や経済政策の実際の分析、要するに宇野の世界史把握や実証的努力にほとんど関心を示していない。『経済政策論』自体の叙述

内容に即した要約紹介となると林論文しかない。

(3) 加藤寛「戦後我が国の経済政策総論に関する文献展望」、日本経済政策学会編『経済政策学の誕生』一九八八年 勁草書房所収。

(4)『経済政策論』の検討不足は宇野自身も不満であった。「原理論の体系化はどうも戦前には完成しなかった。…経済政策論の方はこれに反して戦前に大体出来上がっていただけに…むしろ欠陥を残していることと思っている。…ところがこの段階論は案外に多くの諸君から充分には評価されないでどうも自分としては残念に思っている。」宇野弘蔵『資本論五十年（上）』一九七〇年 法政大学出版局四六四頁。

(5)「金融資本としての重工業」という単一形の把握が、イギリスを海外投資として括り出し、その反射でアメリカをトラスト形成運動と掴んだことによって、「金融資本の諸相」とタイプ論に変わった。この変更を一九四六年の聴講ノートを用いて明示したのが中村通義（『経済学批判臨時増刊、宇野弘蔵追悼号』一九七七年第二部）である。清水・降旗編前掲書第Ⅰ部第2章で河西勝　第Ⅱ部第2章で降旗節雄が追認している。昨年公刊された座談会記録（「宇野弘蔵教授を囲む研究会」『社会科学研究』六〇巻三、四号、一六九～一七〇頁）によれば、そのことは一九五八年に宇野自ら語っていた。

(6) **三**のノートNo.2「経済政策論Ⅱ 昭和六年十一月」は「帝国主義論」である。

(7) 東北帝国大学経済研究会刊、宇野弘蔵講師述『経済政策論』。末尾に1946、12、16終講、裏表紙に贈中村吉治先生、経済研究会、別の文字体で、岩本君に贈る中村吉治、ローマ字で、k. schiosawaとある。このガリ版刷りの原所有者は不明だが、斎藤晴造「解説」によれば、原聴講ノートは田中菊治によるもので、それに宇野が自筆で末尾の断わり書きを加えている。プリントはおそらく仙台の誰かから鎌田 正三を経て中村通義に渡り、中村が複写して、公表を自粛せよとの注意書付きで、私を含む小数の研究仲間に送ったものと思われる。

(8) **三**所収、ノートNo.5

(9) 宇野の社会科学研究所時代は、主要業績が続々と現れた最盛期なのに、門下生の関心が不思議に低い。取り敢えず、参照、馬場宏二「宇野社会科学論小史」一九九七年、のち馬場宏二『マルクス経済学の活き方』二〇〇三年、御茶の水書房。

(10) 東京大学経済学部『東京大学経済学部五十年史』一九七六年東京大学出版会 五経済政策総論（横山正彦）、二七〇頁。

(11) 戸原四郎『ドイツ金融資本の成立過程』一九六〇東京大学出版会。ドイツ典型論に ぴったり合っているためだろう、宇野はこの本の出現に大層喜んだ書評を書き、改訂版『経済政策論』でも賞揚している。これに続くのが石崎昭彦『アメリカ金融資本の成立』一九六二年東京大学出版会だが、戸原的モデルに従っていて、宇野の投機的トラスト形成論と異なるせいか、褒め言葉は見当たらない。

(12) 宇野弘蔵監修「経済学大系」全8巻一九六〇～一九六五年—宇野弘蔵『経済学方法論』、鈴木鴻一郎編『経済学原理論上下』、武田隆夫編『帝国主義論上』、遠藤湘吉編『帝

国主義論下』、楊井克己編『世界経済論』、大内力『日本経済論上下』。編者・執筆者合計で、宇野の他32名になる。

(13) 宇野弘蔵前掲『資本論五十年上』

(14)、(15) 前掲書 四二二頁

(16) 新田滋前掲『段階論研究』、三〇〜三二頁。

(17) ボグダーノフ、林房雄訳『経済科学概論』一九二五年白楊書房は、自然自給社会と商業社会に分かれ、後者は、交換の発展、奴隷制度、都市手工業制度、商業資本主義・産業資本主義・金融資本主義と分かれている。二段階説のレーニン『帝国主義論』を高く評価しながら宇野自らは三段階に括った素因はこの書ではないか。その第九章金融資本主義は、信用・株式会社・独占・産業の組織中心としての銀行・金融資本主義の政策としての帝国主義と、『金融資本論』に極めて近い。ボグダーノフを通じて間接にヒルファディング説の骨子を受けいれていたのであろう。因に読んだのはロンドンで買った英訳だと言うから一九二三年刊の英訳初版。邦訳の底本も英訳版である。

(18) 参照、馬場宏二、「資本・資本家・資本主義」『大東文化大学『経済論集』No.91、二〇〇八年七月。一部補正の上、馬場宏二『経済学古典探索』二〇〇八年御茶の水書房に再録

(19) 前掲宇野『資本論五十年上』四二二頁

(20) 前掲書 四二七頁。

(21) 宇野弘蔵「『貨幣の必然性』―ヒルファディングの貨幣理論再考察」『社会科学』一九三〇年六月。および「マルクス再生産論の基本的考察―マルクスの『経済表』」『中央公論』一九三二年一一月。ともに宇野弘蔵『資本論の研究』に再録。

(22) 前掲宇野『資本論五十年』四二〇〜二一頁。但しここは案外宇野の記憶の方が正しいかもしれない。一九三一年の講義ノートには、まだ帝国主義論中に金融資本の章が独立していない。この頃ヒルファディングを精読して、レーニンやボグダーノフから間接に得ていた金融資本概念を、直接に把握し直したのかも知れない。この後、資料的に明確なのは、戦後初期に「金融資本としての重工業」が纏められたことである。なお、白井聡「経済学と革命――宇野弘蔵におけるレーニン」(黒滝正昭・相田槙一・太田仁樹編著『ポスト・マルクス研究』二〇〇九年 ぱる出版)は、結論は私と異なるが、興味深い考察である。

(23) 前掲『資本論五十年上』四二〇頁。

(24) 宇野『政策論』の影響を受けた豊崎稔(一九二七年東北大学卒業、宇野の助教授時代に助手でいたらしい)は、自らの『経済政策論』の「筆者の言葉」で、「恩師宇野弘蔵先生の『経済政策論』でなされていない、後に残されている仕事」を、独占資本主義については労働者の能力も含めて把握すべきだとして、重商主義、自由主義、社会政策的経済政策、独占資本主義の発展過程、という構成にしている。初期の宇野政策論体系を推測する一材料になるかも知れない。徳永重良東北大学名誉教授の御教示による。

(25) 宇野文庫の基本構造については、山根誠一郎筑波大学前教授から有益なご教示を得た。また電子化された宇野自筆ノートのうち、本稿で取り上げた部分については、阿部武

司大阪大学教授と半田正樹東北学院大学教授が、大きな便宜を計らってくださった。三氏に多謝。

（26）宇野前掲『資本論五十年』四二三頁

（27）参照、上掲註（7）

（28）『経済学批判』宇野弘蔵追悼号、一九九七年九月、第二部「段階論」

（29）そもそも第一次大戦後を取り上げることを、講義の冒頭で述べずにおいて、時間切れになってから、語るべかりし予定の中に含めて示すのでは、実際に講義する材料を持っていたか否かさえ疑われる。また、著書にする時、「現状分析としての世界経済論の課題」と言う、切り落としの弁明を思いついて「窮すれば通ずだね」と鎌田正三に語ったという（参照、馬場宏二「世界体制論と段階論」工藤章編『20世紀資本主義Ⅱ』一九九五年東京大学出版会二三頁と注16）のも、宇野の困惑の現れである。方法的 教条主義者が考えがちなように、まず方法的に第一次大戦後は現状分析の課題だと決めてあったのではなく、経済政策論では当然扱うべきだと考えて来た第一次大戦後が、実際に扱う段になったら把握しきれず、しかも段階論的整理が困難であることに気付いたのだと解すべきである。

（30）前掲座談会で宇野が「イギリス重工業のトラスト・ムーブメントなんかを覚えてやってみた」と語っているのはこの特殊講義を指すのであろう（『社会科学研究』前掲号一六九～一七〇頁）。

（31）J．A．ホブソン『帝国主義論』は、『経済政策論』の中では、原書でなく矢内原忠雄訳、岩波文庫『帝国主義論上・下』一九五一・五二年で引用されている。遅くなって邦訳で精読したため、初期に読んだホブソン『近代資本主義の興隆』と結びつかず、後者は書名も著者名も咄嗟に出てこなかったのであろう。ホブソン『帝国主義論』には「帝国主義論の方法について」（『資本論と社会主義』所収）や「宇野弘蔵教授を囲む研究会」などの自作解説で繰り返し言及し、自らの帝国主義論把握に強い影響を与えたことを示している。あるいはこれが、イギリス金融資本を海外投資として括り出すバネになったのかも知れない。

（32）帝国主義論錯綜の根は金融資本論の錯綜にある。これについて森恒夫「宇野「金融資本論」の再吟味」（『経営論集』三八巻1号一九九一年一月）は、宇野の論理を丹念に解読し、その歪みや無理を指摘して説得力があるが、「金融資本としての重工業」が「金融資本の諸相」に変わったことを掴んでいなかったため、議論の射程が短い。

（33）大塚久雄「社会変革とは何か」岩波講座『哲学』第五巻一九六九年所収、同年のうちに『大塚久雄著作集第9巻』一九六九年に再録。

（34）大塚久雄、書評、宇野弘蔵著『経済政策論』、『経済学論集』7―11、一九三二年一一月、のち『大塚久雄著作集第4巻』。これに対して宇野は『経済政策論上』一九四八年の「再刊に際して」で細かく反論した。

（35）大塚は、宇野説が学生運動にモテたことを妬んだのである。その世俗的功名心の強さを、恒木健太郎「前期的資本の理論とナチズム――「大塚史学の思想構造」（前掲『ポスト・マルクス研究』所収）が、先行諸大塚論にも増して鋭く抉っている。

(36) 大塚論文には、松原智雄「発展段階論への批判と反批判」(清水・降旗編前掲『宇野弘蔵の世界』第Ⅲ部第2章)の言及で気付いた。他に大塚論文を知る宇野学派は 見出せなかった。但し、松原は大塚のレトリックに惑わされて批評の意図を読み切れず、大塚に対してまともに過ぎる論理的反論を試みている。なお松原の挙げた『大塚久雄著作集』は第三巻であるが、これは第九巻の誤記であろう。

【資料】

『経済政策論』について

一九五八年七月一二日
於：（本郷）学士会館

宇野弘蔵
遠藤湘吉（司会）
（以下発言順）
武田隆夫　石崎昭彦
長坂　聡　渡辺　寛
楊井克巳　戸原四郎
玉野井昌夫　宇野博二
藤村幸雄　徳永重良
鈴木鴻一郎　森　恒夫

はじめに

遠藤：今日、宇野先生においでいただいて、いろいろ質問をし、お答えいただこうと思うのは、「経済学大系」[1]の帝国主義論の仕事を進めていくときに、どういうふうな叙述あるいは研究の仕方が一番妥当であるかということで、この前やや話し合ったのですが、かなり具体的な本の構成ということだけじゃなしに、それを越えた問題がいろいろある。つまり帝国主義論それ自体として、いろんな問題が残されていて、一応それは今後研究会を何度かやっていくうちに分かっていくだろうということにしてあるのですが、ついてはその研究会に入る前に、われわれが共通の出発点というかあるいは帰結点ですか、どっちか分からないけれども、とにかく共通の足場になるだろうと考えられる宇野先生の『経済政策論』[2]を、一度勉強し直して、いろいろな疑問を先生に出して、そのお答えをいただいて、今後研究会を進めていく手がかりにしたい、こういうつもりでおるわけです。そこでなるべく大きな基本的な問題から入っていった方がいいと思うけれども、この前出た中にいろいろあったわけですが、その問題の中でまず一番基本的な問題というは、武田君、どんなものだったかな。帝国主義段階というものあるいは帝国主義というものをどういうふうに理解するかという場合に…

「典型」と「諸相」との関係

武田：うまく要約できないんですけれども、こういう問題から始めたらいいのではないでしょうか。先生はこのご本で、一方では金融資本の諸相ということをいわれ、ドイツとイギリスとアメリカとを分けて述べておられる。もう一方では、いろいろのところで、ドイツは金融資本論を研究する者、あるいは帝国主義論を研究する者にとって典型だといっておられる。この諸相といい、典型といわれている関係を、どういうふうに考えたらいいかということが一つ問題になるのではないでしょうか。諸相といわれる場合には、独・英・米を通じて共通にみられるものというか、引き出されたものが、金融資本あるいは帝国主義だというふうに考えられるし、典型という場合には、ドイツについては帝国主義なり金融資本なりを考えるうえで何か特別なものがあるというようにも思われるのですが、その点を詳しくお話し願えればと思うのです。

宇野：それは明確じゃないのですが、やはり自由主義を論ずる場合には、大体イギリスを典型的な国として論じて、それで重商主義を論ずる場合にもやはり相手があるわけで、決して相手がないわけではない。自由主義の場合にも相手があるのですが、その相手の性質は重商主義の場合と自由主義の場合とはちょっと違いがあると思うのです。

重商主義の場合に、オランダを相手にするかあるいはオランダその他の古い形の資本主義としてある国、オランダとかフランスとかいうのを相手にするか、あるいはまた植民地諸国、諸国というより植民地を相手にするかという点が、重商主義の問題としてはあると思うのです。しかし重商主義の政策を統一するという意味では、相手をすぐ重商主義国として論ずるわけにはいかないように思うのです。これは、オランダについてはちょっとそうはいいかねる点もあるし、フランスについいてもいい得ないと思うのです。あるいはそこでもオランダ、フランスの性格をイギリスと対照にしながら論ずべきじゃなかったかと後から思うんですけれども、そういう点で重商主義の場合は、特に帝国主義と同じように、ある点諸相といった方がよかったかも知れないんです。しかし帝国主義の場合とはちょっと違う点が、やはり重商主義でもあるんじゃないかと思うのです。それは後で自分の考えを述べてみようと思うのですが、自由主義の場合になると、これは相手というのが大体ドイツとかアメリカとかフランスとかいう後進的な資本主義国、そして大体農業的な要素が相当重みのかかった国で、そして資本主義的になりつつある場合には、重商主義の場合とは違った性質を持っていて、この場合には諸相といわなくても、イギリスが典型的な自由主義国ということで、ある程度それに対する自由主義政策の対応者として多少述べたのは、ドイツのしかも農業的な利害関係ということから自由主義的な傾向を述べ、それから工業的な利害関係からいえば、保護関税政策を主張する。その意味からいえば、アメリカがもう一つある。それでもまた自由主義国といっても、イギリスの場合と原理は非常に違うわけではないので、イギリスの相手として取る場合でも、重商主義の場合とはちょっと違う意味を持っていたんです。

帝国主義になると、僕の考えではこれは非常に問題なんですけれども、相手というのが帝国主義国として出てくるという点に重点を置いてあるんです。これは帝国主義の場合に植民地を相手にするという点に重点を置くべきか、他の帝国主義国に重点を置くべきかという点に、非常に問題点があると思うのです。僕の場合、帝国主義といった場合には、相手が帝国主義国であるということに重きを置いて考えると、重商主義の場合の相手がオランダ、フランスだということよりも、もっとドイツの方にウェートのかかった相手になるんじゃないかと考えるんです。典型的にはドイツとイギリスを対立国としてとってくるということが、帝国主義の説明にはどうしても免れない方法で、重商主義の場合にオランダなりフランスなりあるいは植民地なりを、あるいは南米諸国なりを重商主義政策の対象にはなるとしても、重商主義国としてとるということは、ドイツとイギリスを帝国主義国としてとるのとは、ウェートが非常に違うんじゃないか、そういう意味で、帝国主義を論ずる場合には、必ず帝国主義国の対立というものが問題になるのではないか、これを帝国主義国と植民地との対立というので問題にすべきかどうかということは、非常に重要な問題だと思うのですけれども、どうも僕はそれでは帝国主義政策という点ではどっちが違うかということになるんですね。植民地に対する問題と、帝国主義国同士の問題、一つは経済政策としての講義の案からも出ているのです。というのは変形的なものだけれども、「植民地政策」という学科が戦前はあったので、とくに「植民地政策」を経済政策論の中でやらなければならぬという、そういう問題ではないのです。だから植民地と帝国主義国との関係というのは、「植民地政策」に譲ってよいのではないかという、変形的な考え方もあったんじゃないかと自分としては後から思ったんだけれども、主体としては帝国主義国同士の対立ということで、諸相と書かざるを得なかったことが、ちょっと理屈をつけるとそうなるんですけれども、今武田君がいわれたように、ドイツをなぜ典型にするかということは、僕も躊躇してやっているのです。躊躇してやっているけれども、帝国主義政策の基本になるのは、今の植民地の問題とも関連するかどうかと思うのですが、イギリスが植民地を持ち、あるいは海外投資するという点で、帝国主義の政策を実行するのと、ドイツが帝国主義国として遅れて――といっても帝国主義国としてはほとんど同じになって出てくるのですけれども、しかし資本主義の発展としては遅れて――出てきて、植民地の分割なんかほとんど済んだ後に出てきて、そしてドイツの資本主義がみずから進んで植民地の再分割を要求する、そういう形で出てくるところにドイツのポジティブな帝国主義としての性格があるのではないか。

イギリスとドイツ

そうするとイギリスの政策というのは、植民地の獲得あるいは資本の輸出というのがドイツに比較すると、具体的にいえば産業と銀行との緊密な融合とか、そういう結合の上での政策というよりも、相当ルーズな、ある程度資本の蓄積が進むと海外投資をしなければならぬ。そしてそれに関連して植民地の獲得を――これは植民地の獲得が果たして帝国主義的政策として最初から明確な政策として出たかどうかということは、ちょっと問題だと思うのです。一般的な基礎としてはそうだと思うのです。アフリカの分割や、太平洋諸島の分割や何か見ても、後に帝国主義的な政策として非常に重きをなす国が、最初からやったとはちょっといえないような節がある。ことにベルギーなんか相当重要な役割を持って出てきているということで、資本主義がある程度発達すると、植民地の獲得というのは何か将来のためよりも、それはよそからそこへ資本を輸出するということではなくて、まず植民地を取っておこうというような関係で、帝国主義的な政策としても、どういうか、不明確なまま出てきたような、そういうものを基礎にして、イギリスが世界中に植民地を持っておる。こういう形でイギリスはずるずると帝国主義になっているのに、ドイツの場合にはポジティブになるというところに、銀行と産業の結合による金融資本の形成ということの基本的な規定が得られるのではないか、こう考えたのです。この方が生産過程と結びついた金融資本という意味では、何か典型的な、といいたいものがあるのではないか。イギリスの場合は、産業と海外投資という形で、金融資本の形が出てくる。この金融資本という内容を抜きにしていえば、リーフマンのいうような証券資本主義が、内容的にはどういう形で現れるかというと、ドイツ型、イギリス型になるのではないか、こういうふうに考える。その場合にドイツ型の方がもっと国内の生産過程に基礎をおいた金融資本の形成ということで、形式的には商業資本とは対外的には同じだと思うのですけれども、典型的なものをそこに求めるということになったのだが、これを僕は多少躊躇していっておると思うのです。それによって理解すると、イギリスの場合に産業と銀行との関係というものもルーズであっても、イギリス全体の資本主義の形からいえば、金融資本的になってくるということは、海外投資からいえるんじゃないか、こういう風に考えたんです。

アメリカの場合は、その点やはり第一次大戦前ではどうも明確に金融資本的な確立があったとはいい切れるかどうか、そういう傾向は非常にあるけれども、帝国主義的政策にしてもどうも僕には明確につかめなくて、ちょっとただトラスト運動とか、そういうものしか取り扱わなかったのです。アメリカはあまり勉強してないので不明確なのです。

遠藤：ちょっと言葉の問題になるかも知れませんけれども、自由主義と帝国主義というものの区別を考えてみて、一つの見方としては自由主義の段階では資本主義がそれ自体として純粋化していく傾向を持っている段階で、帝国主義の段階というのは、むしろ不純になっていく傾向を持っている段階である、という形で区別できると思うのですが、もしそうだとすると、不純化していくという場合の典型というのは、どういう意味を持つ典型になるんですか。

宇野：その意味からいってもドイツでしょうね。つまり後進国としての、例えばイギリスのように農業を徹底的に資本主義化するという形を取らないまま、資本主義が高度に発展するという形は、ドイツの方がはっきり出てくるんじゃないですか。イギリスは自分では農業を資本主義化する傾向をそう前ほど進めないで、海外植民地あるいは海外諸国に農業を依存するという形が出てくるので、国内的に金融資本の対立という点からいっても、つまり社会層の分化が資本主義的に相当進んでいるために、かえって不純化するということも、ただ停滞するという形で出てくるドイツのような形じゃないんじゃないかと、思うんですが、どうかな。

遠藤：そうすると先生のお考えとしては、つまり金融資本といわれるものは、ドイツのような型がやはり典型というのかな。

宇野：これは迷信かもしらんけど、フィナンツカピタールというのを、考えたのがドイツですね。そしてこれは社会政策というのが、ドイツで言葉として出てきて、やはりイギリスでも同じようなことをやろうとしても、社会政策というのはドイツからでてきているということからいっても、何かそういう関連があるんじゃないかと思うのです。つまり一九世紀末から二〇世紀初めのかけての資本主義の世界的な傾向を代表するものは、まずイギリスかドイツかというと、イギリスの方がポジティブに出ている点が一番目につく点ですけれども、問題の全部がドイツに移ってくる。これは重工業の発展からみてもある程度ドイツへ――それは社会的にいえば、アメリカは大きいのですけれども、イギリスと対抗したものとしてとると、ドイツが相当程度イギリスに追いついていくという状態を示す場合に、その追いつくものと停滞しているものとをとる場合に、資本主義の没落期かというとイギリスの方がいいかもしれないんですが、発生、発展、消滅というときの発展とか消滅とかいうのは、大抵予想をつけて使っているのです。爛熟期という妙な言葉を使っているのです。それはそれで意味があるので、資本主義が単に没落するとか消滅するとかではなく、発展するということを表したかったんです。没落とか消滅とかいってしまうと、なんだか消極的な面が強くなってくるが、やはり資本主義は発展するのだ。発展しつつも自由主義時代のように純粋な資本主義社会にいくという発展の仕方じゃない。そういう意味では資本主義の爛熟という言葉を、これは東北大学で講義をしたときから使っている言葉なのですけれども、苦肉の措置かもしれないが、没落とか消滅とかいうと言い過ぎになるために、ある程度こういうことも出てくるのです。たとえば帝国主義自体は寄生的な性格だとか腐朽性が強いというのが、レーニンの「帝国主義論」には非常に強く出てくるので、これは僕もあると思うのですけれども、それよりもっとポジティブなものが帝国主義にはあるのじゃないか。腐朽性とか寄生性というのはちょっと問題にないのです。僕が「帝国主義論」の欠陥だと思うのは、あまりにこれを没落、消滅と同じような意味に取り過ぎていやしないか、発展する道がなくなるというふうに思ったのです、もっとポジティブな面がある。帝国主義国の対立という意味において、そういうポジティブなものをつかまえるということが必要ですね。それからもう一つは、この本にもちょっと書いたと思うのだけれども、腐敗とか寄生とかいってもいいかも知れないけれども、腐敗とか欺瞞とかいうことを、帝国主義政策では乱用されているようにいわれるのは、どうも僕には不満なんだけれども、それがなかったらという意味でまたいわれるんですね。ある程度そういうものがなかったらいいのだというような意味の論者が出るわけですね。しかしそうじゃないので、そのあるなしにかかわらず帝国主義というのは一つの段階として悪いのだということをいいたかったんですがね。これはしかし僕は書いた後でしまったと思った点が大分あるんだけれども、もう少し寄生性、腐朽性を論ずべきだったかなという感じはあとで持ったんです。ことに左翼の人からこの点、大いにやられるだろうと思っておったが、だれも相手にしてくれなかったので…

各国について

遠藤：いまの宇野先生の話に関連して、各国のことをやっている人からは、色々それぞれの国の研究を通じて質問があると思うのだけれども、どうですかいって下さい。

宇野：自由に余り硬くならないで、僕もそう厳密な答えも出来ないから…

石崎：先生の『経済政策論』で、国内政策をほとんど取り上げておられないのはどうしてですか。

宇野：これはいつでもそういわれるのですけれども、つまり僕は経済政策論という言葉を自分なりに乱用した形があるのです。政策を論ずるというよりも、段階論の基本的規定だというふうに、そしてそれが一番明確に表れるのは対外関係だ、こういう意味で対外関係に重きを置いたわけですね。ですから経済政策としてはいろいろの国内問題を扱うべきだったけれども、僕のこの問題が対外関係で一番明確に出てくるという意味でとったのですがね。国内の政策を無視していいわけじゃないんです。おそらく対外関係に相応した国内の政策があると思うのですけれども、そういう点をあまり勉強しなかったという点もあるのです。国内のことを多少書いているけれども、国内についてはあまり勉強しなかったのです。それから国内の政策というものになると非常に複雑な面もあるのです。ちょっとなかなかいえない面があると思うのです。たとえば自由主義でも、一般的なもので国内の営業の自由とかいうような問題もあると思うんですがね。自由主義の政策でいくと、それは特に政策というよりもだんだんと行われてくる制度の方へ入ってくる場合が多いので、それで取り扱わないという点も国内の問題はあるんですね。

長坂：今の問題に多少関連するのですけれども、国内政策としては中間層の分解阻止政策というのが、かなり大きい問題として考えられるんですが、そういう政策の経済的な基礎といいますか、経済過程にどういう要因があって、そういう政策が必然化するのかという関係ですね、ポジティブにはどういうことを考えたらいいのかということです。たとえば独占利潤というようなことは、資本論の最初のような理論設定では説明できないとか、それから株式会社が普及し一般化している状態ということも、これも三大階級のみの社会構成では限られたものである。そういうネガティブな規定から中間階級は限られたものである。そういうネガティブな規定が必要なんだということは、ある程度いえるかも知れないと思うのですけれども、何かもう少しポジティブな規定というものがあるんでしょうか。

宇野：事実としては株式会社が——これはちょっと僕は書いておいたと思うけれど——普及して中間層が増えるということは、事実としてあるわけですね。この問題は代表的にいえば、中間層がそういうふうに、たとえば俸給生活者が増えるとか、あるいはことに第三次産業というかそういうものが増えるとかいうような問題はあると思うのですけれども、その点はどうでしょうかね、つまり封建的な家来がふえたようもので、一体をなしただからそれを保持するということを特にやるというのは、むしろ農民の方の問題じゃないかと思うんだけども。どこに中小企業問題というのが出てきても、あれを保持するというのはどれだけやっているかという、これは社会問題として出てくるから、ある程度何か救済しなくちゃならぬというような形では出てくると思うのですけれども、そういう点も金融資本になればそういう中間層が増えるということはある程度事実としていえる。それがまた金融資本の自分の基礎にもなっているんだ。こういうことは自分も書いたつもりでいますけれども、それを保持するというところまでは積極的に経済政策としてやるかどうかということは、ちょっと問題だと思うのです。

遠藤：今の中間層というのは旧中間層でしょう。ですから農民の問題にいってもいいわけですね。

宇野：旧中間層、それだったら農民の問題だけれども、しかし新中間層が出てくるんですね。これは何もそう保護しなければならぬというよりも、自分自身が作っていくその藩屏みたいなものですからね、いわゆる大衆社会になるわけですけれども……。

ドイツ農業

渡辺：今の質問に関連するのですが、農業における段階論について、金融資本の基本的な規定として、先生のいわれるように、ドイツの一九世紀末のそれをとるとすれば、農業の金融資本段階の規定も、また一九世紀末ドイツ農業から抽出されるべきである、とも考えられるのですが、その場合、基本的規定として、農業における階級階層分解の動向をとるのか、それとも農民保護、穀物関税等を含む農業政策をとるのか、それともその両者を金融資本段階の農業の基礎過程と、それに基づく政策として統一的にとるのか、もし階級階層分解のある側面を、典型として抽出するとすれば、ドイツの農区別の発展とか、日本農業とは異なった現象であるドイツ一九世紀末特有の労働力不足というような問題を、どういうふうに処理したらいいのでしょうか。

宇野：これは僕も事実をよく知らない。だからあまりいえないが、階層分化の問題が基本的だと思うのですけれども、しかし今の労働不足の問題というのはどうでしょう、ドイツの中でも部分的なたとえば東の方と西の方との違いとか、工業地帯の利便というような問題があるので、一般的にいえるかどうかということは、これは僕はやってないのでよく分からぬのですけれども、ドイツの経済学者なんか植民地の問題をやったら、ポーランドの移民を問題にしたりしているんですけれども、それが全体の資本主義とどういう関係にあるのか…

渡辺：カウツキーなどはそれを、農区別の分析という形では扱っていないで、資本主義が発展するに従って、都市への離村現象が生じ、労働力不足が発生し、それが大農業経営の没落をもたらすのだというのですが、このようなことが一般的に言えるのでしょうか。

宇野：それは一般的に論証して実証できるかしら。

渡辺：それをドイツ特有の事情の分析にしないで、一般的に論証するのはナンセンスだと思います。しかしカウツキーが問題にしたような農業現象（オスト・エルベの大農業経営労働力不足のような）が一九世紀末ドイツにあるとすれば、金融資本段階の農業の基本的規定を抽出する時に、それをどう考えたらよいのかが、よく分からないのですが。

宇野：それは具体的にこれから問題があるんじゃないかと思うのですが…

渡辺：今のドイツの農区別の発展ですけれども、ドイツでは、日本よりドラスティックに農区が分かれているように思われます。段階論ではそういうドイツ内部の異なった農区の存在をどういう形で処理したらいいのでしょうか。

宇野：それは実際にやらないことにはどうにもならないので、あらかじめどうしたらよろしいということはいえないんじゃないか。ただ僕の全体の感じからいえば、イギリスほど分解が進まなかったということをいっているわけですね。

渡辺：それでは、たとえば日本のように、農民経営が存続増加している場合には、それを金融資本段階の典型としてとることはできるのでしょうか。

宇野：それはいってもいいでしょうけれども、ただ日本の場合だとイギリスで発展したのを入れてきていますからね、ドイツの場合とちょっと違うと思います。ドイツの場合はそれよりもちょっと早いですからね。ある程度農村を分解しながら進んでいくという点では、日本とはちょっと違うんじゃないかと思います。しかしそれから農業の場合は労働不足といってもちょっと難しいので、技術的な問題もあるんですけれども、たとえば収穫どきに非常に人間が足りないというような問題がある。そう簡単に、たとえばポーランド移民を入れるというようなときには、収穫の問題が非常にあるんじゃないかと思うんです。時期的な出稼ぎを入れるというような問題がことに東ドイツであったんじゃないか、と考えるのです。もっとも東ドイツの農業というのがまたある程度古い形でありながら、資本主義的な形式を持っているものだ、そういうことが重要な問題になることもあるだろうと思います。これは一概にいえないですね。分解がイギリスほど進まなかったということはいえると思うが、正直にいってあまり知らないんだ。知らないことを答えるのはおかしいからね。ただ自分の感じでいっているようなものだから。

再び「典型」と「諸相」の関係について

楊井：さっき武田さんが諸相と典型ということをお聞きになりましたが、あれは推測ですか。武田さんの頭の中では、先生は多分——ドイツ及びイギリス、アメリカ等々の帝国主義国の金融資本、あるいは帝国主義というものの特殊性を、色々検討しながら共通なものを取り出していきますと、もっと積極的な金融資本の概念なりなんなりというものを先生はお考えになっているんじゃないか。たとえば今お話になったところにありますように、ドイツにおいては国内の生産過程に密着して金融資本が成長した。ところがイギリスではそうではなくて、証券というような国内の生産過程とあまり密接な関係をもっていない関係をとった。こういうことを考えますと、金融資本の概念として擬制資本とかなんとかいうものを積極的にもうちょっと考えておられるんじゃないか。

宇野：そういうふうにいうと非常にリーフマンの証券資本主義というような形で、つまり諸相が現れない抽象になってしまう。むしろ逆にドイツの特殊性といった方がいいかもしらんけれども、後進国の特殊性に基づいた金融資本の発生と、イギリスの先進国の海外投資に基づく金融資本の発生と、どっちも抽象的にくくってしまうと、証券投資ということになってくるかと思うんだが、そうすると今の金融資本というものの性格がどうも不明ではないか。証券投資が金融資本だというよりは、ドイツ的な金融資本をもってそして海外投資を理解すると、やはり金融資本的な性格がそこへ付着して出てくるんじゃないか、こう思うのです。つまり国内で生産過程に密着しなくても証券投資というのが、これは対立的に出たかもしれないんですけれども、海外でありそうだという形になると、一方がポジティブになってしかもそれを守らなくちゃいかん、金融資本的な利害関係が出てくるんですね。そういうのが、たとえばマーチャント・バンカーとかいう場合でも出てくるんじゃないかと考えたんですがね。ある意味からいえばイギリス金融資本も、自分で生産過程において基礎を作らなくても、イギリス全体では金融資本的な帝国主義的な政策を、全体としては非常に持ってくるんですね。ドイツのは何かマスコミュニケーションで作り上げた帝国主義的な、ドイチェランド・ユーバー・アレスを持っているんじゃないかという気がするんですね。イギリスは身についたイングランド・ユーバー・アレスを持っているんですね。そこは身についた方は、海外投資から来た自然に形成されたエンパイアーとしての何かを持っていて、そのエンパイアーというのは、ポジティブになるものが出てくると、自分で株式を強く意識するようになるんじゃないかという気がするんだがね。

遠藤：つまり自由主義なんかと比べて帝国主義というのは、そういう国際的対立を通じて形成されてくるといってもいいわけでしょう。

宇野：そうじゃないかと思うんです。

遠藤：そうすると今さっきの典型論に返るんですけど、それがまた帝国主義の形成に参加しているというか、そういう点になってくるんじゃないですか。

宇野：それはそういうふうにいえるのですけど、やはりどうでしょう、第一次大戦というものが非常に重きをなすので、あれでポジティブに出るものと、それから受けて立つ方の側と、そういうのをメルクマールというのはいかぬかもしれないけれども、僕は帝国主義論というのは、第一次大戦を一般的に規定できればいいというようなメドを持っている。第一次大戦が段階論的に戦争の必然性を証明するものだ。これは何もそれを証明するということじゃなしに一般的な規定ですけれども、それにドイツが、これはその前にいろいろの問題があるわけですけれども、それがカイザーの下に帝国主義的な進出をしようとする。それに対してイギリス側が受けて立ちながらますます帝国主義的になった。もとから帝国主義的な要素があるのでしょうけれども、意識的になる。そこに第一次大戦の性格があるのじゃないか、こう見ているのです。ちょっと少し段階論をそういう第一次大戦で帝国主義というのはおかしいかもしれないけれども、案外そういうところに目標を置いた方が主体性があっていいのじゃないか。ただ一般的に帝国主義的な段階というので考えるよりも、やはり第一次大戦というえらい世界戦争をやるという意味で、その意味で、僕は第二次大戦はちょっと違った意味にとっているのですよ。帝国主義戦争とすぐいえるかどうかという点に、多少違いをおいて考えているのですね。

遠藤：いま楊井先生のいわれたことに対して、先生がお答えになった中で、やはり擬制資本といいますか、株式会社制度というものを非常に重要視するということになりますと、むしろ先生が『思想』[3]で言われたことと逆になりはしませんか。

宇野：そうかね。

遠藤：つまりドイツの金融資本を重要視されておる。ティピカルなものだというふうに考えられると、むしろ株式会社制度というよりも、銀行と産業のそういう結合の仕方が非常に重要になってきて、先生が『思想』でレーニンの場合、株式会社の評価が少し足りないじゃないかといっておられるが、それに近づくことにはならないですか。だから株式会社を重んじているわけですから、海外投資は証券投資ですけれども、ドイツの株式会社とはまた違うんだな。むしろやはり国債、社債、市債とかいう、はじめから利付証券的な性格が強い。しかしそれだけでできるわけではないので、たとえば外国の港湾や施設を作るとか、植民地に投資するとかいうことがあるのです。しかし植民地以外にも、南米に投資するとかアメリカに投資するとかいうことが、海外投資になっているわけですから、株式会社を重んじるという点からいうと、ドイツの方が典型的になるように仕組んであるのですけれども、帝国主義というものは知らず知らずのうちにドイツを…

長坂：さっきの擬制資本といいますか、証券関係ですね。これのみを見るとつまり生産過程との関連になってくるのですけれども、そこでレーニンが第一章でいう生産の集積という規定ですけれども、これを何らかの形で生かさなければならないと思います。ところがこれを機械的に生かしますと、例の資本主義発生論、これのみでくるような乱暴な議論が多いのですが、それをどういう形で生かせばいいのかということなのですけれども、これは私は私流に、一方で株式会社の発生の根拠といいますか必然性というのが、生産の集積から生ずる特殊の構造を資本生産の枠内で処理するということがあるわけですね。株式会社という規定の中にくっつけて間接的にか、それから一方ではこれまでの流通信用にかかわる資本信用というものの必然性、そしてこの資本信用が証券の発行によって消化される、この二つの規定によって生産規定が間接的に金融資本の中に介入してくる。こういう第一の規定を間接的に反映させる形で、生産の集積という第一の規定と資本主義的な規定を総括させる。そうするとその総括が歴史的に、つまり最もティピカルに行われたのはドイツだから、そういう関係でドイツ典型論にはかなり根拠があるのかというふうに考えておったんですが…

宇野：そうでしょう。むしろ集積といっただけでは本当の意味はつかめないから、僕は固定資本の巨大化という重工業と結びつけたのですね。それがことにレーニンなんかでは、「資本論」の集積をやっているために意味が出てこないのですね。「資本論」というのは割合に固定資本というのを軽くみていた。あれは不思議なんだけれども、おそらく第二巻は後から書いたということから来ているんじゃないかと思うんですが、第一巻の集積論でも、それから三巻の利潤率低下でも、固定資本には言及しているけれども、原理的なものとしては考えていないんですね。これは考えなくてもいい場合もある。というのは固定資本が、そういう利潤追求の障害になるのを問題にする必要が無かったんですね。ところがそれが前面に出てくるようになる。それに今の株式会社形式と結びつく点がある。だからレーニンの場合には株式会社形式と固定資本の巨大化ということが結びつく。それを集積という言葉でおおってしまうというような形に実際上にはなってくるんです。実際にはレーニンは、そこは賢いから株式会社を扱っておるけれども、言葉の上では集積論から区別してしまう。そういうことになっているんじゃないですか。

イギリスの場合でも、それはあるんじゃないかといわれましたが、それは確かにあるんですけれども、やはりこれはよく分からないんだけれども、海外投資が資本の投資の中で相当重要なモーメントを占めると、国内の産業の投資というのが、株式会社形式ができてもそれを十分に利用して発展するというふうには、なかなかいかないんじゃないかな。例の九〇年代の株式会社への転換の時期に、イギリスは株式会社に変わるのが非常に遅れるんですね。例のウィーザーなんかしきりにそれをやっているんですけれども、それがウィーザーの場合には何かという原因がはっきりしていないんです。それよりも僕は、海外投資ということで資金が海外へ流れるということが、国内の株式会社化を非常に阻害していたんじゃないか。もっと実質的にはそうではなくて、自由主義時代に相当の規模の蓄積があって、鉄工業でも何でも、ちょっと個人企業的な性格を強く持ったものが相当大きな地位を占めているということが、株式会社に変わることへの心理的な影響もあるでしょうけれども、事実は従来の集積が非常に多くなっているということが、そういう必要を生まなかったということにもなるんじゃないかと思うのです。そのネガティブな面が、いまの海外投資だと思いますが、一般に資金が出てくると、それは海外へ投資するというのが、これはイギリスの例のマーチャントバンカーなんかの口を通って海外へ投資するというのが、非常に大きな役割を演じているために、国内の株式会社化というのは難しくなった。それは、面白いのですけれども、実質的には言い逃れの言葉になるかもしれないけれども、飽和状態に立っていたんでしょうね。

楊井：先生、今おっしゃったことは、個人的な蓄積が豊富で、資金がいろいろ流れていくというようなことで、それなら株式会社形式の業者がますます起こってくるというようなこともいえるのじゃないですか。

宇野：それはいえるでしょうね。個人企業といっても個人企業的性格で、決して個人企業ではない。それである程度集中もやる、いろいろなことをやっているのですが、やっていながら組織的に集中化するということがなかなかできないのですね。それはやはり金融機構との関連だと思うのですけれど、海外に資金が流れるということは、もちろん国内の産業の資本の集中に差しさわりがあるんですね。だからたとえば株式会社が増資するという場合でも、優先株を作るとか、いろいろな方法でもってやっているわけです。だけれども、海外で非常に大きく投資していて、その収益が相当大きく入ってくるということになると、どうですかね。ウェートの点からいうと、海外が重きをなしているんじゃないかというふうにも考えられる。もちろんそれがために海外へ投資するということをいえば、イギリスの商品が出るということになりますから、国内の産業はそれで発展の傾向がなくなるんじゃないかという気がするのですけれども、そういう点がよく分からないね。

戸原：先生の今おっしゃった点なのですが、初めに先生がいわれた典型をなす国というのは、国際的な対立でポジティブに出るものというご説明であったと思うのですが、あとの長坂さんの質問にお答えになったのは、むしろ金融資本の経済的な過程における、もっと具体的にいうと、銀行と産業との間の密接さのために、ドイツを典型にとるということをおっしゃったわけです。もちろん、典型をとるときに、政治的な対立と経済的な組織の違いというのが無関係だというわけではありませんけれども、その二つのことが先生の場合と長坂さんの場合では、ウェートの置き方が違うように思うのですが。先生の初めの説明では、政治的な対立というものにウェートがあって、第一次大戦にいたるような、そういうポジティブなものを持っていたから典型である、と、そういうふうになるんですか。

宇野：初めから生産過程に基礎をおくということはいっているので、それだからポジティブにも出られるんじゃないかな。銀行と産業との結合という関係で、しかも植民地を持っていないというような関係があって、そしてポジティブに出られる関係はあるんじゃないかな。それは相当密接な関係を持っていると思うのですけれども、政治的な対立の問題は……

戸原：たとえば政治的な対立でくくった場合には、先生はアメリカを諸相の中で取り上げられるわけですけれども、アメリカは直接的には関係はないわけですね。それからたとえば銀行と産業の関係に重点をおいて考えれば、ドイツとドイツみたいな過程の見られないところとを対立させて考えればいいわけですね。そうするとその場合にはイギリスをとるか、アメリカをとるか、どうなんでしょうか。

宇野：それはむしろイギリスをとって、アメリカがあるということは、イギリスとドイツの関係から見て、これはむしろ帝国主義に固まらないんですね。傾向はあるかもしれないけれども、そういうわけであの諸相の中にトラストを入れるのは悪いとは僕はいわないんです。そういう傾向はあるけれども混合型ですね。大雑把にいって、帝国主義的な対立の中で、ちょうど第一次大戦はうまくそれを示していたと思うのです。ある程度ドイツとイギリスとが戦争している中に、アメリカが参加していくというところがいいんじゃないですかね。(笑) そこへもってきて、ウイルソンなんかが出てくるところがなかなかいいところがあると思うんです。

武田：私が最初にした質問がいろいろ問題になったわけですが、私としては今、戸原君がいわれたような疑問が、ご説明をお聞きしたあとでもまだ少し残るのですが。つまり先生は、重商主義、自由主義、帝国主義というような段階的移行を、一方では国際的な関係というんですか、あるいはそういうものの対立の関係から見られながら、しかし、叙述としてはそれを、特に自由主義の場合にはっきりしているように、産業資本の生産的な基礎の面から、それこそポジティブに説いていくという形をとっておられるように思います。ところが帝国主義の場合には、これまでのお話ですと対立の面を重視され、「諸相」というのもそこからきたのだといわれるわけです。しかしここでも、金融資本というのですか、あるいは株式会社というのですか、産業と銀行の関係というのですか、そういう基礎的な面から説いていくという形をとられたならば、どういうことになるのでしょうか。私には、第三編は、第一、第二編と比べて、叙述の形としては相当違っているような気がするのですが。

宇野：第一編だって、商人資本でしょう。それを羊毛工業に結び付けているという点、それと第三編で金融資本を重工業と結び付けている点、そう違わないと思うのですよ。

武田：非常に簡単な形式論をいって失礼ですが、第一編と第二編、いずれも三章に分けてありますね。第一編は、第一章 発生期の資本主義、第二章 商人資本としてのイギリス羊毛工業、第三章 重商主義の経済政策となっており、第二編は第一章 成長期の資本主義、第二章 産業資本としてのイギリス綿工業、第三章 自由主義の経済政策、となっています。これと同じ形式をとるならば、第三編は、第一章 爛熟期の資本主義、第二章 金融資本としてのドイツ重工業、第三章 帝国主義の経済政策というふうにいきたいところです。ところがご本では、第二章 金融資本の諸相となっており、この「諸相」というのが入ってくるところが・・・。

宇野：だからそれを今いっているんですけど、ドイツの重工業を中心とするとか、重工業としての金融資本、金融資本としてのドイツ重工業といってもいいのですけれども、しかしこれはちょっと自由主義の場合、この重商主義の場合との違いは、それに対立した帝国主義ができるのですね。その点が違いじゃないかと思うのですがね。

武田：第三編第二章を金融資本としてのドイツ重工業として、第三章の帝国主義の経済政策というところで、ドイツを中心に関税政策とかダンピングとかが出てくる過程をポジティブに述べる、そしてイギリスについては、ちょうど第二編自由主義のところで、ドイツの保護関税を自由貿易に対するものとして扱われたような形で、全く受け身に扱われるというわけにはいかないのですか。

宇野：イギリスの海外投資というのは、商人資本としてのイギリスの羊毛工業と対比して、オランダの商人資本というか羊毛工業といってもいいのだけれど、そういうのとちょっと違うんですね。そういうのと違う意味は、第一編の場合には国内市場を開発し、分化を促進するという問題があるわけですね。それから第三編の場合には、国内の分化をしなければならぬというよりも、対外的な関係の方が重点になってくる。イギリスとの対立という方が、重点の問題になるんじゃないですかね。どうもそこに僕は違いがあると思うんだけれども。第一期の重商主義にオランダをイギリスの対抗物として取り扱うとか、フランスを取り扱う必要があるかないかということと、帝国主義のときにドイツを取り扱ってイギリスを取り扱わぬでもいいというようなこととは、どうも同じようにはいえないいんじゃないかと思うんです。

武田：それは分かりますが、その場合いま先生がおっしゃったように、イギリスが相当早くから植民地を本能的というか、色々な形で押さえてきている。そういう中でドイツが資本主義化して発展していく。しかももう一つドイツは、イギリスで発展した技術を取り入れて発展していくことができた。そこで先生も書いておられますけれども、ちょうど初代はつぶれてもそれを引き受けた二代目の企業はやっていけるというような意味で、ドイツ資本主義は比較的容易に発展していける、ただ市場の点ではイギリスがすでに植民地などを押さえた中で発展していかなければならない、それから相当発達した技術なり何なりをすぐに取り入れていくには金が要る、そういう点で、ドイツ資本主義は金融資本を基礎にして帝国主義化していった、これに対してイギリスは受け身に立って、非常に防御的な形で帝国主義化していった。そう考えると、どうも「諸相」ではなくて、イギリスの帝国主義はドイツの帝国主義の裏側をなすもののように思えるんですけれども。先生のいわれる「典型」というのを株式会社や金融資本と結びつけて考えると、前の重商主義の編で、それをマニファクチァや商人資本と結び付けて説かれているのと同じような意味で入りやすいのですが、この「諸相」というのが入ってくるとどうも・・・。

宇野：諸相というのは、なかなかうまい言葉を考えたと思っていたんですがね。つまり帝国主義を現わす上からいって、重商主義というのは海外の関係があったとしても、国内の収奪というものが重きをなしているんです。海外との対立というのはオランダ、フランスとは非常に対立しているんですけれども、国内の資本主義化の収奪ということが非常に重きをなしているんですね。帝国主義ももちろん国内の独占的な利潤というものが重きをなしているんですけれども、これは重商主義のような収奪過程とはちょっと違う意味であって、どうもイギリスと対立するという関係の方が表面へ出てくるように思うんです。そういう意味で諸相という言葉を考えるまでには、本当に大分苦労したんですよ。いかにすべきかということを箱根の山で相当考えたんだがね。諸相、これこれと思ってね。（笑）なかなかいいことを考えたと思ったんです。

それから今の植民地の問題ですけれども、植民地と海外投資との関連というのはちょっとむずかしいですね。イギリスの場合はことに海外投資というのは相当一般的に行っていて、植民地をイギリスは古くから持ってはいるんですけれども、しかし自由主義時代にはある程度それを放棄してもいいぐらいに態度変わりながら持っていて、そして今度アフリカを分割するというのは、ずっと後になってくるのです。あれの口火を切ったのはベルギーですね。ベルギー、フランスが口火を切って、そしてイギリスも負けないように早くやろうというので、アフリカを分けちゃったわけですね。ドイツも遅ればせながらやったということで、海外投資とは直接には結びつかないわけですね。そこがちょっと難しい点だと思うのです。世界の分割という言葉は、レーニンがうまいこと将来を予測しているということで、それに重きをおいておったんですがね。何か植民地投資ができるかも知らぬ、あるいは少なくとも他の国が投資しちゃ困る、という要求が出てきていると思うのです。

イギリスについて

玉野井：イギリスでは金融制度とか中央銀行の政策などから考えてみますと、第一次大戦まではやはり自由主義的な考え方が非常に強かった。そして戦後の回復過程、とくに大恐慌の前、そのころからドイツとの対立の意識が強くなった。そういう点では時期を第一次大戦までというよりは、もう少し後まで入れて書いた方が、諸相の意味がはっきり出てくるということがいえるのじゃないですか。

宇野：そういうことがいえるかもしらんな。ただ第一次大戦後ということになるとなかなか難しいので、あるいは三〇年ごろまで入れるべきじゃなかったかと思うのですが、これが帝国主義的な形として、イギリスもみんなドイツ化してくるのだというふうにいい切ってしまえるかどうかということがちょっと問題だね。それよりも対立がある第一次大戦でとったらいいじゃないかと思います。

玉野井：それが金融面をとる場合には、イギリスの側では第一次大戦までは、むしろ全然対立の感覚はないといえるくらい、伝統的な地位に対する信頼が強いように思いますが。

宇野：強いのじゃないかな。資本主義がある程度みんなタイプを分けなくちゃならぬという考えではないのです。僕はこれはやはり現状分析に役立つためのタイプ分析であるのだから、必ず大戦後の今日までのどっかをタイプとしてとらなくちゃならぬ、という考えは持っていないのですね。だから現状分析をなし得るに必要なタイプの分析ができればいいという考え方なのですが、これは方法論的に非常に面白い問題だと思うのだけれども、つまり帝国主義というのが具体的な分析をしなければならぬということよりも、タイプを検出するという意味からいえばそれでいいんじゃないか、こういう考え方ですがね。

アメリカについて

石崎：要するに問題は金融資本の確立というのは何かということになるのですが、先生がアメリカでは第一次大戦前には金融資本が確立したということは明確にはいえない。それからそのあとでも帝国主義論は第一次大戦を明らかにすればよいということで、イギリスとドイツというのを中心に述べられたのですが、もしそうだとするならば、アメリカは帝国主義の中に積極的に入ってこないのではないでしょうか。ですから金融資本の確立を、一方では国際的な資本主義の対立の側面で把握し、他方で生産過程を問題にするなら、国際的な評価と生産過程の問題をアメリカの場合いかに処理すべきかという問題なのですが…。

宇野：アメリカで金融資本が確立しないとはいわないのですが、ただ、アメリカの金融資本というのはよく知らないけれども、ちょっとイギリス型が入った点があるのじゃないかという気がするんです。それからここでは証券のマニピュレーションが非常に強く出ているし、国内の鉄道投資とか何とかいうことになる。ことにそれに、ひどい問題がたくさんあると思うので、それを金融資本としてつかまえていいかどうかというのは難しいのです。それで私は鉄工業と石油をとったわけですけれども、金融資本が確立していないとはいえないと思うのです。それを帝国主義的でないともいえないけれども、ドイツとイギリスの対立をアメリカが持っていたかということも、そう明確にいえないのじゃないかと思うのです。これは軍事的な意味やいろいろな意味で、勢力圏とかいう問題は古くからあるでしょうが、それがアメリカで第一次大戦前でどれだけ固まっていたかということに、多少疑問を持っていたように思うのです。

石崎：独占組織の発展というような点ですと、大体二〇世紀初頭に固まってきているんじゃないかと思うのですが、第一次大戦後に新たな発展をするというのは、そう顕著に出てこない。また先生がさっきいわれたような、証券資本というような形で金融資本を把握していけば、アメリカの鉄道、鉄鋼、あるいはああいうトラスト形態をとる企業は、株式資本を徹底的に利用しているわけですが、そうだとしたら金融資本は確立しているというふうにいってもかまわないのではないでしょうか。

宇野：だから金融資本としていっても、マーケットが国内で非常に広がったりして、独占といってもアメリカの独占的なトラスト運動ということになると、鉄工業、石油業からウィスキー・トラストまで入れると、みんな一色に塗りつぶすということはちょっとできないような、たとえばプロモートとかファイナンシアというような、相当証券マニピュレーションをとるというような要素があって、それを証券ということからくれば、確かに金融資本といってもいいと思うのですけれども、どうでしょうか。ドイツの銀行と産業の結合ということがいつも頭に出てくるのだけれども、そういうもので組織的にやるのと比べると、何だか少しあやふやなものが残っていて、何かぼろい儲けをその中からするという、それはアメリカ資本主義の発たのですが、これは南米に対する考え、中米に対する考えをもう少し、本当はそういう研究をやった上で、はっきりさせなければいけない問題だと思ったのですけれども、中南米に対するものは、これは第二次大戦になると相当明確に出てくると思うのですけれども、第一次大戦までにいろいろなことはあったでしょうけれども、何だかそこがイギリス、ドイツの対外投資のような具合に明確なものになっていないような、つまり中心点がアメリカではいろいろあるので、その中心点に集中してアメリカを帝国主義国にするという中心点が、どうもはっきりつかめないような、つまり金融資本がその中核になって帝国主義政策を推進しているのだというようにいえるものが、第一次大戦までのアメリカにあったかどうかということが、どうもいいかねるような気がした。もちろん金融資本的な組織運動というものがやれると思うのです。やれると思うのだけれども、それでもやはり独占トラスト運動というものを全部そういうふうにしていいかどうか。金融資本としてはちょっとあまりいい面でないものがたくさんあるのじゃないかと思うのです。

石崎：もしそうだとしたら、アメリカの金融資本的な形態が明確に出てくるというのは、第一次大戦前よりも第一次大戦後だということですか。

宇野：そうはっきりいい切っていいかどうか…。

石崎：帝国主義的な関係ではそうだと先生はおっしゃっているのですが。

宇野：つまり帝国主義政策には中心点になるものがある。アメリカの場合に、非常に面白い関係があるのではないかと思うのです。アメリカのフィリッピンに対する対策というのは、どうも帝国主義的政策で一貫してやれるかどうかということに、多少疑問を持ったわけです。あの独立運動やいろいろなものが、必ずしも帝国主義的政策でずっと押し通したものといえるかどうかということに疑問を持ったのですが、これは戦争中に多少フィリッピンをやったせいもあるのですけれども、フィリッピンの糖業なんかをやった関係から、糖業というのはフィリッピンはアメリカから助けてもらったんです。非常にアメリカが負担をして——もっともこの負担をするというのは帝国主義政策には出てくる、全体の税金で負担して集中をやればいいわけですから——、それにしてはあまりに大きな負担のようにも思えるので、独立運動の意味も何かあるのじゃないかという考えを持っ

展のやはりバックがあると思うので、一時は僕は農民をたぶらかすためにやっているのだろうと思ったこともあるのだけれども、どうもそういう証拠は余りないので、一般的に組織的に、運動として全部をくるわけにいかないように思うのです。それと対応してアメリカの帝国主義的傾向といっても、何か多少、気まぐれといっちゃ悪いけれども、上滑りしたような点や副次的な意味は随分あると思うのです。何だかドイツ、イギリスの帝国主義的傾向とは少し違った要素を、少なくとも第一次大戦までは持っていたのじゃないか。これはことにそういう感じをあとから持つようになったのですけれども、フィリッピンを多少やってみて、フィリッピンとアメリカとの関係を考えた

メリカが金融資本として確立されているかどうかということ、つまり政策の中心点として利害関係というのが、もっと分散していて、いろいろなものが出てくる点がある。もちろん金融資本的な利害関係も重点がある程度できているのですけれども、それに対抗する利害関係というものがいろいろあって、帝国主義的な政策を推進するといっても、統一的に出る力が弱いのじゃないか、こういうふうな考え方があるのです。

石崎：そうするともっと時期を下げていくと、統一的な中心点が出てくるのですか。

宇野：出てくるかどうか、これは第一次大戦後の状況というのが非常に難しいので、今のソビエトとアメリカとの第二次大戦後の対立を見てもわかるように、これは帝国主義といってもちょっと違った社会主義国との対立を代表したようなことになるわけですね。それが金融資本で統一されて動いているかということになると、相当難しい問題だと思うのです。

宇野（博）：そのときには国家がすでに相当背景になっているという意味なのですか。

宇野：そういうふうな傾向が強いのじゃないかと思うのですが、金融資本というよりも、もっとソビエトに対抗するという意味から、これを第二次大戦と第一次大戦の間の関係でそれがどうなるかという問題は、そこでもう金融資本がそのときにアメリカでもう核心になっていたかということは、僕には明確にはちょっとつかめていないのです。事情を知らないんです。

石崎：アメリカを「帝国主義論」の中に入れていくという積極的な根拠というものは、どこにあるのですか。

宇野：だからあまりないのです。（笑）　つまり僕からいうと、アメリカがいま世界経済の位置からいって資本主義国の代表的な国になっているという意味は、イギリスとドイツが対立しているような帝国主義の意味じゃないのです。ソビエトと対立した意味になっている。だからアメリカを帝国主義の中に入れるとしても、そういう帝国主義論の中に入れるとしても、まだ未熟な形として入れるという意味はあると思うのです。問題点としてはものになりつつあるのですけれども、問題としてはこれは大変な問題だと思うのです。第一次大戦後の例のイギリス、フランスに対するアメリカの関係、間接的にドイツに対する関係、例の戦債賠償問題を中心とするそういう問題としてアメリカが問題になるとすれば、帝国主義的対立以上の現状分析によるよりほかに、解明のできないようなものになっているのじゃないかというような感じがする。第一次大戦までが何かここで金融資本が確立していないとはいえないのだけれども、それが中心になってアメリカの政策がみんな動いている。ドイツでもみんなそれで動いているといったら悪いかもしれないけれども、イギリス、ドイツの場合は、イギリスでは金融資本というのが一般のレントナー化、国民全体が金融資本的になってそれを動かしている。大ざっぱにいってドイツでは銀行と産業と結びついたものが中心になって、ドイツの帝国主義的政策の推進力になっている。アメリカでは金融資本がその推進力になっているかということになると、それはちょっといい切れないような気がするのです。

イギリスの対外投資

楊井：ちょっとお話の途中ですが、今のアメリカでは帝国主義的傾向なり活動なりが、金融資本を中心とした運動とは、はっきりいえそうにないとおっしゃったのですが、それは先ほどから度々おっしゃっているイギリスの場合、たとえばアフリカの分割を相当早い時期にやっている。ああいうものも、ある意味では先生の言葉を使えば気まぐれということがあったのじゃないですか。

宇野：気まぐれという意味じゃないのです。

楊井：しかし少なくとも金融資本を中心にした運動なり活動なりとは、そのときはいえないのじゃないですか。

宇野：それはちょっと難しいですね。やはり対外投資をやっているということも、間接的なバックにはあるのです。殖民地のアフリカを分割する上に、それは海外投資とは直接の関係はないのですけれども、バックがあるから帝国主義の政策としてはそれを守るというように出てくる点に、帝国主義の政策があるわけです。アフリカを分割するということ自身も、帝国主義でないということはいえないのだけれども、この守るという方に出てくる点にイギリスの帝国主義の問題があると、こういうふうに見ているわけです。

楊井：程度は違うかもしれないけれども、そういう意味ではアメリカでもあるといえるのじゃないですか。

宇野：あるかもしれないけども、イギリスほどの統一力をもっていたか、これはなかなかむずかしいのじゃないかという気がするんですがね。

玉野井：しかしその場合のイギリスの統一力はむしろ一九世紀前半から行われた資本の蓄積様式を基礎としており、それが後まで続いてきたということが大きい原因になっている。後進国としてのドイツの場合でしたら、帝国主義に明確に出てくる根拠があるわけです。ところがイギリスの場合さほど明確でなく、もっとほかに不純なものが入ってくると思うのですが…

宇野：それはアフリカを分割し、太平洋諸島をいろいろ取っていることと関連して、それを防衛しなければならぬということになると、イギリスは相当強いですよ。

玉野井：ですけれどもそれは、イギリス資本主義の構造の内部から出てくるような明白なものではないのではないでしょうか。

宇野：海外投資の利害、それはやはり海外投資の利害関係があるのですね。

玉野井：そうすると海外投資の利害関係というのは、自由主義の段階から続いているのですが。

宇野：続いているけれども、七、八〇年代から大きいんですよ。

玉野井：大きいでしょうけれども、七、八〇年代以前から続いてきた海外投資との関係を完全に変化させるほどの意味を持ったかどうかは…

宇野：そんなことはないけれども、重点が移ってくるわけですね。つまり海外投資が五〇～六〇年代において相当行われていても、そのときに政策の中心になるかどうかというとそうじゃない。ところが七、八〇年代以後になると、やはり海外投資を中心にしながら分割ということをやれば、これは直接そこへ投資するのじゃなくても、金融資本的だと思うのですけれども、将来を予想して領土を取っておかなくちゃならぬ、それを守るという意味になると非常に強くなる。これはホブソンなんかは、その点を銀行金融的な面で強調しているところがあった。たしか新聞を動かすのは金融資本だという意味でいっているのですけれども、あの新聞を動かすという金融機関だという意味だったか知らぬけれども、ホブソンはいっていて、それを僕は全文を引用したと思うけれども、[4]それはつまりイギリスの世論を動かすというものになるときに、おそらくその海外投資の利害関係というのが非常に中心になっていると思うのです。それでトルコに対する関係ということになると、イギリスは非常に強くて、ドイツに対抗しようというようなものになってくるのじゃないか。それで前のアフリカの分割というときにもあったんだけれども、帝国主義的なものはあるんだろうけれども、直接投資とすぐ関係があるんじゃないんだけれども、今度再分割を要求されると非常に強く出てくるというところに帝国主義的な、つまりイギリスは何か身についた帝国主義者だという気がするのです。ドイツは何かドイツの阿呆な民衆を金融資本がバックして集めていくような気がするのです。これは気がするというだけじゃ分からぬかな。

金融資本の諸タイプ

遠藤：帝国主義の政策の中心点として、金融資本がどれだけ明確な地位を持っているかどうかということが、今、問題にされたわけですが、その場合アメリカについては私は何も知らないから余りいえないのですけれども、一般的にいってそういう帝国主義政策というものについて、その政策をめぐって利害のいろいろな対立があるというのは、政策である以上当然だともいえるわけですね。そうだとすると中心点が非常に明確であるとか、あいまいであるとかいうことは、金融資本とそれから要求がいろいろな形で媒介されて出てくる政策との間で、いろいろな違いがあるのはいわば当然なのですが、そのことで逆に、金融資本の中心点が明確でないから確立していないともいえないのじゃないですか。

宇野：確立していないとはいわないのです。アメリカについてもそうはいえない。ただアメリカのいろいろなポリシーが、そういうものに、金融資本の政策に集中されるということがあったかどうかという問題です。これは日本の場合をとってもいいと思うのですけれども、日本の場合でも金融資本で集中されているかどうかというのは、なかなか難しい問題ですね。日本の場合も、軍事的な意味がずいぶん入ってきたりすることが多いので、これは満州の問題でもそうだと思うのです。すぐ何が出来ないのだと思うのですけれども、これはドイツを詳しくやったらあるいはそうでなくなるかもしれないのだけれども、何かドイツのポリシーというのは、その点では中心点が金融資本にあるということがいい得るような気がするんです。それからイギリスの場合でも、中心が金融資本にあるということがいえるのだけれども、性格の違った金融資本であるアメリカの場合に、果たしてそれがいえるかどうかという点に問題があるのです。だからそれはタイプを出すという点に重きをおいて考えると、どこの国もみんなこうやらなくちゃならぬというのじゃないのです。金融資本というもののタイプを出していくということから考えれば、それでもってアメリカを分析し、日本を分析すればいいわけでしょう。何もこれをどうしてもアメリカも帝国主義だからその中に入れなくちゃならないといっても、無理して入れない方がいいのじゃないかというだけなんですよ。これを二つのタイプとしてちゃんとつかまえられているということになれば、それでいいのじゃないかと、こういうんです。

石崎：先生のこの『経済政策論』の本なのですけれども、その場合「帝国主義の経済政策」というところでは、アメリカに関してほとんど言及されていないのですが…

宇野：関税政策に多少出てくるわけですが、それもちょっと本当は…

石崎：そうするとこの帝国主義段階として、アメリカが世界経済の中でそういう対外経済政策関係としてしっかりはまり込んでおらないという感じがするんです。

宇野：いや、それは日本だってどこだってはまり込んではいないでしょう。そのタイプを出すのに適当かどうかという問題なんですよ。だからそういう問題としてアメリカを取り上げるかどうかということが問題になるわけです。取り上げたら、アメリカの場合は、こういうずれがあるということを明らかにすればいいわけで、段階論的な規定という場合に、どの国もみんなその中に入れてしまわなくちゃならぬということになると、かえって段階論的な規定ができなくなると思うのです。僕は、帝国主義論というのはどういうものかということを、ここでつかまえればいいわけです。それをつかまえるのにドイツとイギリスを主としてとっている。アメリカはある程度とっている、ということでつかまえられるのじゃないかと考えるんです。これなんか帝国主義国ならみんなそれに入れてしまわなければならぬということになると、かえって無理ができて、それぞれドイツをとっても現状分析的にやれば、もっといろいろな要素が出てくると思うんです。今の僕が、ポリシーの中心が金融資本にあったというふうにいい切ってしまえるかどうかということは、問題だと思うのです。イギリスでもそうだと思うのです。ですからたとえばチェンバレンの運動があれば、その反対の運動もあるというようにイギリスもなるので、やはりそこがイギリス型の金融資本で、運動があって成功しなくても、何かの形で植民地会議をやるとか、いろいろな形でそれを補っていく、こういうことをいっているんじゃないかと思うんです。チェンバレンがいうような運動にすぐにはならなくても……

武田：またさっきのことに固執するようになりますが、今の石崎君の質問にお答えになったことからいうと、やはりドイツを中心にしてイギリスを受身の形で説いた方が…

宇野：だからそうしているんですよ。金融資本の性格を説明する第一章の場合は、ほとんどドイツが基礎になっているわけですね。

武田：ただ問題は、イギリス型の金融資本をドイツに対する受け身なものとしてではなく、もっと積極的に出していこうとされているという・・・

宇野：そういえるかも知れぬな。

遠藤：ですから先生、さっきのあれですけれども、武田君は「諸相」とする必要はなかろうというんじゃないですか。

宇野：それはたとえば問題が、植民地と帝国主義国との問題ならそれでいいんです。そうじゃないのだ。帝国主義国と帝国主義国との対立の問題なのですね。そうなれば「諸相」が出てくるのは当たり前じゃないですか。

武田：その場合でも、帝国主義国と帝国主義国との対立というのは、問題を第一次大戦までで切ると、チェンバレンの運動とか英帝国会議の問題になってくるわけですが、それは、ドイツの帝国主義に対する防衛ではないでしょうか。ちょうどイギリスの資本主義に対してドイツが保護関税をやったのに似た関係にある。そういうような動きとしてイギリスの帝国主義をつかまえていったらどうなのでしょうか。

宇野：しかしその基礎はドイツのものと違う基礎じゃないですか。海外投資が中心になった問題じゃないのですか。

武田：そうです。

宇野：そこを区別しなくちゃならぬのじゃないですか。株式会社形式からきたドイツ資本主義の金融資本とは、同じように取り扱えないんですね。

武田：いや、同じというのじゃなくて、株式会社からきたドイツの資本主義に対して、自由主義の段階以来、個人企業を中心として、しかも長い時間をかけて発展してきて、植民地や海外投資を持っている、それを防衛する、そういう形の…

宇野：そうしているわけじゃないのですか。

武田：いや先生は、金融資本なり、帝国主義なりを段階論的に規定される場合、イギリスに対して、ドイツあってのイギリスといいましょうか、ドイツに対する受身のイギリスといいましょうか、そういう地位でなくて、何かドイツと平行した…

宇野：それはしかしイギリスも海外投資をやって帝国主義的になりつつあるのですから、ただドイツがあるからイギリスは帝国主義になったというんじゃないんです。それはもう当然なんです。

武田：その点が僕は…。少し極端な言い方ではありますが、ドイツが帝国主義的に進出してきたからイギリスが帝国主義的になったという…

宇野：そうじゃないのです。アフリカも分割すれば、海外投資もやっているということも、帝国主義的にならざるを得ない要素を持っているわけですね。これはドイツ的に海外投資とか、再分割を要求する形じゃないですね。

武田：それは早くからやっています。しかしそれはむしろ、中心部では自由主義的でありながら、外国のとこではなお重商主義的であったというようには見られないでしょうか。従って国内では、第一次大戦までは大体自由貿易を中心にして、財政のうえでも金融のうえでも、自由主義的な要素を何とか残していこう、としている、ただドイツの帝国主義的進出に対して、どうしても直していかざるを得ない問題だけは直していこうという、そういう形ではないでしょうか。

宇野：ええ、だから皆そうなっているのです。帝国会議をやるというような問題でも、やはりその中で植民地としての関係でもいろいろ変わってくるから、それでは帝国的な特恵関税をやらないかというと、やはりやろうとする面もあるから、だから帝国主義的なものが全然ないとはいえないのじゃないですか。

武田：出ては来るのですけれども、ドイツに対する必要上、しょうがないから帝国主義化してきたのだというような…

宇野：いや、そうではないのです。

石崎：そうでないとすれば、イギリスが帝国主義化する根拠は、国内にあるのですね。

宇野：国内というよりも、重点は海外投資ですね。

石崎：それでは海外投資が急激に進んでいくということが、ドイツの方に…

宇野：ドイツではないでしょう。

石崎：内部的な根拠があるわけですね。

宇野：ええそうです。

石崎：それは具体的には…。

宇野：そうでしょう、具体的には自分の産業資本――さっき飽和点といったけれども、産業資本がイギリスでは相当資本主義的な分解が進んでいて、それをさらに分解して国内で金融資本的な確立をするというよりも、海外へ自分の資金を投じて、それから得る利益をもういっぺん海外へ投資する、そういう形が七、八〇年代以後ずっと強くなっている。それはやはり国内的な産業の基礎があるのだといっていいのですけれども、それはポジティブに国内が金融資本化して、そして海外へ出なくちゃならぬという関係じゃないでしょうね。つまり海外投資を五、六〇年代からやっているといえばいえるけれども、五、六〇年代以後でもだんだん大きくなっているのだけれども、それが七、八〇年代以後になると顕著になってくる。そして利潤を得て、海外から集中を得て、それをもういっぺん投資しなければならぬという形になってくる。国内でそれをやるというよりも…。

石崎：その六、七〇年代から海外投資が増大したのが、アメリカとかドイツとかが産業的に発展して、イギリスの産業がかなり遅れてくるというか…

宇野：それはあるかもしれない。しかしそれは金融資本の問題としてよりも、世界市場の問題ですね。資本主義国がよけいできてきたということもあるかもしれない。しかしその根本がやはりイギリスの産業自身に、今までの農業国的なものを相手にした資本主義的な発展は行き詰まったということがいえるでしょうね。アメリカに対する投資でも、そういうことはいえると思うのです。

戸原：そうすると帝国主義の経済政策として、資本輸出を扱う場合に、典型というかポジティブなものというのは、イギリスの海外投資についていえるのでしょうか。それとも量的には少ない、しかし組織的な力を持ったドイツの資本輸出の方に…

宇野：それは帝国主義政策としては、対立国をもって、再分割を要求するというところに現れるわけですね。だから前から投資しているのが帝国主義的でないとはいえないけれども、それをすぐ帝国主義的というふうにいい切るわけにはいかない。

戸原：そうすると、再分割に関連して、前からあったかどうかによって…

宇野：今度は暴力的になるわけですね。それをいっているわけですね。

戸原：ですからもっと具体的にいって、『帝国主義論』を執筆するような場合、資本輸出ということを説く場合には、金融資本の典型がドイツであるということから、直ちにドイツの資本輸出が、資本輸出においての典型だというふうなことがいえるものなのですか。

宇野：典型だといわなくてもいいですね。それはイギリスの方が典型だといってもいいでしょう。つまり帝国主義政策としての資本輸出の問題ということになれば、これは当然再分割と関連したところに出てくるわけですからね。ただ南米へ投資しているとかいうのが帝国主義だといっても、いえないことはないけれども、問題点はむしろ南米へ投資しているイギリス資本に対してドイツ資本が南米へも投資するという問題になると、帝国主義的な問題になるわけですがね。それをただ南米へ相手なしに投資しているのも、帝国主義的だといえないことはないわけですよ。

戸原：そういう投資は背景という意味で問題になる…。

宇野：政策として問題点になるのは、再分割を要求するような投資である。いいかえれば、ほかのものがとっているところにもう一ぺん行こうというところに帝国主義の問題があるのですからね。ほかがとっているというのも帝国主義だといえばいえないことはないけれども、もう一ぺんくるところに、かたくなる点が出てくるわけです。

渡辺：そうすると金融資本の諸相の一つとして、イギリスにおける海外投資を扱う場合には、イギリス内部の過剰資本の処理というか、そういう量的なものとして捉え、ドイツ帝国主義の経済政策の一つとして資本輸出を考える場合には、さっき先生がおっしゃったようにドイツあってのイギリスというか、その相互の関係を取るというふうに考えてよいわけですか。

宇野：そうだろうと思うのです。いいかどうか分からぬですけれども、僕はそう考えるわけです。レーニンのその点の扱い方は、非常にあいまいなのです。レーニンの資本の輸出と分割の問題を、よくご覧になると分かると思うのですが、そこいらが非常にあいまいなのです。何か資本の輸出自身から帝国主義が起こってくるというか、再分割というところに知らぬ間に移ってくる。そこで国を分けてみたり、いろいろなことをするのです。その間に国際的な協定運動を入れたりするから、なおおかしくなるのですね。国際カルテルをあの中に入れたりするから、あれはレーニンの非常な失敗じゃないかと思うのです。あれは僕は、頭の中で考えた順序だろうと思うのです。事実よりも頭の中で考えると、何か理論的な展開のような気がしたのですけれども、僕の感じでは…

再びアメリカについて

遠藤：先生のこの「金融資本の諸相」ですね。これは三節に分かれているのですけれども、このドイツ、イギリス、アメリカという順序は、今までいわれたようなドイツとイギリスが、どっちかといえばポジティブな型とネガティブな型であって、アメリカはその二つに比べればややどうでもいいという形で、こういうふうに並べたわけですか。

宇野：混合型だな。そこでアメリカのものは少しあいまいなのだ。トラスト運動自身が――僕はそう思ったのですが、これはよく研究しないでやったのです。トラスト運動自身がファイナンシァやプロモーターのために、トラスト運動が相当強いのじゃないですか。

遠藤：しかしそのマニピュレーションというのはどこでも…

宇野：あるけれども、強いというのはどの産業でも、みんな出てくるのですよ。あれだけ強くトラスト運動が出たところは、ないのじゃないですか。いろいろなものにみんな出てくるのじゃないか。それはマーケットに問題があると思うのです。国内市場が非常に広がったという問題が、だからあの会社とこの会社とを合併してやる、これだけ、ウォータリングができるというので、トラスト運動ができるというので、目的がちょっと違った、手段が目的になるというか、そういう形勢があるのじゃないか、そういうふうにいえないかな。何だかみんなプロモーターが考えていて、あれとこれを一緒にすると、ウォータリングができる、そうすると相当もうかるというような…

宇野（博）：それはアメリカではどうしてできるのですか。

宇野：何か、だまされ人がいるんだな。（笑）

石崎：その場合に創業利得とか投機利得とかがトラスト形成の動機になるのは、一八九〇年代末のトラスト・ブームのときにクライマックスになって出てきているのです。それ以前だと出てきていない。その場合に石油とかその他の割合に消費財を生産する部門から出てきておる。それはどうしてなのでしょうか。

宇野：それはよく知らない。君たちにやってもらわないと分からないね。それは今いわれた通りです。トラスト・ブームのときに、特に鉄道に関しては相当早くからそういう形勢があるのです。鉄道はインチキが非常に多いので、これはトラスト運動といっても妙なのですね。

石崎：アメリカの金融資本を具体的に考えていく場合に、鉄道業なんかを分析する必要があるのですか。

宇野：そうですね、あれは金融資本といっていいのですけれども、それに付属する、つまり頽廃というか、インチキという面が非常に強いですからね。これが金融資本というと、かえって金融資本を粗略に扱うことになりはせぬかと思うのです。だからそれはああいうインチキ性を非常にもつものを金融資本の中心的性格のようにすると、金融資本というものを弱く見過ぎやせぬかと思うのです。そういうものじゃない、もっと強いものだと思う。やはり相当根拠があってやれるもので、ああいうふうにインチキしなくてもやれるものだということをいいたい。

石崎：そうすると鉄道なんかは…

宇野：扱ってもいいが、アメリカの特殊事情が解明できさえすれば、扱ってもいいと思うのです。こういうことを随分やっていたが、これが金融資本といえるかどうかという問題を出してみればいいと思うのです。あれが金融資本だと思っている人がずいぶんあるのですよ。鉄道の腐敗資本なり金融資本を、ちょっとレーニンの寄生性とか、腐敗性とかいうときにそれが出てきて、金融資本というのを見くびることが多いのじゃないか。僕はそういうふうに思う。そうすると逆にモラリストが出てきて、そういうものをなくしてやればいいのだというようなのが、ドイツ人にはそういうのが多いんですよ。議論にどうもそういうのがあるんじゃないかと思うのです。日本でもあるのです。鉄道の腐敗というのを非常に重く見て、そうすると金融資本の退廃性という…

石崎：さっきの問題に関連するのですが、金融資本としては統一性が無いということ、政策としての中心になっているかと…

宇野：政策の中心に金融資本がなっていたかどうかということが問題なんですね。

石崎：具体的にはどういうものですか。

宇野：それは君らに任せるよ。僕の直感だから…（笑）

遠藤：組織的な独占体の形成とか強さとかということに関係があるわけですか。

宇野：まあそうでしょうね。トラストに対するモラリストの反感というものも強いわけですね。アメリカでは今の消費財部門で出てきたということも関係するでしょうね。トラスト運動が鉄道の問題なんかに関係すると思うのですけれども、対外関係でどうかな。大問題だと思うのだ。

楊井：大問題ですね。そうすればいろいろ有益なことを指摘されたが、アメリカとイギリスと比較して、そこのところの金融資本のポリシーという点になると、似たようなものじゃないかという。どうも実際に作業をやってみて、先生のいわれるようにぴたっと出てくるというようなことはないんです。私どもやっているのですけれども、ぴたっと出てこない。ただ再分割を要求するものとして、資本の輸出が出てくるということはある程度はっきりしたところがあるのですね。

武田：金融資本の政策がきちっと出てくるという点ですが、あなたの感じではイギリスも同じだといわれたけれども、アメリカとドイツとを現状分析的にやってみると、やはりイギリスとは少し違うのではないでしょうか。先生がさっきイギリスは生まれながら身についた帝国主義だといわれたけれども、イギリスではきちっと出てこないにしても、ドイツではそうじゃないのではないか、という気がするのですが…。これも直感なんですがね。

楊井：ドイツの方はきちんと出てくるという感じがしないんですが…

武田：地主とか農業資本とか金融資本とかいうように分けて考えると、妥協のような、何かはっきりしない形で出てくることは出てきますがね。

宇野：それはそうでしょう。金融資本というのは自由主義のような、あるいは重商主義のような、正面きってやれないですね、政策として…

武田：ドイツの場合もですか。

宇野：そうです。必ず妥協しなければならないのですね。

武田：そうすると、必ず妥協しなくてはならぬという意味も違うわけですね。

宇野：それはあると思うんですけれどもね。

楊井：こういうことはいえないですか。ドイツの銀行が先頭に立って外に向かって出て行くという、そういう形ではアメリカ、イギリスに比べれば非常にはっきりしているということはいえないでしょうか。僕はその点からいったら、武田さんが今いわれたこととは逆のことがいえる。つまり特に巨大銀行が資本の輸出を先頭に立ってやるということは、ドイツの場合にはそういえるのじゃないか。

宇野：アメリカの銀行というのはやはりイギリス型でしょうね。マーチャント・バンカー的なものが相当有力なものになってきているんですね。それが産業の方へも結びつく点が、これはちょっとイギリスとは違う点ですね。対外関係からいうと、資本を輸入するマーチャント・バンカーだったのが産業へ結合するゆえんだったのじゃないかと思うのです。資本を輸出する側ではなくて輸入する側のマーチャント・バンカーが国内産業とある程度密接な関係をもって、それがファイナンシァになるということになるんじゃないかと思うんです。これは石崎君なんかの研究に待つんだけれども、そういうイギリス型の銀行があって、つまり大銀行が金融資本化するというよりもマーチャント・バンカー的なものが産業に関係してくる。それは長年のイギリスからの輸入資本を支配していたものが、次第に産業と関係してくるというので金融資本が出来上がるということはいえるんじゃないかと思うんです。それは混合型の一つの現われだと思うんです。

宇野（博）：それは具体的にはモルガンなどを意味しているわけですか。

宇野：モルガンでもああいう型から出たんじゃないかと思う

んです。資金を利用する側からいうと利用の仕方も大陸型とは違った資本の利用の仕方が出てくると思うんです。それから出てくる産業資金に投ずる利用の仕方、ことにたとえば生命保険を利用するというようなやり方、これはドイツでもやっているわけですけれども、そういうことが出てくるわけですね。

宇野（博）：組織的な独占というのが金融資本の中心的な概念であると思うのですが、そうだとすればアメリカの場合、具体的にはそれはトラストという形態だと思います。そうとするとモルガンの方を中心にやるのですか、ロックフェラーの方を中心にやるのですか。

宇野：それは分からないですね。どっちを中心にやったらいいのかね。

宇野（博）：金融関係を見ればモルガンの方だと思うのですが、早くから産業における独占体、しかも株式会社を利用しての独占体を形成したのはロックフェラーの方が早いんじゃないかと思うのですが…

宇野：そこはあまり統一してやると無理が起こるのじゃないか。

宇野（博）：むしろ二つのタイプがあるというふうに考えて…

宇野：そういうふうに考えた方がいいと思うんです。それが第一次大戦後にどういう変質を受けているかということは問題だと思うのですね。

玉野井：イギリスの場合はマーチャント・バンカーを重視しなければいけないのでしょうけれども、これはイギリスの金融資本化と海外投資とを結び付けて考える場合に、金融資本を代表するものとしてまでマーチャント・バンカーを重要視する必要がありますか。

宇野：しかしイギリスの場合はチャンネルですね。

玉野井：しかも後の時期になりますと、マーチャント・バンカーの重要性が非常に減ってまいります。またマーチャント・バンカーは、イギリスでは土着のものというよりはむしろ大陸から来たものが発達したわけですから。

宇野：大陸から来たようなものが多いからね。

玉野井：その点ではイギリスの金融資本も、後には大陸型に移るようになったとは…

宇野：ちょっと無理じゃないですか。チャンネルの方が多いですからね。しかしそれはやらんとはいえないでしょうね。

石崎：イギリスにおける投資家の性格、それとアメリカにおける投資家の性格というのは…

宇野：どうですかね、これはちょっとむずかしいな。僕も分からんですよ。アメリカの投資家の性格というのがつかめると非常にいいんだ。それは非常にむずかしいんでしょうけれどもね。僕は、これはよく例にいうんだけれども、ラジオのニュースでも今に至るまで、イギリスの相場をいう時にはアメリカをいう場合にはU・Sスティールかアナコンダーをいうので、ちょっと面白いんです。これは、イギリスの投資家の性格を表すのにいい何じゃないかと思うが、アメリカをいう時にはやはり混合型のものが出てきている。これをすぐ、ドイツのカルテル運動の銀行との結合というふうにはいえないんですね。アナコンダーでもU・Sスティールでも…。少しどうも、ごまかすことばかりいうようで悪いけれども、知らんのだから——しかし、それはよく考えなくちゃいけない点がずいぶんあるんです。

再び「諸相」と「典型」について

藤村：武田先生が出された問題と同じようになって恐縮なんですけれども、「諸相」という意味ですけれども、諸相といった場合にはいい表現だと思うんですけれども、（笑）いろんなタイプが、カルテルとか海外投資とかトラスト運動とかいう、そういうタイプが平面的に並列しているというような印象を、どうしても諸相という言葉は持っていると思うのです。しかし実際には、そういう並列というのではなくて、ドイツの積極論とイギリスの消極論と、アメリカはむしろ副次的なものというか、うまい表現ができないんですけれども、立体的というんですか、そういう構造的な性格を持っているわけですね。だから諸相という言葉から受ける平板的な印象と、それから、そういう実際の立体的・構造的な性格ですね。そういう面から考えてみると、そういう平面的なような感じの諸相という字句は、帝国主義の性格を十分に表現していないと思うんです。そういう意味で、諸相というのは、そういう併存しているという印象ではなくて、立体的構造的に捉えなくてはいけないと僕は思うんです。

宇野：それはそうです。これは昔は「金融資本としての重工業」という題だったんだけれども、イギリスを生かさなくちゃならないということで、昔、講義をした時はこういう題でやっていたんですね。「イギリスの重工業」でやっていたんですけれどもどうもうまく行かん。僕は一年講義したこともあるんだけれども、イギリス重工業のトラスト・ムーブメントなんかを覚えてやってみたけれどもどうもうまくいかない。それで海外投資を前面に出すことにきめちゃったわけですね。そうなると諸相でなくてはうまく表現できないんですよ。だからこれは金融資本としての重工業というので、イギリスの重工業はこういうふうに、ドイツのように組織的な独占をやっていないというふうにも説いてもいいんですが、その裏側に実は原因は海外投資の影響が非常にあったといってもよかったんじゃないかと思うんです。前はそうふうなアイディアで出発したんだけれどもね。どうもそれでは少しまずい。多少、レーニンがイギリスの独占というのをドイツと同じように取り扱うということに対して、反感じゃないけれども、これはちょっと行き過ぎだという感じがあったわけです。

社会政策

徳永：ちょっと問題が違いますが、先生の社会政策にかんするお考えについて、質問してよろしいでしょうか。社会政策ということは、先生の規定ですと、たしか帝国主義段階において著しく発達してきた社会主義運動に対する対抗策として資本家階級が打ち出す諸政策ということになるかと思います。ところで社会政策のそういう反社会主義的な性格ということは、社会政策を理解する上には重要なものだと思うのですけれども、そういうような規定は経済学的にはどういう意味を持っているのでしょうか。社会主義運動に対する資本の対抗策という規定は、何といいますか、経済学的な概念ではなくて、かなり政治的な概念でしょう。社会政策が、とくに後進国ドイツにおいてまず発達し、やがてそれがその他の諸国まで一般化されていったことに、先生は留意されていたと思います。社会主義対抗策という規定で社会政策の基本的性格は明らかになると思いますが、経済学の面から分析しようとする場合はそれだけでは非常に紋切り型の命題に終わってしまうのではないでしょうか。もう少し段階的な特徴を生かして分析する場合には、反社会主義の規定およびその背後にあるものの経済学的な意味づけをしなければならないと思うのですが…。

宇野：経済学的に意味づけするということをどういうふうにとったらいいのか、これには一つ例があるのです。僕は学生の時、河合栄治郎という人が先生だった。その方は社会政策ならびに経済学史の先生だ。僕は、あの人は社会主義をよく知っているんだと思っていたのだが、話を聞いたらちっとも知らない。（笑）そういっちゃ悪いけれども本当なんだ。それで社会主義論をちょっとやったんですよ。それは本郷で河合さんの会があって、本郷の街から御茶の水まで歩きながらやって、社会主義の経済学というのを問題にして、何か社会主義の経済学というのはどうも意味が分からぬという問題になったりして、あの人と社会主義についての話を御茶の水まで歩きながらやったんだ。そうしたらもう少し話が続くところで別れなくちゃならぬようになって、いっぺんうちに来たらどうかということで、僕は招待されたわけです。それで行ったら、君これを訳したらどうかというので、シュモラーの社会政策学会発行の本を僕に渡したんだ。それで僕は下手なドイツ語で訳したんですが、その時の印象が非常に強いんです。社会政策に関しては、これは社会主義に対抗するものとして、つまり帝国主義時代に社会主義に対抗するもだとして出発したものだという印象が非常に強いのです。その後、僕は服部英太郎君が海外に行っている間に東北大学で社会政策の講義を一年担当したことがあるんだ。その時に、ビスマルクと一八九〇年代に社会政策をやる首相のカプリヴイをやったんです。ビスマルクはその時に社会政策主張者でないという結論をつけたんです。あれは社会事業主張者だ、カプリヴイの方は社会政策だ。つまり自由競争の時代に生ずる敗残者を救済するというのがビスマルクのアイディアで、カプリヴイの方はそうではなくてもっと独占資本のもとに生じる失業問題というのが中心点になって、それを軸にしていろんな社会問題を社会主義に対抗してというもの。カプリヴィでもそう直接的には出てこないけれども、そういうものへ社会政策をもって対抗しようとしていたという結論をして、それがここに出ているわけですよ。社会主義への対抗という意味は帝国主義を保持するという意味ですね。しかし帝国主義とはいわないんです。連中はみんなつまり資本主義なんですから、彼らにとっては決して帝国主義じゃないのですね。資本主義の枠の中で社会問題は解決し得るという、こういうのを社会主義に対抗せざるを得なくなって出したものだ。こういう理解です。だから経済学的な基礎だといって、どういっていいんですか、そういう帝国主義時代の問題として——だからイギリスがうけている場合とちょっと違うんじゃないかと思うんです。この間も、社会政策学会で問題になったんだろう。

徳永：ええ、社会政策学の方法論の再検討というようなことが大会の共通論題でしたから…

宇野：それで僕が引き合いに出されたということで、どうもえらいところに影響するなと思って——経済学的な基礎といってどうですか、この本の中でもちょっと僕は労働組合運動に対抗したものの仲介者として社会政策をあげていたんだが、これはもう一つはイギリスの工場法との違いを考えているんです。イギリスの工場法というのは、僕は社会政策と違うように思っているのですが、これもちょっと極端な主張で悪いかもしれないけれどもね。

徳永：それに関連して、先生は「経済原論」でイギリスの工場法は資本主義の原則とは抵触しない、と述べておられますが、すぐその後のところでは工場法が一八三〇年代以降に成立したのは、一般的にいえば人道主義的見地からそうせざるをえなくなった、と説かれています。人道的な見地から工場法が生まれてきたということと、それが資本主義社会の原理に抵触しないものであるということはどうも奇妙な感じがするのですが。工場法の成立に際して人道主義者の活躍がめざましかったことは事実ですが、それは現象的事実ではないのですか。その成立の根拠は人道的見地からの要請ではなくて、何かもっと別の理由が考えられると思うのですが。先生はまた同じ工場法のご説明のところで、当時、資本の側でも労働力を社会的に確保するためにそうする必要があった、というような意味のことを付け加えられていたと思いますが、その点どうなのでしょうか。

宇野：労働力を確保するということはちょっといい過ぎなんだが、やはりそんなに資本主義を心配していたんじゃないのではないかな。社会主義の主張が出てくるんだけれども、常時的な組織的な運動にはなっていないんです。社会主義が思想問題に一時的にはなっても…

徳永：自由主義の時代は、帝国主義の時代と違って産業資本の要請というのは、異質的な分子の対抗の結果生まれるというよりも、むしろ産業資本のメンバーならメンバーの要請そのものがはっきり現れ、しかもかなり全面的にそういう政策を推進する力になっているわけですか。

宇野：それはみんな自由主義的な方面へ出てくるんじゃないですか。工場法というような形で産業資本自身が考えるんじゃないでしょう。

徳永：いや、工場法のイデオローグには大工場主だった人がかなり多くいたようです。すでに自分のところである程度、工場制度が確立していたような大綿紡資本家には、裏面で工場法期成運動に資金を出したりして、いろいろ便宜を図っていたものがおります。彼らは工場法に賛成しないまでも、強いて反対する必要はなかったのではないでしょうか。むしろ反対したのは、中小工場とか、まだ綿紡のような工場制が確立しなかった産業分野の資本家達だったようです。

宇野：そういえるかね。

徳永：もちろん例外があるので、そうはっきりとはいえませんけれども、そういう事情があるんじゃないかと思うのです。

宇野：一八四八年の工場法ですか、一〇時間法という、あれはことに産業資本家に対立する反動的な方が、敵討ちをやったんじゃないかな。

徳永：ええ、たしかに現象的にはトーリーが中心になって作ったわけですが…

宇野：だから動機からいったらどうですか。その点はよく分からんですがね。大工場の方はそういう小工場に対する利害関係が違うという点で、その実施を要求するという点では工場法の主張者になるかもしれませんしね。

徳永：ええ、つまり競争条件を平等にしようとするわけですね。

宇野：そうです。つまり、不当競争になりますからね。それはいえるかもしれないですね。しかし工場法自身がそういうことで作られたというのはどうですかね。

遠藤：徳永君のいうのは、それにしても人道主義的とかいう説明の仕方はあまり先生らしくないというふうな趣旨ですよ。

宇野：いや僕はつねにヒューマニストなのですよ。（笑）僕はいつもレナード・ホーナーが泣くというようにいうんだ。工場法を社会政策だというと、工場法にはそんな後ろ暗さ（対社会主義というような）はないというんですね。何か悲惨な工場生活に対する、ことに幼少年、婦人労働に対するヒューマニスティックな考え方というものが大きなバックになっているということをいいたいんです。

徳永：そういうことが当時の社会的な雰囲気としてあったわけで、それが博愛主義的な運動の基盤にはなっていたのでしょうけれども、経済学的な論理の上ではそういったものは何か異質な感じがしますね。

宇野：それはそれでいいんじゃないですか。それをあまり、全部そういう運動を経済学的な基礎におくというのはかえって悪いじゃないですかね。僕はあらゆる基礎をみんな経済学的なものに還元しようとすると、無理が出てくると思う。やはりどこに重点があるか、どんな政策であるかというつかまえどころを経済学的基礎にもっていくというのでないと、合理的といってもかえって非合理的なんじゃないですか。

徳永：イギリスでもドイツでも、一九世紀末期の諸施策になると、つまり帝国主義の段階になると、そういうふうにいってもいいと思えるのですが、自由主義の段階では何か、それほど偶然的な社会運動とか、あるいは運動のそういう役割はそんなに強くないのじゃないですか。

宇野：そうです。だから、そういうものになるんじゃないですか。そういう社会主義的な主張や運動、あるいは組合の運動というものが強くないだけに、そういうポリシーとして――工場法がポリシーかどうか分からぬけれども、工場法であるということがポリシーよりも、自由主義からいえば原理から外れるんですね。そういうこともやらざるを得ないという事情があったんじゃないか、こういうことを考えるんですね。

徳永：原理から外れるわけですか。

宇野：ええ、外れるわけです。自由主義の原理からいえば外れるわけですね。これは植民地を捨ててもいい、学校教育もなるべく国家が干渉しない方がいいという時代に、工場の婦人少年労働をある程度監督しなければならぬというのは、ちょっと救貧法自身のような問題とすれば、それと関連したとはいえないけれども、あれを何とかイギリスはポーパリズム（pauperism）を処理しなければならぬという、これも資本主義的に意図があってやったんだといえばいえないことはないけれども、無理にやろうとするといけないんじゃないのですか。そういう気がするのです。イギリスの一八三〇～四〇年代というのは相当の向上ですね。一八三〇年代というよりも一九世紀前半といった方がいいかもしれませんけれども、相当な向上です。ウェイクフィールドに『イギリスとアメリカ』という本がありますけれども相当な向上です。マルクスなんかも書いていますけれども、いろいろなイギリスのものが相当あるな。アンチ・パウパー（anti-pauper,「受救貧民対策」）とか相当のことをやっていますからね。資本家階級に任せておくとひどいことをやる。しかし自由資本主義は守らなくちゃならぬ。だからやむを得ずやるという要素があるんじゃないですか。

徳永：やむを得ずやるといっても、今いわれたように成人男子労働者には保護規定がなく、いわば彼らには自由放任主義だったわけですね。そして婦人とか年少者とかいってみれば独り立ちできない特殊な者だけ保護して、成人労働者の方は自主的な交渉に任せていたわけですから、そこでは自由なわけですね。

宇野：だからそういう面で捉える方がいいんじゃないかと思うんですけれども、工場法というのはどうでしょうかね。結果からいえば、産業資本の要請とか総資本の要請だとかやってもいいかもしれないけども、あまりにうがち過ぎた――そういうことをやり出すと、かえって唯物史観とか何とかいうのが、悪くなってしまうと思うんだけどね。

「独占資本」

宇野（博）：非常に幼稚な質問なんですけれども、いわゆる左翼の人は金融資本という言葉を余り使わないで、独占資本という言葉を一般に使っていると思うのです。『経済政策論』にお書きになっていることは、組織的な独占ということに相当重点がおかれており、「独占資本」といわれても余り違わないような気もするんですが、とくに、独占資本という言葉を避けられた理由があるのですか。

宇野：そういうわけではないけれども、産業資本に対して金融資本という点をとったのは、独占資本といったんでは組織的な関係が分からなくなるんですね。ドイツの場合でもイギリスの海外投資のことについても、単純に独占資本といったのではちょっと分からないんじゃないかと思う。左翼が最近いっているのは、もう少しニュアンスが違う独占資本じゃないかな。ですから金融資本よりもずれた形でいおうとしているんじゃないかな。その方に重きを置いて……

宇野（博）：そうすると、国家と結びついたいわゆる国家独占資本ということに重点がある…

宇野：そう、そういうのを結びつけたものじゃないかと思うんです。

宇野（博）：それから、スイージーにはいろいろ問題があると思いますが、スイージーがいった独占資本というのは、社会的資金の集中により、その底に出来た内容とでもいえる独占に重点をおいて、それを独占資本と呼び、他方、いわゆる証券資本といわれているものは、社会的資金集中の時に、いわば表面的に現れている形式的なものをみていっている。そしてその両者を貫いたものが金融資本であるとみ、両者の結びつき方の如何によりいろいろのタイプに分けられる。そしてイギリス型のように国内の産業独占というよりは海外投資と関係の強いものの場合にも、この結びつきということを基準として考えてよいのでしょうか。

宇野：だろうと思う。独占資本ということに重きをおくと、金融資本の概念自身がかすんでしまう。スイージーはアメリカの独占資本をあまりに重きを置いて見過ぎているんじゃないかな。それを今の腐敗とか寄生とかいうことにモラリッシュな感情をつぎ込んでいく。独占ということにモラリッシュな感情をつぎ込んでいくということになると、独占という言葉の方がいいのかもしれないですね。金融といったら、金融資本が誤って銀行だと思われるんです。そしてまたそういう使い方が非常に多いのですね。常識的には銀行を金融資本だと思われる方が多いですね。

「内部留保」と創業利得

長坂：株式会社が普及した状態というのを段階規定として考える場合、どのくらい抽象化して考えていいかという…

宇野：どのくらいはむずかしいね。

長坂：たとえば、例をとりますと、金融資本という場合、ドイツを典型だといったときに、すぐアメリカの内部留保が出てくる。それに対して、株式会社が内部留保をするということは、拡大再生産を他人資本の動員によって発達させる、すなわち個人企業とは蓄積のやり方が違うものとして株式会社はできているのだから、そういう株式会社の性質からいって、内部留保ということは、それ自体変則的なことだということはいえないですか。

宇野：それはいえないですね。株式会社の大株主と平株主との分離が、内部留保を作らせるゆえんだと思う。大株主の利害関係からいえば、内部留保ということが相当重要な自分の力になるわけです。もちろんこれは株価に影響する点からいえば、平株主にも利害関係がないとはいえないのですが、内部留保というのは誰の所有でもない、会社の所有の資本ということになるのですから、そしてそれは会社を支配する大株主に一番利用しやすい形になる傾向があるんだから、僕は内部留保というのは、株式会社の株主が二つに分かれるという点からいうと、当然出てくる性格のものではないかと思う。

長坂：むしろ株式会社の性質の…

宇野：の一つの重要な点と見ていいと思うんです。

鈴木：分かれるというよりも、分かれた上で大株主が所有するので、その点で単純に分かれるとだけ…

宇野：当然分かれるでしょう。

鈴木：しかしそこだけをつかまえると、長坂君がいった疑問が出るんじゃないですか。分かれるということを強調し過ぎるから、長坂君の疑問が出るんではないかと思うのです。分かれるから、内部留保というのは株式会社にとって本質的でない…

長坂：僕は分かちすぎているんです。

宇野：分かれるということは、つまり資本集中の一つの根拠のとしては、内部留保は重要な根拠になるんじゃないですか。

長坂：それは支配集中の手段としてですか。

宇野：これは社債をとるというような場合でもそういう意味があるんですね。

長坂：そうしますと、創業利得というものですね。そういう支配集中の手段としては、かなり重要なものになる。そうすると、創業利得ということと、内部留保ということが両立しないんですか。

宇野：両立しないんですね。創業利得は、内部留保と同じような性質を持っているんですね。つまり配当しなくてもいいわけなんだから。

長坂：配当する代わりに…

宇野：創業利得としてとる、あるいはそれを内部留保するということになるのですから、そう変わった性格じゃないと思うのです。ただドイツの場合で、内部留保がどのくらいの役割を果たしたということは明らかにしていないが、銀行との関係からいって、アメリカで特に内部留保が非常に重きをなすというのは、銀行との関連がちょっと違う点から来ているかもしれないですね。

長坂：そうすると、内部留保も創業利得もともに支配集中の道具に使われた。それから金融資本の場合に大きく影響するところがあるんですけれども、ところが内部留保でそういう資金を獲得するか、あるいは創業利得で獲得するかということを比べてみると、内部留保というのは生産過程から出てきたものを積み立てていくわけですね。創業利得の方は、これを配当に出すかわりに資本還元して、その差額を取るわけですね。額としてはこの方が大きくなるわけです。ですから、そうなると創業利得の方が金融資本的な手段としてより発達しているというか、よりすぐれているということもいえるんじゃないか。

宇野：より発達しているのかな。銀行が利用する場合には、創業利得という形の方がやり易いんじゃないかな。

長坂：その方が資本を使う場合に、商品経済の最高の形態をフルに活用しているんですね。創業利得の方が必ずしも多いということはなかなかいえないですかね。

宇野：しかしそれは時と場合によるからね。それはなかなかいえないですね。

長坂：しかし内部留保ができるくらいの利潤があった場合に、これを配当に回す、創業利得より多いということはあるとして…

宇野：創業利得として増資しなければならん。創業利得というのは内部留保そのものの値段からくるわけではないのですから、株式を募集して、その差額をやるわけですからね。だから今いう内部留保自身をウォータリングに使えばそれ切りですね。これはまるまる創業利得ですからね。双方に上がるんじゃないですか。

石崎：内部留保しておいて、それで増資して資本にするという場合に、その増資は無償配当になるのでしょうから、その場合の株式発行による創業利得は大株主がとるわけではなしに、すべての株主が取るわけでしょう。

宇野：しかしそれが時と場合によっては、たとえば銀行が引き受けて創業利得を取るということもできるわけです。つまり引き受けていて、一年間なら一年間ドイツの場合などでいうと、自分のところで株式相場の上がるまで待って、上がったところで売れば、創業利得になる――しかし創業利得というのはまた次の相場が出てくると問題があるんですね。一定の事例をとっていえば、銀行が取れるわけですね。

石崎：内部留保をしておいて、留保しっぱなしではなくて、いつかは増資するわけですからね。

宇野：それを今の創業利得と同じようにウォータリングをやれば、その差だけを受け取られる。ところがそれも、会社の状況によっては平株主にも権利株として与えなければならんという場合ができる。だから必ずしもまるまる取れるというふうにはいかないですね。内部留保でも、これは非常に複雑な問題だけれども、その間に原理的には処理できないいろいろの事情で、大株主がどれだけとるということが決まってくるんだろうと、僕は思うのです。創業利得でもそうだと思うんですけれどもね。創業利得にしても内部留保にしても、それから増資率にしても、またウォータリングにしても、トラストのウォータリングになると、内部留保とは関係ないウォータリングになるのですね。つまり独占利潤の先取りの形になるとウォータリングになる。

長坂：内部留保が拡大再生産の資本に使われるというのは、

非常に株式会社的ではないんですね。経営拡大のテンポが蓄積に制約されないというのが株式会社じゃないですか。

宇野：だけど、それによって増資をするとこれはますます、株券のないただの資本ができるわけでしょう。それはなかなか大きいんじゃないかな。これを株券に直せば大変なものになる、そうじゃないかと思うんです。ことにこれは普通の配当による株券に直すとね。

石崎：もしドイツで内部留保の例が多かったら、銀行との密接な関係というのは密接でなくなる。銀行と産業が密接に結合していくのは、内部留保が少ないというふうに見ていいのですか。

宇野：見ていいのではないかと思う。

石崎：それではどうしてアメリカで内部留保が大きいかということは、銀行の支配が弱いからというふうに考えるのですか。

宇野：銀行よりも、さっきいったように、金融機関が関係するにしても、その中に入ってしまうわけですね。

石崎：金融機関が産業の中に…

宇野：ええ、そうです。つまり銀行業をやりながらやるのではなくて、一概にはいえないのですが、それがマーチャント・バンカーの特色じゃないですか。それが産業に関係する場合には…

イギリスの株式会社と個人企業

森：先生が、イギリスは海外投資で金融資本化したといわれるのは、海外投資をして、その利子を得て、その利子をも再投資するというふうになった点をつかまえていわれるのか、それともドイツに典型的な金融資本が成立してきて、それとの対抗関係として、特に九〇年代以降、海外投資が非常に増大してくるわけですが、その点をつかまえていわれるのですか。

宇野：一般的にいえば前の方ですけれども、ただ帝国主義的な国としての確立の点からいえば、あとの方ですね。確立といったらまた語弊があって、それ以前からあるのだというんだけれどもね。

森：もう一つ質問があるのですが、イギリスで株式会社の発展がドイツ、アメリカに比べて遅れたということは確かに事実だと思うのです。そしてそれは海外投資に資金が流れたためというふうに先生はおっしゃるわけですが、その反面ではイギリス国内にも問題があって、非常に大雑把には、先生はそれを国内産業が飽和状態にあったというように表現されているんですけれども、逆に大不況の過程でドイツとイギリスの対抗関係がはっきりしてきて、そしてイギリスが産業的に立ち遅れているという点が非常に明確になってくるわけですね。そういう意味で国内産業の弱さが国内投資を妨げて、むしろ海外に資金を流出させたというふうには考えられないですか。

宇野：そうかな。

森：そういうふうに考えれば、ドイツとの関係で海外投資の面でイギリスが金融資本化したということは、かなりはっきりするような気がするのですが。

宇野：それは大不況という八〇年代のあれは、海外への商品輸出が非常に阻害されているという点で、イギリスの産業自身が発展するということがむずかしくなってくる、これはいっていいと思う。そしてそれが、株式会社の普及にある程度作用したということはいっていいと思う。それはいっていいと思うけれども、もう少し何かもっと根本的なものがあるような気がするのですよね。どうですかね。

石崎：イギリスの場合、資金が海外投資に流れたから、株式会社が——国内の産業が弱かったのか、それとも国内産業が弱いから海外投資に流れたのか。

宇野：国内産業は弱くない、相当強いのですけれども、そういう株式投資を通して集中しなければならぬという必要は割合に少なかったのじゃないかと思う。

石崎：弱いとか強いとかいうのはどこで決めるのか問題ですが（笑）、発展テンポから見ていくとイギリスは弱いというのですか。

宇野：そういっていいと思うけれども、それは今いう海外投資に資本が出ればいいので、その方へいくものだから、逆にいえば国内の資本が相当の蓄積をやっているために、株式に頼らないという、ウィーザーのこういうのが非常に影響していると思う。資本市場で産業の上場株は非常に少ないが、海外証券というのは非常に多い…。これはちょっと面白い現象だと思うのです。どうも大きな会社があるにもかかわらず、産業株というのは株式市場でそう花形にならぬのですね。資本市場へ資金がいくときに、海外証券にはどんどんいくけれども、国内産業株にいくというのは少ない。またその要求も少なかったのかもしれない。逆をいえばイギリスの産業が、たとえば交互計算で非常に大量の資金を借りていて、それを株式に直す場合でも、今度は自分の会社で株式を募集しなければならぬということになると、この株式市場では、産業株が少ないという、それからいってなかなか募集がむずかしい。それで優先株やなんかをやる。

森：ただその優先株の問題は、資金が集めにくいからというよりも、個人企業が株式会社に転化するという場合が非常に多かったので、従ってもとの個人企業の所有者が新しい会社の支配権を握って資金を集中するのには、やはり優先株というのが一番……

宇野：それはあるでしょう。というのは個人企業的な支配を持続したいという意味もあるでしょうね。だけれどもこれは、逆にいえば個人企業のウェートが非常に重いのですね。株式で集中しなければならぬという必要が割合に少ないわけですね。それで優先株でやるのは、社債募集と似てくるわけですから、どれがどの原因というのがみんな絡みあっているものだから、なかなかいえないのだろうと思うけれども…。

石崎：そうするとイギリスで株式会社の普及が遅かったのは、個人企業的な性格が一方にあって、他方では海外に資金が流れたという、この二つのことがあるのですか。

宇野：そう私は考えている。なかなか合併、合同でもむずかしいのですね。それで銀行がその中に入らぬものだからなおむずかしい。銀行の利害関係というものが金融資本的になっていれば合同は割合にやさしい、やさしいというよりも銀行が強制する場合も出てくる。ところが産業会社同士が合併しようとなると、利害関係が対立する同士が合併するのだからなかなかむずかしい。ところが銀行が仲介に入れば利害関係は共通なのだから、銀行としてはやさしくなるんですね。ドイツでもそういう会社があるでしょう。

合併・トラスト・カルテル

宇野（博）：一般的にいって産業会社同士で合併する場合には、合併への圧力が弱いため、どちらかといえばウォータリングが行われやすくて、銀行が入ると行われにくいといえるのでしょうか。

宇野：そういえるかどうか。

宇野（博）：ただ産業会社同士が合併する場合、一つの会社が強くて相手が弱い場合にはそれが行われないと思う。しかし、産業会社同士でトラストを形成した場合、相当ウォータリングが行われているような気がするのですが…。

宇野：それはどうも僕はよく知らないが、アメリカの場合だろうからね。

宇野（博）：イギリスの場合でも綿業なんかでは相当ウォータリングが行われているんじゃないですか。

宇野：イギリスの場合にはマーケットを持った暖簾の問題が入ってくるので、非常にむずかしい。それもやはり企業の個人的な性格ですけれども、現物出資というのがどういうふうに評価されるかということが、非常にむずかしい問題になるのですね。

石崎：銀行が関係していると合同がしやすいとおっしゃったのですけれども、ドイツの場合、銀行が関係していてカルテル結成に持っていくわけですね。積極的にトラストを設立しなかったのはどういう理由ですか。

宇野：これはちょっと面白いけれどもむずかしいね。本当にそうなんだ。しかしやはり今のアメリカのファイナンシァと銀行の違いじゃないかと思う。今やって一つのトラスト的なものにしていくというよりも、割合にやさしく合同するんじゃなくて、やさしく結合させるということになると、その点ではでアメリカの方がドラスティックなんですね。ファイナンシァがファイナンスさえすれば、その点ではアメリカの方が、第二次市場がないわけですね。ドイツには第二次市場があって、なかなかすぐトラスト的にみんな売っちゃうというのは、銀行が中へ入ってもカルテルで結合するのは割合に簡単ですけれども、あるのじゃないですか。

石崎：そうするとアメリカでは企業の商品化が行われやすいということになるのですが、一体どうしてそういう…

宇野：それは投資家の性格だな。マーシャルみたいになるのですけれども、その投資家の性格がつかめるといいわけですね。すなわちもうかりさえすればどこへ投資していてもいいのだ、プレミアムとの関係になればいいわけでしょう。ドイツはイギリスよりはファイナンシァルなのですが、その点ではイギリスの方が個人的色彩が強いのですよ。

長坂：ドイツでは創業利得の獲得の仕方が銀行の産業利得だといわれるように、組織的、つまり資本所有が資本信用を前提とする関係にあるというようなことがいえるのですか。カルテルの方が多くて、トラストにしないでいるというのは…

宇野：直接合同するというのは、インチキが非常に入る、カルテルの方が入らないですね。カルテルの方が次第に独占的になっているのですが、シンジケートまでいけばさらにそうなる。トラストをやるという場合には、そこの資産評価とかなんとかでマニピュレーションが非常に行われ易いということはいえるのですね。増資といってもただ増資するのではでなくて、トラスト的にして増資するということになれば、マニピュレーションが相当入る。そういう意味からいって、ちょっと投資家が馬鹿だといえば馬鹿だけれども、大衆的だということはいえるかも知れない。僕はどうもアメリカの百姓が営々として貯めたのを、みんな巻き上げられたのじゃないかという気がするんだけれども…

巻編成の問題等

武田：最後に質問したいのですが、ご承知のようにこの『経済学体系』で帝国主義を扱う巻は二巻あるわけですが、この前、皆で相談したときには一冊目はいわゆる「諸相」に当たる、イギリス、ドイツ、アメリカの金融資本の成立と発展というようなものを書く、それから二冊目は、『金融資本論』に「金融資本の経済政策」という編がありますが、あれに当たるものを書こう、資本輸出とか関税政策とか財政とか、それから社会政策と農業政策、あるいは独立小生産者に対する政策といったようなものを書こうという大体の案を作ったのですけれども、――たとえば関税政策なり資本輸出を書くにはやはりイギリス、アメリカ、ドイツというふうに、それぞれ書いていかなくてはならないものなのか、それとも、たとえば関税政策ならドイツを書くとか、資本輸出ならドイツのほかにイギリスをどうするかという問題はあるが、アメリカはまず書かなくてもよいのではないかとか、それから財政、社会政策等についても、それぞれ同じような問題があってかなり議論になったわけです。しかし今いろいろのお話を伺ったこれらについて、必ずしも独英米というふうに触れていかなくても、典型をなす国をとって書けばいいように思われるんですが。

宇野：その方がスマートだと思うけれども、一般の読者からいうと、いろいろ書いた方がいいのじゃないかな。（笑）そうじゃないですかね、やはりそれを知っておくことが必要ですからね。こっちの国は重点からいえばそうだけれども、それに対応してイギリスも資本輸出や植民地政策の点で重要だし、――植民地政策というのはむずかしいけれども、なかなか面白いと思う。古い国ほど汚いのですね。新しいドイツの方が一番立派な植民地を持つのじゃないかと思うと、あれは面白いですね。

武田：ただ余り典型的な国ばかり書くと、一巻目の独英米と同じようなウェートになってもおかしいのではないかということになってくる…

宇野：それぞれある程度まで書くのがいいのではないか、いろいろな読者からいうと僕のやったのは不満だろうと思う。

武田：しかし書く場合でも何かウェートをつけて…

宇野：それは当然だと思うが…・

武田：藤村君か誰かがいったように立体的に…。それでは、どうもありがとうございました。

[註]

（1）宇野弘蔵監修、東大出版会刊として計画され、本研究会の関係は同『経済学体系』第四、五巻、『帝国主義論』上（武田隆夫編、一九六一年）、下（遠藤湘吉編、一九六五年）となった。なお、[註]はすべて本記録の清書者、戸原つね子記。

（2）宇野弘蔵『経済政策論』（弘文堂、一九五四年）

（3）「帝国主義論の方法について」『思想』一九五五年一一月号、『宇野弘蔵著作集』第一〇巻一九七四年、収録

（4）前掲、宇野『経済政策論』二二四頁、一九七一年の改訂版では二五二、三頁

宇野「経済政策論」研究会記録について

戸原　つね子

カレントな研究発表の場である本書に、半世紀も前に行われた討論会の記録掲載を許された理由には、それが研究史の資料としての意味を持つことも含まれているといえよう。本記録のそうした意味を裏付けるためにも、これを見出した事情や、ワープロ化の過程で生じた問題、また同研究会の参加者で速記録コピーの保持者であった故・戸原四郎のノートから知りえた研究会の成り立ち等について、関係者の要請もあり、以下に述べてみたい。

一　資料の原形態

本記録の元原稿（以下、元稿と記す）は、戸原が東京大学社会科学研究所を定年退職した際（一九九〇年）、自宅庭に建てたバラックながら二階建ての書庫――これは生前、独・瑞・仏・英等の専門書で満たされていたが、死去（二〇〇四年）の翌年、その主要部分が大學図書館等に大量寄贈され、空棚が多くなっていた――の一隅にかなり目立つ形で置かれていた。ちょうど五〇〇頁まで番号を振った縦書き二〇〇字の原稿用紙（東京大学出版会のもの）に手書きしたものを、二枚ずつ横に並べB４でコピーしたもので、相当な分量である。本文には見出しも目次も無いが、「経済政策論について」という表題と「昭和三十三年七月十二日　主催　東京大学出版会　場所　東大学士会館」の脇書きを配した表紙（これは「東京速記株式会社」の用紙）がついていた。その本文は、訂正の記入がし易いように一行おきに書かれ（故に全体で約五万字）、事実、多くの書き入れがあり、コピーが余り鮮明でない部分もあって、読み易くするには清書の必要あることがまず感じられた。この本文といっしょに、戸原が横書きレポート用紙八枚に全体を整理・要約したものも置かれていた。これは冒頭に出席者氏名を発言順に記し、以下、各発言の要点を記したもので、左余白には――彼の読書ノートのどれもがそうであるように――元稿の当該頁番号が詳しく記入されていた。これは、後の清書過程でも大変役立ったが、この古びたコピーの束が、捨ててはならない重要な資料らしいことを、私に予感させた。

これらを初めて見たのは、上記の蔵書寄贈を終えた二〇〇五年の秋だったと思うが、しばらくは放置していた。当時の私にはまだ、他の遺稿整理の仕事があったたし、戸原の書簡や講義録により強く惹かれていた。そして本記録の存在を、人に語る機会もなく過ぎていたが、初めて話したのは二〇〇六年秋、戸原と共通のゼミの先輩である日高普先生が亡くなられ、葬儀に伺ったときのことである。たまたま戸原ゼミのお一人、小湊繁先生と帰途がご一緒になり、車中での立ち話になった。同先生は、宇野「経済政策論」はいまだにしばしば論議の的になるものだから、ワープロ化が望ましいと勧められた。それでもなおしばらく、私は他の雑事にかまけていて、これに取り組み始めたのは翌二〇〇七年の夏も過ぎるころである。

二　清書過程での問題と解決

速記録を詳細にみると、当初から問題が多かった。たとえば、①速記者による草稿がしばしばそうであるように、同音異義の日本語に誤字（例、「工場」→「向上」）が多いこと。これは戸原の全体にわたる鉛筆書きの校正でかなり解決されていたが、これが無ければ意味の通じないところが少なくなかった。②とくに宇野先生の話に多く出てくる外国語を速記者が十分聞き取れず、意味不明の単語がいくつかカナ書きで残されていること。③また各人の発言にも、座談の気安さからか表現が不完全で必ずしも筋の通らないくだりが含まれていること、などである。訂正書き込みの多いことは前述したが、これが全体にわたっているなら、これらの難点は一応解決されているはずであるが、残念ながらそれは、出席者一四人中、八人の発言分にとどまっており、肝心の宇野先生を含む他の六人の発言には、戸原の上記の校正以外には、書き込みが無い。訂正の書き入れは、八種類の異なる字体からなり、これは八人の出席者がそれぞれ自分の発言について訂正を入れ、次に回していったことを示している。戸原は、少なくとも八番目にこれを受け取り（彼より前に訂正の必要なく回した人がいたとすれば順番はより後ずれするが）、自分の分に訂正を入れた後、全体をコピーして現物は次に回し、手元に残したコピーに鉛筆で、全体にわたる校正や上部余白のいくつかの見出し（これはそのままワープロ稿に生かした）、意味不明の単語や行に対する傍線と？マークを、書き入れていった形になっている。

後になって分かったことだが、この記録は、宇野先生が亡くなられた際、その手元に東大出版会の石井和夫さんが見た「風呂敷き包み」の速記録[1]（おそらくほぼ全員の訂正記入済み）と、ここに取り上げているコピー（元稿）の二つしか存在しないようである。この事実と、上記のような元稿の状態から斟酌すると、その作成過程は次のようなものだったといえよう（研究会自体の成り立ちについては後述）。当研究会の実質的演出者だった武田先生が、後の執筆のための資料として、研究会の速記をとることを東大出版会に依頼され、速記者が一部作った原稿は出版会を経て武田先生に渡され、同先生は全体にわたる修正・加筆の必要を感じて、まず自分の発言についてそれをされ、各人がそれをするよう指示して出席者に回覧された。各人の手を経た記録の現物は最後に宇野先生に届けられ、先生はこれを亡くなる時まで大切に手元に置かれていた、ということである。戸原の分以外にコピーが存在しないことについては、当時のコピー機はまだ余り便利でなく五〇〇枚もとるのはかなり面倒だったことや、全員の手入れが済むまでは上記のように不完全な原稿だったこと、このため多くの方はメモを取る程度で次に回し、コピーした方でも研究会の目的だった『帝国主義論』の完成後に破棄された、ということであろう。

いずれにしても、私がワープロ化にとりかかった元稿の半分余は、発言者本人の校閲を経ていなかったものであり、戸原が疑問符をつけたままにした箇所が少なくないことは、清書の作業をしばしば中断させた。また私としては内容の把握が主目的になって、誰かに見せる当てが無かったことも、作業を遅々とさせた。しかしその秋（二〇〇七年）も終わるころ、宇野没後三〇年研究集会参加のため上京された加来祥男先生が、戸原没後三年になる拙宅を訪ねてくださり、元稿をお見せしたりしたことは一つの転機になった。この訪問で集会開催のことを知った私は、その後インターネットで同研究集会の内容を見、そこで馬場先生がアメリカ経済について報告されているのを知った。同先生は、戸原の死後も私宛に抜き刷りをお送りくださる関係から、私は二〇〇八年賀状の端に、本記録のこと、そこで宇野先生がアメリカ経済について意外に詳しく話されていることを書いた。こうしたことから私のワープロ稿は、疑問点含みでもよいから仕上げて、一〜三の先生にお見せすることになり、同年一月にはいちおう打ち終えた。これらの先生の読後感想は、発表の価値ある内容ということであり、ともかく本研究会の出席・発言者で連絡できる四人の先生にみていただくことにした。

四人の先生方は、みなこの記録の復刻を喜んでくださり、宇野先生の発言中、意味不明語として残されていた数個のカナ書き単語はほぼすべて、これらの先生方の推察で解決されることになった。それらを例示すれば、次ぎのようになる。

元稿の表現		解決後	記載箇所	推定された先生
ワスタント	→	トラスト運動	二五三頁上一五行目	徳永重良
マルカトー	→	マーチャント・バンカー	二五八頁上一六行目	〃
タンブレット	→	トラスト・ムーヴメント	二七八頁下八行目	森　恒夫
ダウンチバー	→	アンチ・パウパー	二八二頁下二行目	徳永重良
ダイジシジョウ	→	第二次市場	二八八頁下一八、一九行目	石崎昭彦

(注) 数字は本書の該当頁と行、上・下は段を示す。

これをみれば、速記の元稿にはいかに難解なカナ書き語が含まれ、その判読には、出席者ならではの知恵と熟考が必要とされたかを、窺うことができよう。また上記四人中のお一人・徳永先生はいち早く東大社研紀要への掲載を提案してくださり、これは馬場先生を経由して、本記録発表の機会を開くこととなった。そのほか、戸原ゼミの加来、藤澤利治先生は私のワープロ稿を読んで、いくつかのミス打ちを指摘してくださり、こうした多くの方々の協力のおかげで、発表しうる記録が出来上がっていったわけである。

三　当研究会の成り立ち等

速記の対象となった研究会の成り立ちについては、すでに馬場先生の論文でふれられていようが、さらに当時の戸原の手帳等によって補足すれば、次のようなことになる。一九五七年、宇野先生が還暦を迎えられ、それを機として同先生の学説を体系化する叢書（『経済学体系』）の刊行が東大出版会を軸に企画された。(2) そのなかで段階論については、遠藤、武田先生を編者とする「帝国主義論」の二巻が予定され、五八年半ばからその準備が始められた。すなわち両先生と主要参加者による第一回の打ち合わせが、六月六日東大出版会会議室で行われた。二回目（同二八日）には若干メンバーを増やして「帝国主義研究会」が発足することとなり、まず研究の土台となる宇野『経済政策論』第三編を掘り下げて検討すること、そのために次回は著者を招いて質問し、討論することが決められた。その実行が、三回目の会となる本記録の研究会であり、このことは本稿の冒頭にある遠藤先生の発言にも述べられている。

その後、この「帝国主義研究会」は、同年九月から翌五九年七月末にかけて毎月一～二回のペースで一〇数回も行われており、その早い段階でドイツ編、イギリス編で巻を分けることや執筆分担が決められ、各人の報告に進んでいったと思われる。この七月末でアメリカを含むドイツ編の報告はいったん終わり、イギリス編については、若干メンバーを補充して翌六〇年三月から研究会が再開され、同年七月にかけてさらに七～八回も研究会が重ねられた。これらの成果が『帝国主義論』上・下（六一、六五年）にまとめられたことはいうまでもない。

私の報告はこれで尽きるが、なお感想を一つ付け加えよう。全くの門外漢である私がこの仕事に関係して印象付けられたのは、宇野先生がご自身では十分に果たせなかったと思われている現代資本主義研究や現状分析の仕事について、後輩に期待された思いの強さである。確かに書かれたものとしては、この分野より原論や方法論に関するものの方が圧倒的に多いようであるが、話された面では、前者の関係は後者のそれに勝るとも劣らないほど、多かったのではないだろうか。周知のように、先生の戦前の本職は「経済政策論」の講義であり、このため東北大学時代には主要国の産業・金融の実態について研究を深められ、その副産物として多くの特殊講義も持たれたようである。(3) 民間の調査機関に在籍された戦時中は、現状分析がご専門であり、それらを通じて蓄積された実体経済に関する豊富な知識の一端は、本記録でも示されている。また戦後、東大社研におられた期間には、『金融資本論』（段階論）や現状分析の研究会を数多く持たれ、それらを通じて実に多くを語られ教えられた。(4) また、上記の「帝国主義研究会」より一〇年近くあと、両大戦間期の主要国分析を主目的に組まれた帝国主義研究会（青木書店刊の『講座・帝国主義の研究』編集が目的）にも熱心に出席され、国家独占資本主義などをテーマに自らも報告されたことが、戸原のノートに記録されている。このように段階論や現状分析の関係で多くを語られたにもかかわらず、そのわりに書かれたもの、記録されたものが『経済政策論』以外には、大変少ないのも事実であろう。本記録が、そうした欠を僅かでも補うものになりうるなら、幸いである。

〔註〕

（1）『経済学批判』臨時増刊・宇野弘蔵追悼号一九七七年九月、社会評論社、一六七頁下段、左から三行目。
（2）同上、同ページ下段、および戸原の手帳による。
（3）宇野弘蔵『資本論五十年（上）』一九七〇年、法政大学出版局、第八章。
（4）たとえば戸原四郎「宇野先生、研究会、コーヒー」『宇野弘蔵著作集』第四巻 月報、一九七四年。

小幡道昭（おばた・みちあき）東京大学経済学部教授
著書：『価値論の展開』（東京大学出版会、1988年）『貨幣・信用論の新展開』（編著、社会評論社、1999年）『経済原論』（東京大学出版会、2009年）

山口重克（やまぐち・しげかつ）東京大学名誉教授
著書：『競争と商業資本』（岩波書店、1983年）『経済原論講義』（東京大学出版会、1985年）『類型論の諸問題』（御茶の水書房、2006年）

横川信治（よこかわ・のぶはる）武蔵大学経済学部教授
著書：『価値・雇用・恐慌』（社会評論社、1989年）*Capitalism in Evolution*（共編著、Edward Elger、2001年）『中国とインドの経済発展の衝撃』（共編著、御茶の水書房、2010年）

柴垣和夫（しばがき・かずお）東京大学・武蔵大学・新潟産業大学名誉教授
著書：『日本金融資本分析』（東京大学出版会、1965年）『知識人の資格としての経済学』（大蔵省印刷局、1995年）『現代資本主義の論理』（日本経済評論社、1997年）

大内秀明（おおうち・ひであき）東北大学名誉教授
著書：『知識社会の経済学』（日本評論社、1999年）『恐慌論の形成』（日本評論社、2005年）『賢治とモリスの環境芸術』（時潮社、2007年）

関根友彦（せきね・ともひこ）元ヨーク大学教授
著書：*An Outline of the Dialectic of Capital 2 vols* (Macmillan Press)『経済学の方向転換』（東信堂、1995年）『マルクス理論の再構築』（共著、社会評論社、2000年）

馬場宏二（ばば・こうじ）東京大学名誉教授
著書：『アメリカ農業問題の発生』（東京大学出版会、1969年）『新資本主義論』（名古屋大学出版会、1997年）『経済学古典探索』（御茶の水書房、2008年）

戸原つね子（とはら・つねこ）元農林中金総合研究所研究員
著書：『公的金融の改革』（農林統計協会、2001年）『農林中央金庫50年の歩み』（共著、農林中央金庫、1973年）

著者紹介

永谷　清（ながたに・きよし）信州大学名誉教授

著書：『価値論の新地平』（有斐閣、1981年）『価値論史の巨峰』（世界書院、1988年）『資本主義とは何か　原理論』（2004年）

清水　敦（しみず・あつし）武蔵大学経済学部教授

著書：『貨幣と経済――貨幣理論の形成と展開』（昭和堂、1997年）『グローバル資本主義と景気循環』（共著、御茶の水書房、2008年）『マルクス理論研究』（編著、御茶の水書房、2007年）

伊藤　誠（いとう・まこと）東京大学名誉教授

著書：『価値と資本の理論』（岩波書店、1981年）『サブプライムから世界恐慌へ』（青土社、2009年）『伊藤誠著作集』（全6巻、社会評論社、2009年より刊行中）

櫻井　毅（さくらい・つよし）武蔵大学名誉教授

著書：『生産価格の理論』（東京大学出版会、1968年）『経済学史研究の課題』（御茶の水書房、2004年）『資本主義の農業的起源と経済学』（社会評論社、2009年）

鎌倉孝夫（かまくら・たかお）埼玉大学・東日本国際大学名誉教授

著書：『資本論体系の方法』（日本評論社、1970年）『国家論のプロブレマティク』（社会評論社、1991年）『「資本論」で読む金融・経済危機』（時潮社、2009年）

大黒弘慈（だいこく・こうじ）京都大学大学院人間・環境学研究科准教授

著書：『貨幣と信用――純粋資本主義批判』（東京大学出版会、2000年）論文：「マルクスとアリストテレス――交換における同一性と類似性」（『社会システム研究』第8号、2005年）「模倣と経済学――タルド『模倣の法則』を手がかりに」（『社会システム研究』第12号、2009年）

新田　滋（にった・しげる）茨木大学人文学部教授

著書：『段階論の研究』（御茶の水書房、1998年）『恐慌と秩序』（情況出版、2001年）『超資本主義の現在』（御茶の水書房、2001年）

宇野理論の現在と論点【マルクス経済学の展開】

2010年7月30日　初版第１刷発行

編　者：櫻井毅・山口重克・柴垣和夫・伊藤誠
装　幀：桑谷速人
発行人：松田健二
発行所：株式会社社会評論社
東京都文京区本郷2-3-10　☎03（3814）3861 FAX03（3818）2808
http://www.shahyo.com
組版：ケーズグラフィック
印刷・製本：技秀堂

市場社会論の構想

思想・理論・実態

●杉浦克己・高橋洋児編

A5 判★ 4200 円／ 0832-7

20 世紀末の歴史変化は巨大であり、世界の存在構造の深部にまで及んでいる。本書は市場社会をその人間存在の根源において構想し、冷戦後の世界システム分析の新たな視座を探究する共同研究の成果である。(1997・4)

資本主義の農業的起源と経済学

●櫻井毅

A5 判★ 4300 円／ 0883-9

資本主義の「危機の時代」に「資本主義の根源」を問う！　資本主義の起源と経済学の成立、その新たな研究領域をひらく。(2009・1)

日本機械工業史

量産型機械工業の分業構造

●長尾克子

A5 判★ 4000 円／ 0829-7

日本における戦時統制経済以来の機械工業の歴史的展開の研究。とくに戦後の家電・自動車など量産型機械工業が、社会的にいかなる分業構造を持ちつつ発展してきたかを考察する。(1995・2)

アジア自動車市場の変化と日本企業の課題

地球環境問題への対応を中心に

●小林英夫

A5 判★ 2800 円／ 0889-1

いま、世界の注目を浴びているアジア自動車市場。特に中国市場はいまやアメリカを抜いて世界最大だ。日本の自動車・同部品企業は、この巨大市場とどのように向き合うのか。その現状と課題を分析する。(2010・4)

地域振興における自動車・同部品産業の役割

●小林英夫・丸川知雄編著

四六判★ 3000 円／ 0874-7

日本の産業構造でトップの位置を占めている自動車・同部品産業。国内各地とアジア的規模での自動車産業集積の実態、そして部品メーカーとの関連性の検討を相互比較の中で総体的に扱う共同研究。(2007・4)

市民派のための国際政治経済学

多様性と緑の社会の可能性

●清水耕介

A5 判★ 3200 円／ 0848-8

「世界―国―地方」の視点を導入し、グローバリズムに対応しうる政治＝経済のモデルを提示する。昨今注目を浴びるポスト・ポジティビズムの潮流を紹介しつつ、市民レベルで推進する「緑の政治」の可能性。(2002・2)

脱国家の政治学

市民的公共性と自治連邦制の構想

●白川真澄

四六判★ 2400 円／ 0417-6

国家による公共性や決定権独占にたいして、地域住民による自己決定権の行使が鋭く対立し、争っている。地域から国家の力を相対化していくための道筋はいかにして可能か。社会変革の構想をさぐる。(1997・12)

トービン税入門

新自由主義的グローバリゼーションに対抗するための国際戦略

●ブリュノ・ジュタン著／和仁道郎訳

四六判★ 2600 円／ 0870-9

通貨取引への課税を通じて、通貨投機を抑制し、世界の貧困問題の解決のための財源確保と国際機関の民主化をめざすトービン税構想。「もう一つの世界」を目指すグローバルな社会運動による実践的対案。(2006・3)

マルクスの構想力

【疎外論の射程】

●岩佐茂編著

四六判★ 2700 円／ 1475-5

市場原理主義はどのようにのり超えられるのか。マルクスの思想の核心である疎外論の再検証をとおして、資本主義批判の新たな理念を構想する。(2010・4)

マルクス派の革命論・再読

●大藪龍介

四六判★ 2400 円／ 0849-5

近代資本主義世界のラディカルな批判をとおして構想されたマルクス、エンゲルスの革命論を再考察し、トロツキーの永続革命論、ソ連論を歴史的に検証。希望と挫折、挑戦と破壊を織りなす 20 世紀社会主義の歴史と現実。(2002・3)

国家と民主主義

ポスト・マルクスの政治理論

●大藪龍介

A5 判★ 3000 円／ 0820-4

パリ・コミューン型国家論の批判的再検討を基礎として、プロレタリア独裁論、民主主義論を主題として、レーニン理論の再審を試みる。「マルクス主義の自己革命」と、「批判的のりこえ」の試み。(1992・7)

マルクス理論の再構築

宇野経済学をどう活かすか

●降旗節雄・伊藤誠共編

A5 判★ 3800 円／ 0843-3

独自の経済学の方法と理論を構築した宇野弘蔵。宇野生誕 100 年を記念して、宇野派の第一線の研究者が、宇野理論の再検討と新たな可能性を論究する。グローバル化の中で再編成されている現代世界を分析する試み。(2000・3)

資本主義発展の段階論

欧米における宇野理論の一展開

●ロバート・アルブリトン
永谷清監訳

A5 判★ 4700 円／ 0831-0

社会主義の崩壊後、欧米で台頭した諸理論はいずれも現代資本主義のラディカルな分析をなしえていない。本書は、宇野理論を批判的に摂取し、コンシュマリズム段階を提起し、資本主義の発展段階の理論を構築する。(1996・4)

レーニン・革命ロシアの光と影

●上島武・村岡到編

A5 判★ 3200 円／ 1312-3

11 人の論者によるボルシェビキの卓越な指導者・レーニンの理論・思想・実践の多角的な解明。革命ロシアの光と影を浮き彫りにする現代史研究の集大成。(2005・6)

二〇世紀の民族と革命

世界革命の挫折とレーニンの民族理論

●白井朗

A5 判★ 3600 円／ 0272-1

世界革命をめざすレーニンの眼はなぜヨーロッパにしか向けられなかったのか！　ムスリム民族運動を圧殺した革命ロシアを照射し、スターリン主義の起源を解読する。(1999・7)

マルクス主義と民族理論

社会主義の挫折と再生

●白井朗

A5 判★ 4200 円／ 1471-7

イスラームに対する欧米世界の偏見。ロシアによるチェチェン民族の弾圧。中国のチベット、ウイグル、モンゴルへの抑圧。深い歴史的起原をもつ現代世界の民族問題をどうとらえるか。(2009・4)